本书为辽宁省社会科学项目"反恐背景下的海上丝绸之路安全建设"（2016Z0394）结项研究成果。

从决策到政策

欧盟政策制定机制研究

周乔◎著

光明日报出版社

图书在版编目（CIP）数据

从决策到政策：欧盟政策制定机制研究 / 周乔著
. --北京：光明日报出版社，2024.3
ISBN 978-7-5194-7893-3

Ⅰ.①从… Ⅱ.①周… Ⅲ.①欧洲联盟—对外政策—
研究 Ⅳ.①D814.1

中国国家版本馆 CIP 数据核字（2024）第 070500 号

从决策到政策：欧盟政策制定机制研究
CONG JUECE DAO ZHENGCE：OUMENG ZHENGCE ZHIDING JIZHI YANJIU

著　者：周　乔

责任编辑：李　晶　　　　　　　责任校对：郭玫君　　王秀青

封面设计：中联华文　　　　　　责任印制：曹　诤

出版发行：光明日报出版社

地　　址：北京市西城区永安路 106 号，100050

电　　话：010-63169890（咨询），010-63131930（邮购）

传　　真：010-63131930

网　　址：http：//book.gmw.cn

E - mail：gmrbcbs@gmw.cn

法律顾问：北京市兰台律师事务所龚柳方律师

印　　刷：三河市华东印刷有限公司

装　　订：三河市华东印刷有限公司

本书如有破损、缺页、装订错误，请与本社联系调换，电话：010-63131930

开　　本：170mm×240mm

字　　数：321 千字　　　　　　印　　张：19

版　　次：2024 年 3 月第 1 版　　印　　次：2024 年 3 月第 1 次印刷

书　　号：ISBN 978-7-5194-7893-3

定　　价：98.00 元

前　言

拥有 27 个成员国和 5 亿多人口的欧洲联盟是世界上一体化程度最高的区域国家联合体,在世界事务中扮演着日益重要的角色,欧盟对外政策活动也引发了各界关注。本书所研究的是欧盟如何以及为什么会推行怎样的对外政策这一问题,关注点包含欧盟政策提出、政策协商和政策出台这一决策过程。之所以从理事会内部运行的角度来分析欧盟对外政策决策,是因为作为欧盟最重要的立法机构,无论对外政策是何种决策程序,都需要由理事会批准通过后方可实施,理事会见证并参与了政策最终决定出台的整个过程,成员国政府、高级代表、欧洲议会以及利益集团的游说都是通过理事会这个平台展开的。从理事会内部运行的角度分析欧盟对外决策,可以在一定程度上避免欧盟决策多主体、多层次、多地点的复杂性,也无须在政府间主义和超国家主义间做出选择,可以专注于决策过程,得出更确切的结论。因此,本书的研究目的是讨论欧盟最主要的立法机构理事会这一"黑箱子"的对外决策过程,也就是在欧盟层面上,相关影响因素和行为体如何在欧盟理事会进行对外决策时施加影响和发挥作用,从而推动欧盟对外表态,完成最后政策的通过的。

研究首先回顾了理事会的现有研究文献,重点梳理了关注理事会决策的结果及其发生过程的正式交往模型研究和对成员国投票行为的经验分析,在此基础上,通过简化图形和坐标图等模型描绘出影响集体决策行为的各要素,这些要素也构成了本研究的自变量:投票规则、偏好分歧、议会加入、社会化和议题重要性。在界定和阐释这些变量及其相互关系后,提出一个可供对理事会的集体决策过程和结果进行分析的解释性框架和理论模型,研究框架是融合了现实主义"权力"和制度主义"制度"的制度现实主义,通过"制度性权力"这一概念,可以解释前面提出的自变量是如何影响理事会的决策过程的,同时,为了能够系统描述理事会的协商过程和尽可能深入地理解变量和决策结果间的关系,本研究在制度现实主义的指导下选择了基于博弈理论的妥协模型,这个模型考虑到了理事会决策的嵌套博弈和共识化决策等特点，也最能反映纳什均衡解。

进而，本书对妥协模型下的统计数据和案例分析的研究情境进行介绍，这是分别本书对华决策案例研究中定量和定性分析所需要的。之所以综合运用定性和定量相结合的方法，是因为定量研究首先能保障结论的普遍性，避免因偶然事件得出结论，还可以对决策中各变量的影响程度有计量化阐释，而定性的方法一方面可以验证所提出的理论的因果机制是否在经验层面得到体现，另一方面还能用来确认定性分析所忽略的解释性因素或发现隐藏的因果关系，帮助发展更复杂更科学的理论。依靠定性和定量研究相互补充，可以为研究欧盟理事会的对外决策是如何发生以及怎么运行提供富有挑战性的框架。

在案例分析中，本书通过 2012 年欧盟对华光伏"双反"案的判决过程和 2012 年颁布的《欧盟外交与安全政策东亚行动纲领》中的对华政策的决策过程进行定量和定性分析，对前面提出的理论框架和模型分别通过欧盟对共同贸易政策决策和共同外交与安全政策决策过程进行了验证，同时还得出了在各案例中，各变量的影响程度以及前面框架所忽视的解释性因素等结论。

综上，欧盟对外决策过程的最大特征就是具有不同权限的行为体在欧盟纷繁的制度体系下受联盟规范影响。本研究的解释性框架将这一过程中各因素通过妥协模型统一起来，并通过定性和定量研究方法的综合运用验证了其具有很好的解释力和预测力。

目 录
CONTENTS

导 论

　　集体决策①广泛存在于人们的日常生活。在政治生活的内阁、中央银行或者欧盟委员会这样的机构中也需要进行决策。政治学对集体决策的研究由来已久，并已成为实证政治学理论发展的核心。集体决策的过程和经过根据机构属性和决策规则的不同而有所区别。在诸多集体决策情形中，决策结果都会受到外部干预的影响。决策也通常"在门后"发生，如内阁，因此这一秘密性也成为学者研究决策机制的挑战。阿里森（Graham Allison）对古巴导弹危机的分析是当前研究决策的经典，他将决策机制分为理性行为体模式（Rational actor model）、组织过程模式（Organizational process）和官僚政治模式（Bureaucratic politics），并逐一分析它们对决策过程的影响。② 近年来，有的学者通过对决策者进行采访或研究二手文献来研究决策，有的学者则出于实际数据的缺乏，提出了基于研究数据的理论分析。③ 然而，我们必须认识到，尽管有这些努力，但在政治科学内对集体决策机制的深入研究还明显缺乏，社会生活的复杂性使得学者们难以对其有学理上的深入分析。

　　对欧盟而言更是如此，各政策领域有各自决策程序，行为主体针对不同政策也遵循不同的方法，并衍生出简单多数、绝对多数以及全体一致等不同投票规则。欧盟的复杂性指的是系统内的单元或部分的互动特征，欧盟的集体决策不仅发生在欧盟机构间（水平），还存在于欧盟和成员国以及次成员国

---

① 集体决策（Collective decision-making）概念存在广义和狭义的区别。广义的集体决策涵盖政策制定（policy making）中的各环节，包括政策倡议、咨询、决策和实施等；狭义的集体决策主要指理事会的政策决策活动。本书根据欧盟外交决策中的过程特点和行为体作用，采纳狭义的集体决策内涵。

② ALLISON G. Essence of Decision: Explaining the Cuba Missile Crisis [M]. New York: Pearson, 1999.

③ CASELLA A, GELMAN A, PALFREY T. An Experimental Study of Storable Votes: Games and Economic Behavior [J]. Elsevier, 2006, 57 (1): 123-154.

行为体（垂直）之间，并因公民社会和利益集团的兴起而逐步增多，这一高度复杂的系统功能是以信息能在多个单元间自由流动而出现的信息路径为特征的。欧盟决策的复杂性体现在议题和制度两个维度：议题复杂性是指决策所包含的信息的数量和特征，随着议题数量的增加，潜在参与者的数量也在增加，这不仅导致决策更难达成，也带来了不可预计的政策结果；制度复杂性是指多维治理规则在大量跨组织层面的结构内不同的单元间的紧密互动。尽管存在于不同维度，议题和制度的复杂性还会相互影响。这样在欧盟内就形成了一个错综复杂的集体决策局面。

欧盟外交政策是欧盟研究中的重要议程，目前与欧盟外交政策相关的文献汗牛充栋，研究领域不仅包括共同外交与安全政策（CFSP）、共同安全与防御政策（ESDP），还包括特定问题的研究，如欧盟在气候变化、国际贸易、人权和地区问题上的政策。① 现有文献虽然大都关注欧盟作为一个国际行为体的能力和结构，欧盟外交决策过程对欧盟研究和欧洲一体化研究的重要性固然不言而喻，但是由于欧盟不同于主权国家，具有特殊性，主要体现在欧盟的制度和规范需要和 27 个拥有各自传统、制度、价值和关注点的国家系统协调运转，尤其是在对外政策这一可能涉及国家经济主权和政治主权的问题上，鲜有文献讨论外交决策实际运作过程的理论解释。②

部长理事会③是欧盟决策的制度核心④。作为欧盟机构中最重要的立法部门⑤，管辖欧盟所有的政策职权范围。尽管和欧洲议会的"共同立法"权日益增加，但没有法律能够在不得到理事会同意的情况下通过，在很多政策领域（如外交和安全政策），理事会甚至专享立法权。由于这一重要立法者角色，理事会的决策也得到了理论界的诸多关注。很多学者为解释理事会决策

---

① 冯仲平. 关于欧盟外交政策的几个问题［J］. 现代国际关系，2006（4）：7.

② 目前研究综述见：SMITH K E. Understanding the European Foreign Policy System［J］. Contemporary European History，2003，12（2）：239-254.

③ 本书中将欧盟理事会（Council of the European Union）也就是部长理事会（Council of Ministers）简称为理事会，而欧洲理事会（Council of Europe）则指每年召开两次的首脑会议。

④ LEWIS J. The Council of the European Union［M］//CINE M. Politics in the European Union. Oxford：Oxford University Press，2007：155.

⑤ THOMSON R，HOSLI M. Who Has Power in the EU? The Commission，Council and Parliament in Legislative Decision-making［J］. Journal of Common Market Studies，2006，44（2）：391-417.

提供了复杂的理论模型①，这些模型依赖收集的立场和重要性数据，其中一些模型的预测力已经得到验证②。最近几年，一些研究分析了理事会成员国的投票行为③和合作模型④，这些研究都有助于对理事会内部决策过程的认识，但它们大多是对理事会协商中的冲突维度进行分析和描述，鲜有利用理事会决策过程来解释特定政策背后的影响因素，也就是缺乏对理事会内部决策过程的探索。而对欧洲议会内部工作和组织的研究越来越多⑤，特别是系统的构成、运行和影响，但类似的系统定量分析或比较研究很少运用到理事会内部。

本研究选取欧盟理事会内部运行的角度来分析欧盟对外政策决策。无论

① 相关研究见：STEUNENBERG B. Decision Making under Different Institutional Arrangements：Legislation by the European Community [J]. Journal of Institutional and Theoretical Economics, 1994, 150（4）：642-669; TSEBELIS G. The Power of the European Parliament as a Conditional Agenda Setter [J]. American Political Science Review, 1990, 88（1）：128-142; König T, PROKSCH S O. A Procedural Exchange Model of EV Legislative Politics [M] // THOMSON R, et al. The European Union Decides. Cambridge: Cambridge University Press, 2006：283-318.

② THOMSON R. Resolving Controversy in the European Union: Inputs Processes and Outputs in Legislative Decision-Making before and after Enlargement [M]. Cambridge: Cambridge University Press, 2011.

③ MATTILA M, LANE J E. Why Unanimity in the Council [J]. European Union Politics, 2001, 2（1）：31-52; HEISENBERG D. The Institution of "Consensus" in the European Union: Formal Versus Informal Decision-Making in the Council [J]. European Journal of Political Research, 2005, 44（1）：65-90; HAYES-RENSHAW F, WALLACE H. The Council of Ministers [M]. Basingstoke: Palgrave Macmillan, 2006; HAGEMANN S, DE CLERCK-SACHSSE J. Decision-Making in the Enlarged Council of Ministers Evaluating the Facts [J]. Centre for European Policy Studies, 2007（119）; MATTILA M. Roll call Analysis of Voting in the European Union Council of Ministers after the 2004 Enlargement [J]. European Journal of Political Research, 2009, 48（6）：840-857.

④ BEYERS J, DIERICKX G. The Working Groups of the Council of the European Union: Supranational or Intergovernmental Negotiations [J]. Journal of Common Market Studies, 1998, 36（3）：289-317; NAURIN D. Why Give Reason? Measuring Arguing and Bargaining in Survey Research [J]. Swiss Political Science Review, 2007, 13（4）：559-575.

⑤ KAEDING M. Rapporteurship Allocation in the European Parliament Information or Distribution [J]. European Union Politics, 2004, 5（3）：353-371; Høyland B. Allocation of Codecision Reports in the Fifth European Parliament [J]. European Union Politics, 2006, 7（1）：30-50; LINDBERG B, RASMUSSEN A, WARNTJEN A. Party Politics as usual? The Role of Political Parties in EU Legislative Decision-Making [J]. Journal of European Public Policy, 2008, 15（18）：1107-1126; MCELROY G. Benoit K. Party Policy and Group Affiliation in the European Parliament [J]. British Journal of Political Science, 2010, 40（2）：377-398.

对外政策采取何种决策程序，都需要理事会批准通过后方可实施，理事会见证并参与了政策最终决定出台的整个过程，其他决策行为体、决策程序和社会化影响因素都是通过理事会这个平台展开的，因而从理事会内部运行的角度分析欧盟对外决策，可以在一定程度上避免因欧盟决策多主体、多层次、多地点的复杂性，也无须在政府间主义和超国家主义间做出选择，可以专注于决策过程，得出更确切的结论。所以本书研究的就是在欧盟层面上，相关影响因素如何在欧盟理事会进行决策时施加影响，从而推动欧盟对外表态，完成最后政策的通过的。

欧盟理事会的这一决策过程就是戴维·伊斯顿（David Eston）所称的"黑箱子"①：我们能看到政策的输入和输出②，但在内部，转换机制是如何将输入转化为政策决策的，却不为大众所知。"分析政治系统应当从其结构和过程入手，结构就是各司其职的机构设置，过程则是各机构按照既定行动原则和决策程序共同发挥作用。"③ 本书立足理事会对外决策，对欧盟对华政策的出台进行分析。特别关注这些有不同主张的欧盟成员国，在对华政策上，为什么在有的领域各国可以在谈判中相互让步使最终政策出台？为什么在一些政策上难以形成共同立场？对这一过程的分析能够帮助解释欧盟对华政策决策过程中的影响因素及其影响方式，借此回答拉斯韦尔（Harold Lasswell）那个著名的问题：在政治上，"谁在何时以及如何得到什么"（Who gets what, when and how）④。

第一节　研究背景和意义

一、研究背景

欧洲的发展一直是世界历史脉络中令人瞩目的一环。始于 20 世纪 40 年

---

① ESTON D. The Political System［M］. Chicago：University of Chicago Press，1957.
② 通常在欧盟中，输入是委员会提出的草案，输出是由理事会来执行的。
③ ［德］贝娅特·科勒-科赫，等. 欧洲一体化与欧盟治理［M］. 顾俊礼，译. 北京：中国社会科学出版社，2004：102.
④ LASSWELL H. Politics：Who Gets What，When and How［J］. New York：Whittlesey House，1936.

代的欧洲一体化进程，不仅建立了超国家机制，还超越了民族国家主权界限，被认为对传统威斯特伐利亚体系下的现代国际关系原则产生了巨大冲击，特别是伴随欧洲一体化导致的主权的让渡和汇集，挑战了国家间弱肉强食的竞争观念，不仅给欧洲国家提供了避免战争、维护和平的方案，还为世界其他地区以及全人类提供了新的发展方向。欧盟在经济领域的一体化已取得明显进展，政治一体化也正以前所未有的速度迎头赶上，先后经历了关税同盟、共同市场、经济货币联盟阶段，正朝着政治共同体的方向延伸。从总体上看，对外政策是近年来欧盟发展最快的领域，欧盟现在"在处理恐怖主义、巴尔干问题、武器扩散、中东和平进程、非洲发展以及其他议题上都以统一的政治实体行动"①。

但是伴随着国际形势的瞬息万变和欧盟内部的多元化，欧盟的运行机制和经济社会发展模式正面临着严峻挑战。特别是欧债危机的爆发，以及欧盟在利比亚军事行动的失败，凸显了欧洲一体化进程中的诸多矛盾和问题，而建立在经济共同体基础上的共同外交政策的未来则似乎越来越不被看好。作为世界政治一支举足轻重的力量，欧盟外交与安全政策的表现为何会让人大跌眼镜，甚至影响到了欧盟和其他国家的经贸合作？要具体分析欧盟在世界舞台上的政策，需要了解影响和塑造欧盟对外决策过程的因素和变量，基于决策过程探究其与政策结果间的逻辑关系。

由于欧盟是一个独特的国际行为体，其对外政策的决策过程与主权国家或一般意义上的国际组织存在很大区别，政治学和国际关系领域中的传统理论难以直接运用到欧盟研究中。目前学术界对欧盟对外决策的理论研究主要是从两个视角出发的：传统的"国家中心"方法和"欧盟作为一个行为体"方法。"国家中心"下的决策研究强调国家和政府实力等相关概念。从这一视角来分析，欧盟并不能被视为国际舞台上的行为体，因为其缺乏集体认同、政治聚合以及与国家外交政策相联系的共同防御政策。② 此外，对在国家中心传统下进行研究的学者来说，"保持国家外交政策的决心必然和创造欧盟外交

①　CAMERON F. An Introduction to European Foreign Policy [M]. London：Routledge, 2007：204.

②　HOFFMANN S. Towards a Common European Foreign and Security Policy. [J]. Journal of Common Market Studies, 2000, 38（2）：189-198.

政策的雄心相矛盾"①。欧盟外交政策的创建需要成员国放弃其主权和独立性——而这是民族国家的根本和特征。新现实主义和自由政府间主义是国家中心研究传统最主要的理论方法，欧盟对外决策被视为国家间合作的例子。从新现实主义视角来看，欧洲一体化背后的中心原因是平衡两极冷战体系的共同安全威胁的需要，这创造了欧盟民族主义的条件和多重认同发展的基础。随着冷战的结束，现实主义范式不能再被运用于对欧盟对外政策的分析：它错误地预计了欧盟外交政策合作会在冷战后变弱甚至瓦解，因为欧盟国家希望能拾回其主权并在欧盟威胁消失后追求国家目标。② 自由政府间主义则相反，强调国内政治在国家利益和偏好形成中的角色，这随后被带到布鲁塞尔的谈判桌前。从这一视角来看，欧盟的对外决策就是基于最初的成员国政府间利益的一系列决定的，如果存在共同利益，那么结果就是"最小公分母"的妥协，如果利益存在冲突，那么结果就是停滞和单边行动。

第二个研究方法是将"欧盟作为一个行为体"（EU-as-actor）方法运用到欧盟的对外决策分析中，这一视角首先否定了只有民族国家才能有对外政策的观点。③ 通过对欧盟在国际事务中重要影响力的经验观察，这类学者认为欧盟已经在很多领域成为一个外交政策行为体，例如，人权、世界和平和民主、对发展中国家的援助，以及在世界经贸市场中的存在。"欧盟作为一个行为体"方法将欧盟理解为一个自成一体（sui generis）的对外决策行为体，其对外政策的制定和传统的民族国家行为体不同。早期的例子是杜辛（Francois Duchene）将欧盟理解为一个"民事力量"④，基于欧盟应该克服传统的以权力为中心的民族国家对外政策模式，提出欧盟可在世界事务中发挥民事力量

---

① ALLEN D. Who Speaks for Europe? The Search for a Coherent and Effective External Policy [M] // PETERSON J, SJURSEN H. A Common Foreign Policy for Europe? Competing Visions of the CFSP. Oxford: Oxford University Press, 1998: 42.

② MEARSHEIMER J. The False Promise of International Institutions [J]. International Security, 1994, 19 (3): 5-49; WALTZ K. Structural Realism after the Cold War [J]. International Security, 2000, 25 (1): 5-41.

③ BRETHERTON C, VOGLE J. The European Union as a Global Actor [M]. London: Routledge, 1999; SMITH N. New Globalism, New Urbanism: Gentrification as Global Urban Strategy [J]. Antipode, 2002, 34 (3): 427-450; SMITH K. EU external relations [M] // CINI M. European Union Politics. Oxford: Oxford University Press, 2003: 229-245.

④ DUCHENE F. Europe's Role in World Peace [M] // MAYEN R. European Tomorrow. London: Fontatna, 1972.

的规范假设。同样，迈纳斯（Ian Manners）则直接将欧盟描述为一支"规范力量"①，其对外影响力在于在领土之外构建其核心价值、规范的能力。由于冷战的结束，欧盟成立的军事目的已不复存在，而其作为向外部环境中构建规范的角色的重要性在不断增加，特别是在东扩和欧盟邻居政策的背景下。大卫·艾伦（David Allen）和迈克尔·史密斯（Michael Smith）② 将欧盟理解为一个"国际存在"的观点是另一个对欧盟外交政策行为体独特性的关注点。"存在"（Presence）这一概念最初是关注欧洲一体化项目作为地区一体化、繁荣及和平典范对第三国或地区的影响。但是，目前这一研究方法存在的一个重要问题是，"欧盟作为一个行为体"的视角并没有对欧盟对外政策的决策过程给予适当关注，而是着眼于欧盟外交政策结果，分析欧盟在世界政治上的影响以及欧盟外交政策的独特性。此外，在这一方法下，由于假设欧盟对外行动是受其共同规范和共有利益推动的，这不可避免地低估了成员国利益对欧盟目标和价值的追求力量。正如凯伦·史密斯（Karen Smith）指出的，成员国对联合立场和共同价值的青睐通常是"在达成预想目标的特定战略和方式（经济、政治或军事）上严重分歧的掩盖"③。所以说这一方法在提出之时就没有被作为研究欧盟外交决策过程的分析性工具，也就是政策通过谁如何以及为什么会产生。但这是本研究的主要关注点。

二、研究对象

为了深化现有研究，本书希望对欧盟理事会的对外决策进行理论分析，以对华政策为案例关注欧盟对外政策的决策过程。

伊斯顿将政治决策的过程理解为"制定和实施权威集合的交往系统"④。正如转换机制中政治输入（要求和支持）被转换为输出（政策），这一机制的内部工作状况是看不见的，因此人们只能系统地对输入和输出变量进行比较，无法确切地知道它是如何运行的。理事会是欧盟最主要的决策机构，负

---

① MANNERS I. European Union "Normative Power" and the Security Challenge [J]. European Security, 2006, 15 (4): 405-421.

② ALLEN D, SMITH M. Western Europe's Presence in the Contemporary International Arena [J]. Review of International Studies, 1990, 16 (1): 19-37.

③ SMITH K. The Making of EU Foreign Policy: the Case of Eastern Europe [M]. New York: Palgrave Macmillan, 2004: 21.

④ ESTON D. The Political System [M]. Chicago: University of Chicago Press, 1957: 50.

责协调成员国政策，制定欧盟法规，其进行决策前要进行投票表决，根据不同政策领域分为简单多数、特定多数和一致同意。理事会是代表欧盟政府间性质的，由成员国政府的部长级代表构成，部长对自己的国家政府负责。理事会做出决定后，由具体的执行理事会负责实施。理事会的决策过程就是伊斯顿的黑箱子。对理事会决策过程的研究可以帮助我们理解为什么欧盟能在一些议题上形成共同立场，而在另一些议题上难以达成一致意见。这样也能进一步解释欧盟想要成为更具影响力的国际行为体，应怎样推行更有力的对外政策。

　　本书对欧盟的对外决策过程的研究，选取各方行为体在理事会这样一个环境中协商博弈的过程为切入点，有理论和现实两方面的考虑。在理论方面，欧盟对外决策涉及多方行为体，既有欧盟成员国，也有对外政策第三国和其他外部国家，如美国的影响，既有欧盟机构的主导，也有各相关利益团体的参与，也就是说，欧盟的对外决策不仅存在于垂直层面，水平层面上也需要应对来自公民社会和利益集团的诉求，加上欧盟决策本身具有多中心、多层次、多场所特征，因而界定一个更具体的研究对象进行分析是非常必要的；在现实方面，考虑到欧盟理事会是最重要的立法机构，管辖欧盟所有的政策领域，在涉及外交和安全的政策上，理事会还专享立法权，因此本研究将对欧盟对外决策过程的研究置于理事会的决策环境内，研究的因变量，则是本书要分析的对象，即欧盟理事会对华政策的决策过程。

　　要对欧盟在对外政策上的集体决策进行研究，首先要明确欧盟对外政策的定义。由于欧盟不是一个单一国家，有学者甚至对欧盟外交政策一词的真实性产生怀疑，例如，艾伦就认为"维护民族国家外交政策的目标终究是和创造一个欧盟外交政策相违背的"①。但有的学者认为，外交政策是"一系列行为体能从丰富资源中产生有影响意义的行动"②，或者是"行为体向外制定和实施推动国内价值、利益和政策的能力"③，而所研究的行为体也并不一定是国家，因此不能排除国家集合进行集体决策制定外交政策的可能性。同时

①　ALLEN D. Who Speaks for Europe? The Search for a Coherent and Effective External Policy ［M］// PETERSON J, SJURSEN H. A Common Foreign Policy for Europe? Competing Visions of the CFSP. Oxford: Oxford University Press, 1998: 41-58.

②　SMITH M. The European Union, Foreign Economic Policy and the Changing World Arena ［J］. in Journal of European Public Policy, 1994, 1 (2): 287.

③　SMITH H. European Union Foreign Policy: What It Is and What It Does ［M］. London: Pluto Press, 2002: 7.

在具体实践上，欧盟通过一致的对外政策汇集了更多的资源来增加其在全球政治领域的影响力，同时着力推进其外交政策的一致性、持续性和有效性，欧盟目前已在1993年建立的共同外交与安全政策（CFSP）支柱下通过了超过1000份具有法律效力的共同战略、共同立场和联合行动①；而在理论层面，尽管外交政策具有国家中心主义色彩，但也都是"由政策制定设计的用来解决问题或促进别国或非国家行为体的政策、观念或行动改变的观念或行为的政策"②，从这个意义上说，虽然欧盟存在多元化的成员国利益，但欧盟不仅制定外交政策，还在世界范围内影响其他国家或地区以及国际组织。欧盟外交政策因此在本研究中被认为是由一系列输出构成的，包括理事会对国际事务的结论、共同外交与安全政策工具（如共同战略、共同立场和联合行动）以及在对外关系中采纳的决策（例如，人道主义发展和援助或者实施制裁）。

虽然欧盟已经发展出了共同的对外政策，但这不是一个单一外交政策。作为"主权国家集合体"的欧盟在对外政策上并不具备统一体系（没有单独的欧盟外交部），这也就给欧盟外交决策的定义和分析带来困难。成员国仍然在国际事务中享有大量自主权，如前所述，欧盟本身的决策规则、程序也因政策领域和决策主体不同而各异。广义地说，欧盟对外政策是一个包含三个分支的体系：首先，是《罗马条约》倡导的欧共体对外政策，涉及共同商业、贸易与发展援助政策等，是欧洲经济共同体建设的成果，采用超国家的决策方式；其次，是政治方面的外交政策，在欧洲政治合作之后建立的欧盟共同外交与安全政策，普遍认为适用政府间主义，受成员国主导；最后，希尔（Christopher Hill）认为欧盟外交政策还应该包括成员国的外交政策③，这也是第三个方面的内容，但由于成员国对外政策是主权国家决策，并不涉及欧盟机构，并且目前对欧洲化研究的争议较多，这里不把成员国外交政策纳入讨论范围。

因此，本研究所定义的欧盟对外政策，是超越了成员国的集体外交政策，不仅是欧盟的共同外交与安全政策，还有其对外实施的经济、贸易、发展、投资等政策。因为欧盟拥有的政策工具和实施政策的结构性能力是有限的，

① THOMAS D. Explaining the Negotiation of EU Foreign Policy: Normative Institutionalism and Alternative Approach [J]. International Politics, 2009, 45 (2): 339-357.

② HILL C, SMITH M. International Relations and the European Union [M]. Oxford: Oxford University Press, 2011: 140.

③ HILL C. Changing Politics of Foreign Policy [M]. London: Palgrave, 2003: 8.

仅关注共同外交与安全政策的分析方法会忽视欧盟实施的大量对外行动。

欧盟作为一个在主体、政治组织层次和一体化发展程度等方面都呈现多元特色的行为体，其外交决策过程具有多层次、多中心、多重行为体等特点。加上《里斯本条约》废除了《马斯特里赫特条约》建立的支柱结构，将"所有的欧盟外交政策和对外关系置于新的'对外行动'（External action）标题之下"①，其对外政策含义变得更加广泛。因此首先需要界定特定的研究情境（context）和对象，进而发展可以以小窥大的解释性理论模型。这里根据具体研究对象，采纳海泽尔·史密斯（Hazel Smith）的"地理-历史方法"②，根据地理界线，划分了欧盟外部事务中不同类型的议题。她将欧盟对外政策区分到"议题领域"，超越了"经典的高级政治和军事外交议题"的划分。她将议题领域界定为"由和一个核心中心主题相关的一系列复杂政策组成"，定义了五个重要的议题领域：发展、地区间合作、东扩以及包括在欧盟经典的外交政策分析主题下的安全和防御政策。这些议题涵盖了欧盟所有的政策范围。相应地，欧盟对外政策也就由贸易关系、安全合作、司法合作、人权、发展合作、地区间合作、多边框架（如联合国）下的合作和扩大构成。对中国来说，随着欧盟外交政策的扩展，欧盟对华政策涉及这五个相关领域的四个：贸易关系、安全以及发展援助（包括人权和法律合作）、地区间合作以及相应的在多边框架下的合作（如东盟、联合国和东盟地区安全论坛）。根据欧盟外交政策内涵和政策功能性原则，结合中欧发生互动关系的领域，本书将欧盟对华政策的分析从两个方面展开：对华经济政策、对华外交与安全政策。

基于以上原因，本研究将以欧盟理事会内部决策过程为研究情境，以欧盟对华政策决策为研究对象，分析欧盟理事会的对华政策决策。在理事会决策框架下促成对欧盟对外决策的整体分析，涵盖共同体领域决策和政府间决策，这不仅有助于把握欧盟最重要制度机构的决策过程，界定影响对华决策的关键性因素，通过限定研究情境对理事会内部运作进行分析，还能够更好地进行数据筛选和分析，以输出更具体且更有说服力的结论。

---

① WHITMAN R. Foreign, Security and Defence Policy and the Lisbon Treaty: Significant or Cosmetic Reforms [J]. CFSP Forum, 2008, 6 (2): 2.

② SMITH H. European Union Foreign Policy: What It Is and What It Does [M]. London: Pluto Press, 2002: 17.

三、研究意义

欧盟的对外决策因其多方面的制度和复杂的决策程序，成为学术探索中一个棘手的研究对象。欧盟是一个演进中（ongoing）的外交政策行为体，欧盟外交政策的地区和议题范围也在不断扩大，其外交决策过程也"以外交政策行为体间不断增加的多样性和依赖性为特征"①。最初，欧盟对外关系仅限于同第三方的贸易关系，特别是成员国的前殖民地。随着欧洲政治合作、共同外交与安全政策以及欧洲安全与防务政策的发展，欧盟对外政策的谱系不断扩大。当前的研究虽然对欧盟对外政策有多重概念的界定，但都对欧盟对外政策决策应该被如何研究没有共识。② 由于危机和特别政策的推动，这一演进内涵日益丰富，欧盟对外活动领域呈现碎片化，对决策的研究则需要更系统的理解方法。③

本研究将促进理事会的科学研究，并为欧盟决策分析提供视角。将理事会视为决策形成的场所，分析政策在其中的形成和输出过程。分析理事会投票规则、行为体偏好、决策程序、社会化和行为体对议题的重视程度等因素对外交决策的影响，从而超越以往仅从制度设计、制度演进等方面考察欧盟对外决策制度化的研究。同时，目前欧盟对外决策机制的不断发展，也使得没有任何一个理论能够独立对其进行解释，本研究所用的解释方法不再局限于某一具体理论，而是通过对欧盟对外决策中的行为体因素、制度因素作为自变量，理事会的决策过程为因变量进行研究。试图建立一个能够解释这一机制动态发展过程的分析框架。除了强调权力和观念因素在决策中的影响，本研究还提出"议题重要性"这一结合了权力和观念的概念，分析议题重要性在决策中对政策结果的影响。现有的对欧盟决策的经验分析要么只关注非

---

① KRAHMANN E. Conceptualizing Security Governance [J]. Cooperation and Conflict, 2003, 38（1）：5-26；SMITH H. European Union Foreign Policy：What It Is and What It Does [M]. London：Pluto Press, 2002：8-9.

② TONRA B. Mapping EU Foreign Policy [J]. European Public Policy, 2000, 7（1）：163-169；CARLSNAES W, SJURSEN H, WHITE B. Contemporary European Foreign Policy [M]. London：Sage, 2004.

③ GINSBERG R. The European Union in International Politics：Baptism by Fire [M]. New York：Rowman and Littlefield Publishers, 2001；WHITE B. Understanding European Foreign Policy [M]. London：Palgrave Macmillan, 2001；SMITH K. Understanding the European Foreign Policy System [J]. Contemporary European History, 2003, 12（2）：229-245.

常重要的立法①，要么忽视议题重要性的可能影响②，这些方法得出的结论都可能是有偏见的。本研究将涉及这些问题，在讨论理事会决策时研究议题重要性对理事会决策的影响。

本书选择的案例关注欧盟对中国——欧盟宣称的"战略伙伴"以及在国际舞台上日益重要的行为体的经贸和安全决策。中国和欧盟成员国近 60 年的交往是欧盟对外政策发展影响的典型例子，正如欧盟对外政策本身一样，中欧关系的发展也在很大程度上受到了冷战时期超级大国的影响，中欧关系长期被认为是"次等关系"（Secondary relationship）。随着欧洲一体化对经济议题的关注，中欧互动最初以贸易为主导，两个实体间遥远的距离反而增强了双边贸易合作的必要性。目前，中国是欧盟对外关系中最重要的议题之一，随着欧盟正在日益成为一个全面的国际行为体，对华政策成为欧盟对外政策的重要部分。而其对华外交政策超越了之前的欧盟外交与安全政策的传统运用。从当前对欧盟对外政策的整体视角来看，中国以其日益增强的经济实力和政治影响力成为研究欧盟外交决策的理想案例。本书通过对欧盟对华政策的研究，希望能够超越传统的关注欧盟周边国家（对巴尔干地区的扩大政策、欧洲邻居政策）和国际危机任务的欧盟对外政策范畴，这不仅会充实现有研究欧盟决策的文献，还有助于认识欧盟构建更全面对外行动能力的努力方向。借鉴已有的数据信息，可以对理事会内部决策过程的运作进行定量分析：哪些要素发挥多大作用。由于中欧关系的历史因素以及中国在经济、政治和安全问题上的挑战③，分析欧盟对华政策可以给研究者提供一个分析理事会决策如何发展的脉络。

第二节　研究综述

本研究关注的是以对华决策为案例的理事会决策过程。首先检索当前理

---

① THOMSON R, et al, The European Union Decides [M]. Cambridge：Cambridge University Press, 2006.

② König T. Divergence or Convergence? From Ever – growing to Ever – slowing European Legislative Decision Making [J]. European Journal of Political Research, 2007, 46（3）：417-444.

③ VOGT R. Limitations for Europe's Partnership with China [M] // VOGT R. Europe and China：Strategic Partners or Rivals? Hongkong：Hongkong University Press, 2012：59-80.

论界对理事会决策的研究成果，然后再回顾涉及欧盟对华政策的文献。

一、理事会决策研究综述

（一）定性研究

对欧盟理事会的研究不仅是对一个国际组织内决策机制的理解，更包含对欧洲一体化效率、合法性和可靠性的研究。目前对理事会决策的研究文献可以大致分为两派：定性学派和定量学派。前者主要对理事会工作的正式和非正式过程进行分析。

1. 制度因素

在当前文献中，对理事会内的定性研究有一部分是对投票规则和立法程序等制度性规则的具体运行效用的解释。在投票规则方面，一部分学者①的观点是，投票规则对理事会决策结果有决定性影响，而其他人②则认为"共识文化"（Consensus of culture）会产生和规则影响相对应的效果，现有研究对这两个视角都提出了经验证据。对欧盟决策效率的研究大多发现，绝对多数投票规则的广泛运用会加快决策速度。③ 然而对投票行为的研究认为，真正起作用的是实际的投票行为而非投票规则。④ 是否以及怎样用绝对多数的方法使提案获得通过是影响理事会决策的一个关键问题，对这一问题的回答也涉及投票规则对理事会决策究竟有多大影响的研究。

固定的立法程序构成了影响欧盟决策的另一个主要因素。早期的研究是

① STEUNENBERG B. Decision Making under Different Institutional Arrangements: Legislation by the European Community [J]. Journal of Institutional and Theoretical Economics, 1994, 150 (4): 642-669; TSEBELIS G. The Power of the European Parliament as a Conditional Agenda Setter [J]. American Political Science Review, 1990, 88 (1): 128-142.

② HEISENBERG D. The Institution of "Consensus" in the European Union: Formal versus Informal Decision-making in the Council [J]. European Journal of Political Research, 2005, 44 (1): 65-90.

③ GOLUB J. How Time Affects EU Decision-Making [J]. European Union Politics, 2007, 8 (4): 555-566; SCHULZ H, KöNIG T. Institutional Reform and Decision-Making Efficiency in the European Union [J]. American Journal of Political Science, 2000, 44 (4): 653-666.

④ 得出这一结论的文献：MATTILA M, LANE J E. Why Unanimity in the Council [J]. European Union Politics, 2001, 2 (1): 31-52; HEISENBERG D. The Institution of "Consensus" in the European Union: Formal versus Informal Decision-making in the Council [J]. European Journal of Political Research, 2005, 44 (1): 65-90; HAYES-RENSHAW F, WALLACE H. The Council of Ministers [M]. Basingstoke: Palgrave Macmillan, 2006.

对不同立法程序的正式方面结果的理论模型建构①，近期的研究越来越多关注和正式立法程序一道发展而来的实际法律活动的影响，并对此进行经验分析②。在共同决策程序下，欧洲议会作为联合立法者的存在可能会影响理事会内部协商。研究认为：在共同决策的第一阶段（"一读"）联合决策程序正变得日益普遍，但如果欧洲议会和理事会都做这样的尝试，机构内和机构间的协商就会重叠。但是即使机构并不试图只通过"一读"就达成共识，欧洲议会立场的加入还是会影响理事会内成员国的协商行为。欧洲议会参与理事会内部决策过程中的影响是这类研究的系统关注点。

2. 非制度因素

另一派定性研究认为投票规则、立法程序的作用是受非正式因素限制的，这类研究认为理事会决策是在"共识文化而非竞争文化"③下展开的。因为尽管正式投票规则在理事会不断重复的日常工作中得以推广，但理事会的决策大多仍是在一致同意条件下通过的，这是因为相关行为体已存在"超国家"社会化。斯潘塞（Charles Spence）④等人认为，协商是"正和博弈（positive sum），是综合性的整体讨论，因此需要采用和解友好的方法来进行"。对其他非正式因素的研究，例如，决策者的资历和经验、他们的谈判技巧、频繁的非正式会议、"走廊游说"以及决策集团内和集团间的合作机制等，都被认为推动了理事会决策的正常运行。这类分析所采用的研究方法是学者们通过和能直接参与理事会决策的工作人员进行谈话来收集信息，进而得出结论。

通过定性研究能帮助我们对理事会及其内部的工作有更深入的认识，但这一方法没有对特定政策领域一致意见的形成、理事会秘书处或理事会主席

---

① 相关研究见：TSEBELIS G. The Power of the European Parliament as a Conditional Agenda setter [J]. American Political Science Review, 1990, 88 (1): 128-142; CROMBEZ C. Legislative Procedures in the European Community [J]. British Journal of Political Science, 1996, 26 (2): 199-228.

② HäGE F, KAEDING M. Reconsidering the European Parliament's Legislative Influence: Formal vs. Informal Procedures [J]. Journal Of European Integration, 2007, 29 (3): 341-361; JUDGE D, EARNSHAW D. The European Parliament [M]. New York: Palgrave Macmillan, 2008.

③ LIJPHART A. The Problem of Low and Unequal Voter Turnout-and What We Can Do About It [J]. Vienna, Institute for Advanced Studies, 1998 (54): 194.

④ SPENCE C, DRIVERS J. Spatial Constraints on Visual-tactile cross-modal Distractor Congruency Effects [J]. Cognitive, Affective and Behavioral Neuroscience, 2004, 4 (2): 148-169.

等具体行为体影响等问题上进行具体研究，特别是在复杂的多重决策过程中，定性方法只能对大部分行为体的特点进行分析。

（二）定量研究

相对而言，采用定量的方法来对理事会的决策过程进行研究则能提供较为全面且具体的认识。该流派大多植根于理性主义假设，强调决策行为体的战略和最大化自身利益属性。"丰富和系统化的数据分析"[1] 使得对理事会成员行为体和偏好的检测成为可能，超越了此前对行为体和偏好的有限经验分析研究。接下来的部分将分析理事会的定量研究文献对理解理事会决策的意义，兼论其对本书的研究设计价值。

1. 理事会投票研究

对理事会投票情况的定量研究为定性研究中从碎片化的证据中推断"共识文化"的存在提供了数据支持。

首先证明理事会在绝对多数投票领域的决策大多没有在实际操作层次上展开的是马提拉（Mikko Mattila）和莱恩（Jan-Erik Lane）[2]，海森伯格（Dorothee Heisenberg）的分析也证明了相似的结论：在绝对多数投票规则的领域，80%的决定都是一致同意通过的[3]，因此认为绝对多数投票制实际运用的缺乏"破坏了理性制度主义和权力指数模型的假设"，研究欧盟理事会决策的空间模型最重要的假设应该关注制度间的机制而非提案的具体内容[4]，也就是说，空间模型不适用于对理事会决策的研究，因为导致一致同意投票的非正式协商过程不能通过这些模型来解释，在决策结果的预测上，当涉及特别强调正式决策规则的过程时，这一理论不能被用于基于合作博弈理论中。[5]

对理事会投票的研究还分析了理事会政治的其他重要方面。首先是马提

---

① KöNIG T, FINKE D, DAIMER S. Ignoring the Non-Ignorables? Missingness and Missing Policy Positions [J]. European Union Politics, 2005, 6 (3): 269-290.

② MATTILA M, LANE J E. Why Unanimity in the Council [J]. European Union Politics, 2001, 2 (1): 31-52.

③ HAYES-RENSHAW F, WALLACE H. The Council of Ministers [M]. Basingstoke: Palgrave Macmillan, 2006.

④ HEISENBERG D. The Institution of "Consensus" in the European Union: Formal versus Informal Decision-making in the Council [J]. European Journal of Political Research, 2005, 44 (1): 79.

⑤ SCHNEIDER G. Rules that matter: Political Institutions and the Diversity-conflict Nexus [J]. Journal of Peace Research, 2008, 45 (2): 183-203.

拉和莱恩通过对 1995—1998 年的投票名单进行分析，发现弃权或者明确的反对票通常会出现在农业、内部市场和运输部门中，这一发现也被海耶斯伦肖（Hayes-Renshwa）等人在对 1998—2004 年之间的研究证实了。马提拉还对这些反对票或弃权票产生的相关因素进行了分析，发现左翼政府比右翼政府投的反对票少，受欧盟经济援助的国家对理事会的多数决议支持要比那些净援助国多，大国和北欧国家通常是少数派，理事会轮值主席国比其他国家更容易支持提案。此外，这方面的研究还分析了东扩对理事会决策的影响：东扩对一致同意投票程度的影响不大①，没有争议就做出决定的比例大致是 90%，这甚至比欧盟 15 国时期的比重还要高。当根据国家来对投票进行比较时，新成员国比老成员国投的反对票要少，这超出了东扩前的预期，在此之前，中东欧国家被认为只是"部分地接受了规范，以保证欧盟的政策运行不会受他们意愿所阻碍"②。

　　然而，尽管对投票的研究能反映出一些有价值的结论，但这一研究忽视了一个最根本的问题：任何民主政体的决策都包括两个阶段，首先是行为体间的讨价还价，这一阶段包括信息的收集和交换以及威胁和承诺，在协商遭遇阻碍时，第二阶段就开始了；第二阶段是组织化规范和条约法律之间的相互塑造过程，根据宪法和法律程序对各博弈力量进行结算，在遇到观点不一致的情况时，用明确的投票程序来使部分行为体放弃之前主张，或维持现状（决策停滞）。③ 因此，只有在之前协商层面被成功预热过的提案才能进入部长层次，在这个阶段，任何可能的投票交易都已经发生了。斯多曼（Frans Stockman）和托马森（Robert Thomson）因此得出结论：如果"行为体在之前立法协商阶段就转变了最初立场，那么投票数据就不能正确显示其中的权力博弈"④。同时由于在投票阶段要遵循一致同意原则，这阻碍了学者们对理事会决策的"真实"情况的把握：基于各自的原因和谈判技巧的考虑，多数成

① HAGEMANN S, DE CLERCK-SACHSSE J. Decision-Making in the Enlarged Council of Ministers Evaluating the Facts [J]. Centre for European Policy Studies, 2007 (119).

② MATTILA M. Roll Call Analysis of Voting in the European Union Council of Ministers after the 2004 Enlargement [J]. European Journal of Political Research, 2009, 48 (6)：844.

③ ACHEN C. Institutional Realism and Bargaining Models [M] // THOMSON R, STOKMAN F, ACHEN C, et al. The European Union Decides. Cambridge：Cambridge University Press, 2006：86-123.

④ STOKMAN F, THOMSON R. Winners and Losers in the European Union [J]. European Union Politics, 2004, 5 (1)：7.

员国对一个立法提案的反对通常不会以弃权或反对形式展现。海森伯格就提出，全体一致通过决议的形式会加强理事会在公众心中的可信度，同时也为决策失败者保留颜面，因为没有被明确指出其意见的不一致。① 考虑到理事会决策的实施，海耶斯伦肖和华莱士（Helen Wallace）认为一致同意表决制也能加强政府的服从性，因为数据把真实情况中的异议掩盖了。②

　　虽然大多学者认识到投票数据存在限制，但还是倾向于强调投票数据的重要性，这是因为在集体决策的环境下，弃权或者否决对成员国来说都是很重要的事件，可以被视为对其国内选民的信号，表明其政府代表已尽力但失败了，也反映出政府并没有进行妥协，这也就意味着在部长理事会中，弃权或否决票的出现通常都是有战略意义的。因此基于投票的战略意义，在这类研究中，涉及对投票进行定量分析的结论应该只限于某些有明确考虑特殊的阶段，并不能普遍推广到理事会的决策过程。

　　2. 理事会决策的理论模型

　　理事会决策理论模型的构建通常会特别关注决策过程，从而预测决策结果。所有模型的建立都是基于理性选择的理论假设，并采用博弈论的方法。③ 这类研究认为，在行为体偏好存在争议的议题上进行的集体决策，决策结果是在制度限制下的行为体受目标导向所进行互动的产物。但这类决策模型之间存在明显区别：有的强调欧盟决策正式程序（也就是制度化限制），如投票规则、决策规则，有的则关注在立法提案被采纳之前的非正常谈判。与这一区别相对应的就是程序模型和协商模型。

　　程序模型将制度视为对行为的限制，制度决定行为体的身份、可利用的战略、行动顺序和聚集的规则，行为体的偏好可以通过制度转换为决策结果。④ 程序模型植根于不合作博弈理论和垂直投票理论，强调立法过程的顺序特征，关注可影响协商结果的决策权力。被广泛运用于欧盟制度间而非制度

① HEISENBERG D. The Institution of "Consensus" in the European Union: Formal versus Informal Decision-making in the Council [J]. European Journal of Political Research, 2005, 44 (1): 82.

② HAYES-RENSHAW F, WALLACE H. The Council of Ministers [M]. Basingstoke: Palgrave Macmillan, 2006: 163.

③ WARNTJEN A. Models of Decision-Making in the Council of the European Union [R]. UCD Dublin EuropeanInstitute Working Paper 09-06, May 2009.

④ CROMBEZ C. Legislative Procedures in the European Community [J]. British Journal of Political Science, 1996, 26 (2): 199-228.

内的协商。① 程序模型中的模型选择取决于所研究的具体立法过程，在不合作博弈的设定前提下，各行为体所获得的权限根据其立场和投票权进行分配，由于欧盟决策的复杂性，学者只能根据运行的特定程序来选择模型。因为程序模型的预测结果高度依赖行为体的行动顺序和博弈中的行动次数，所以预测结果经常不一致。此外，程序模型还无法解释理事会内的非正式谈判。

相比而言，理事会协商模型的研究重点是具体的协商过程而非制度性条款。对理事会决策而言，因为是基于合作博弈理论，所以对要达成的结果的顺序没有特别要求，但协商模型中决策过程是一个"黑箱子"，行为体立场、相关议题的重要性、行为体能力都是不可见的。虽然协商模型仍强调正式决策规则的重要性，认为规则引导着行为体的利益偏好，并且部分地决定了行为体对其他利益相关者能力的评估②，但是规则和过程"并不能界定行为体本身，而只是为行为体的行动设定边界"③。值得注意的是，在这一理论模型中，将共识投票看作制度限制。④

3. 评价理论模型的预估能力

对欧盟决策理论模型的研究大多参考欧盟决策项目（Decision-making in the European Union, DEU）。⑤ 这对一系列过程和协商模型进行了评价和判断。⑥ 孟斯奎塔（Bruce Bueno de Mesquita）认为这是目前为止完成得最好的对决策的经验分析。⑦

欧盟决策项目收集了 1996—2002 年和 66 个立法提案相关的 162 个议题。

---

① CROMBEZ C. The Co-decision Procedure in the European Union [J]. Legislative Studies Quarterly, 1997: 97-119.

② ARREGUI J, STOKMAN F, THOMSON R. Bargaining in the European Union and Shifts in Actors' Policy Positions [J]. European Union Politics, 2004, 5 (1): 47-72.

③ STOKMAN F, THOMSON R. Winners and Losers in the European Union [J]. European Union Politics, 2004, 5 (1): 19.

④ ACHEN C. Institutional Realism and Bargaining Models [M] // THOMSON R, STOKMAN F, ACHEN C, et al. The European Union Decides. Cambridge: Cambridge University Press, 2006: 100-104.

⑤ DEU 项目设计受 Bueno de Mesquita 的 European Community Decision Making: Models, Applications and Comparisons 启发.

⑥ STOKMAN F, THOMSON R. Winners and Losers in the European Union [J]. European Union Politics, 2004, 5 (1): 5-23.

⑦ DE MESQUITA B. Forecasting Policy Futures [M]. Ohio: Ohio State University Press, 2004: 126.

这些议题均选自不同的政策领域，但只包括了在政治上"重要"的议案，而"重要"的标准，就是至少在每天出版的欧洲代理报纸（Agence Europe）上占据五行版面。研究数据是通过对超过150场与委员会、理事会、议会工作人员的采访获得的，在每一个议题上，受访者通过在0~100范围内打分来对政策立场、行为者对政策议题的贡献以及实际的政策结果进行评价。之后将受访者的评价分数和模型预测的结果进行对比。根据收集的经验结果，托马森发现模型预测和观察结果之间存在明显差距和矛盾，即使最好的模型都不能精确解释观察到的结果。但协商模型的解释力逐步明显地优于程序模型。同时，在合作条件下，包含谈判过程中的行为体互动的协商模型是更好的。这些研究的结果同样支持了定性研究的结论：一致同意是"欧盟内最强的规范"[1]，日常决策具有高度重复性，同时理事会内缺少联盟形成的稳定模式，"这很大程度上符合普遍包容决策的妥协模型的前提"[2]。

然而，当妥协模型可以准确地判断共识决策是影响理事会决策结果的最重要因素并为这一行为提供理论解释时，也就导致了预测力低的问题。苏利文（Jonathan Sullivan）及其同事认为这一问题在于模型中输入数据的目的是检测模型的，检测所依赖的数据大多来自对政治精英的事后采访，这确实满足了模型数据要求，但存在数据规模的问题和"马后炮"的嫌疑，这是指受访者对政策立场的判断受到对已发生政策结果认识的影响，而根据带有回顾性质的数据形成模型所做出的推断也是有误导性的。[3] 欧盟决策项目还对合作的协商模型和通过采访数据计算的结果进行了分别研究，结论表明当两者的预测结果不一致时，通常模型计算是正确的，而专家的判断是受事实误导的。

当然，普遍来说，对协商模型和程序模型文献的回顾表明，这些模型在预测结果时的实际表现都要强于之前单纯的理论分析。通常认为协商模型对于跨政策范围的预测力很高，达到85%~90%的准确率。[4] 因此，不能忽视将

---

① WHITMAN R. The Neo-normative Turn in Theorising the EU's International Presence [J]. Cooperation and Conflict, 2013, 48（2）：171-193.

② SCHNEIDER G, STEUNENBERG B, WIDGRéN M. Evidence with Insight：What Models Contribute to EU Research [M]. Konstanz：Bibliothek der Universität Konstanz, 2006：302-308.

③ SULLIVAN J, VEEN T. The Council of Ministers：Shedding Light on an Opaque Institution [J]. Government and Opposition, 2009, 44（1）：113-23.

④ STOKMAN F. Modeling Conflict and Exchange in Collective Decision Making [J]. Bulletin de Methodologie Sociologique, 1995（49）：7-22.

模型作为分析理事会决策的工具的重要价值。但为了提高预计的准确性，需要重视输入数据的质量和数量。

二、欧盟对华决策研究综述

（一）国外研究综述

国外学者专门研究欧盟对华决策的论述不多，但有关中欧关系、中欧合作的著作或论文集中涉及欧盟对华政策决策的文献仍旧不少。这些文献大多是基于制度主义、理性选择理论或经验分析，对既有政策（特别是导致中欧关系紧张的政策）的评述，以及对欧盟如何做出更有效的对华决策提出政策建议。

在对华决策的理论构建方面，在《欧盟与中国：欧盟对华外交与安全政策决策》① 一书中，作者采用理性行为体的双层决策作为概念化框架对欧盟决策进行分析，双层决策过程包括国内层次成员国的国家利益（协商集合）建立，以及在欧洲层次所决定的共同立场进而形成的共同政策。成员国作为两个层次的核心，包含三个自变量：议会的角色，公共意见和媒体报道，经济利益和游说。此外，外部行为体构成第四个自变量。作者选取欧盟对华经济和外交两个领域作为案例，追踪国家"协商集合"的形成以及欧盟政策的制定。这本书采用了全面的分析方法，将欧盟对华的外交和安全政策的成员国层面和欧盟层面决策过程相结合，为理解欧盟对华决策提供了多元视角。但分析还是以案例研究的经验分析为主，缺乏详细的理论框架，这本书是外国文献中为数不多的专门讨论欧盟对华决策过程的著作。

另外，收录于《中欧关系——观念、政策与前景》一书中弗兰科·阿尔基里的论文《关键在于体制：欧盟对华政策的制定及其制度化》② 对欧盟对华政策如何制度化以及如何在欧盟对外政策整体框架中推行进行了研究，欧盟当前的对华政策是欧盟对外政策发展道路的一种反映。除了每个成员国的利益外，欧盟的决策和制度化模式也起作用。因此存在于欧盟对华政策中的紧张氛围，也是根源于各方影响政策制定的能力和成员国利益的冲突。

---

① STUMBAUM M. The European Union and China: Decision-Making in EU Foreign and Security Policy Towards the People's Republic of China [M]. Nomos: Baden-Baden, 2009.

② ［美］沈大伟，艾伯哈德·桑德施耐德，周弘. 中欧关系：观念、政策与前景 [M]. 北京：社会科学文献出版社，2010：66-84.

还有研究从中欧关系的具体政策领域出发，分析决策过程并提出相应政策建议。如《1978 年以来的中国与欧洲——欧洲的视角》① 一书收集了与中欧外交关系，欧盟同中国在人权、经济、文化和地区问题上相关的论文，其中论述了菲利普·贝克对欧盟对华人权政策以及其对双边关系的影响，介绍了欧中人权对话的内容，并从历史的视角对欧盟的人权政策进行论述。

欧洲对外关系委员会发布的政策报告《全球性对华政策》②，对具体问题分析论述如何使欧盟对华决策更有效，进而对欧盟如何在华充分发挥其影响力提出建议。报告从政策决策和政策影响的角度分析了欧中在贸易投资、工业技术、气候变化、核扩散以及人权等问题领域的互动，提出要想使欧盟的对华政策行之有效，欧洲需要从全球意义上对其决策过程进行重新塑造：欧盟成员国不应只从双边意义上思考对华关系，而是应该考虑中国对欧洲外交政策的影响以及对欧洲与所有其他国家和地区关系的影响。

《欧盟与中国：利益和困境》③ 一书系统地分析了中欧关系的发展，是研究广泛地缘政治背景下中欧发展的系统框架。这本书也是从对议题的分析出发的，包含人权、经济合作、能源安全、体育、海洋生态和媒体政策。此外，在分析对华决策中，这本书还对和中国有重要关系的全球伙伴的外部影响进行了讨论，如美国、俄罗斯、印度和中亚国家，强调了中欧战略伙伴关系的发展对多极世界制度的重要性。

《中欧关系的国际政治》④ 一书则是从中欧关系的视角，先后分析了双方的战略认同、社会和治理、对地区和全球事务的参与以及中欧关系展望四个方面的内容。其中，特别关注了"政府间主义和中欧关系"的内容，分析中欧关系的两个维度以及欧盟内部的政府间主义对双边关系影响的本质、问题和未来潜力。这本书运用地区主义和地区间主义的理论方法，为在更广泛视角下对中欧关系的认识提供了新视角。

西方理论界还广泛关注欧盟对外决策理论和欧盟对其他国家与地区政策推行的分析，虽然没有直接讨论中国，但这些文献对本书的研究起着很大的

① EDMONDS R L. China and Europe since 1978：A European Perspective ［M］. Cambridge：Cambridge University Press, 2002.

② GODEMENT F. A Global China Policy ［M］. European Council on Foreign Relations, 2010.

③ WIESSALA G, TANEJA P. The European Union and China：Interests and Dilemmas ［M］. Amesterdam：Rodopi, 2009.

④ KERR D, LIU F. The International Politics of EU-China Relations ［M］. London：The British Academy, 2007.

借鉴作用，先选取具有代表性的三本著作简要介绍如下，其他文献在本书主体的论述部分会有相应引用。

《欧洲联盟的决策》① 一书中就根据欧盟运行的发展、国内决策过程以及经济社会的发展、不同的政策模型提供的分析及解决决策困境的不同工具方法，提出了"一个共同体方法，多个政策模型"：传统共同体方法、欧盟规制模型、欧盟分配模型、政策协调和加强跨政府主义（intensive trans‑government‑mentalism）来分析欧盟决策。该政策模型的设计超越了政府间主义和超国家主义之间的争论，不仅反映了决策权力从成员国向欧盟层面的权力转移过程，还呈现欧盟不同政策领域间的功能性区别以及对治理的发展性观念。

希尔在其著作《变化世界中的外交政策》一书中提出了"过程-结构"的分析方法，将宏观和微观视角相结合，认为"对外政策决策是一个多个行为体进行互动的复杂过程，存在于不同的结构中。过程-结构的互动是一个动态过程，会导致行为体和结构的演变"②。在这一框架的决策过程中，国际结构和国内过程相互影响，同等重要，同时关注行为体的政策行为和其所处的外部环境。

怀特（Brian White）则提出对外政策分析（Foreign Policy Analysis，FPA）的框架，分析方法是政策导向的，包含政策制定者、过程特点、议程构成、政策工具、决策背景和政策输出等要素，关注对"政策如何、从何以及为何产生"③ 问题的理解。他对外交政策决策的各次系统（联盟外交政策、共同体外交政策、成员国外交政策）分别进行分析，但没有将欧盟外交决策视为一个整体来考虑，忽视了各次系统间的联系，特别是联盟和共同体下的政策，同时也忽视了欧盟对第三国或地区的政策。

（二）国内研究综述

自 20 世纪后半期开始，欧共体/欧盟的发展逐步吸引了众多中国学者的关注，其研究涵盖了欧盟的经济、政治、社会、文化、对外关系与对外政策等方面，大多集中于对一体化理论与一体化进程的历史讨论，对欧盟经济一

① WALLACE H，WALLACE W，POLLACK M A. Policy‑Making in the European Union［M］. Oxford：Oxford University Press，2005.

② HILL C. Changing Politics of Foreign Policy［M］. London：Palgrave Macmillan，2003：55.

③ WHITE B. Understanding European Foreign Policy［M］. New York：Palgrave Macmillan，2001：29.

体化和政治一体化的评析，或是探讨具体到各领域的政策以及对中欧经贸与政治关系的分析。

1. 对欧盟对外决策机制的介绍

刘文秀、科什纳等著的《欧洲联盟政策及政策过程研究》① 一书从欧盟政策过程与机构包括政策领域分类与性质以及欧盟主要机构的决策机制及其相互关系入手进行分析，进而对欧盟政策进行分类研究，包括经济一体化政策、功能政策、部门政策和对外政策。最后对欧盟政策的理论分析，从比较公共政策和国家主权的角度考察欧盟的政策过程，并发展了欧洲一体化的相关理论，深入探讨了欧盟国家主权让渡问题。这一著作从总体上反映欧盟的政策领域和政策制定的主要机制，反映欧盟的动态政策发展过程。

尤利·德沃伊斯特的《欧洲一体化进程——欧盟的决策与对外关系》② 从一体化的历史、机构建设、决策制定和对外关系分析四个方面介绍了欧盟的机构发展和决策特点。作者认为"机构建设影响了欧盟的发展道路"，因此对欧盟对外决策的分析，是通过欧盟委员会、理事会、部长理事会、欧洲理事会四个机构的权责互动论述的，而决策结构是立法协调、政策调整和资源分配共同作用产生的。在"欧盟-中国关系"一章，特别关注了经贸关系、政治交流、军售解禁和战略伙伴关系未来四个方面的中欧互动。

陈志敏与古斯塔夫·盖拉茨合著的《欧盟联盟对外政策的一体化——不可能的使命?》一书中，对欧盟对外政策一体化的概念进行了界定，同时基于欧盟官方文献，介绍了欧盟对外政策的核心领域：共同对外经济政策、共同外交与安全政策以及欧洲安全与防务政策。结合国际关系理论，对欧盟这些共同对外政策的历史、机制进行了详细介绍。

总之，具体到欧盟决策研究，这些研究主要关注欧盟进行决策的背景和决策的内容、作用和影响，大多关注各领域的具体政策，重点是共同体领域。对欧盟决策，特别是对外决策的过程、决策机制的理论研究不多。

2. 对华决策与中欧关系

《国际体系与中欧关系》③ 一书从国际体系的研究角度和社会本体论的研究立场出发，具体分析了中欧关系结构、互动模式特征、中欧关系发展的内

① 刘文秀，科什纳. 欧洲联盟政策及政策过程研究 [M]. 北京：法律出版社，2003.

② [比]尤利·德沃伊斯特. 欧洲一体化进程：欧盟的决策与对外关系 [M]. 门镜，译. 北京：中国人民大学出版社，2007.

③ 朱立群. 国际体系与中欧关系 [M]. 北京：世界知识出版社，2008.

生和外生影响因素，以及在不同问题领域的关系现状。在讨论欧盟对外政策对中国的影响时，从经贸关系、人权对话、知识产权、武器禁运以及亚欧合作等方面考察中欧战略互动，欧盟对华决策体系的双轨特性、动态性过程以及社会化现象均从正反两方面影响着中欧关系的长远发展。

《欧盟对外政策的决策机制与中欧合作》① 一文代表了目前国内学术界对欧盟对外政策的典型观点：基于不同的决策机制，将其划分为欧共体的对外经济政策共同外交与安全政策中的对外政策两部分。前者反映的主要是欧共体的整体利益，采用的多为特定多数表决程序；后者反映的主要是各民族国家的利益，采用的多为全体一致表决程序。作者在总结欧盟决策机制的基础上，对如何进一步加强中欧关系并深化双边合作提出了政策建议。

张亚中在《欧洲联盟中国政策的战略分析》② 一文中首先从新现实主义、新自由主义与善治的理论角度分析了欧盟对华政策出台背景与运作逻辑，进而通过中欧双方发表的八份政策文件分析具体政策实践，重点分析了欧盟对中国在武器禁运、市场经济地位和人权三个问题上的摩擦与互动。在欧盟对华决策上，新现实主义与新自由主义的思维仍将是主导，同时，随着全球战略的推行，欧盟将用善治的思维来推动与中国的交往。

由于欧盟在不同的政策领域、不同的治理层次间的决策范围、政策属性不一致，欧盟在进行对外决策时，各政策领域呈现不同的特点。因此，国内学者对欧盟对外决策的实践分析的现有文献，大多是关注具体政策领域的。

三、现有研究的贡献与不足

目前的研究成果对有关理事会内成员国的投票行为和合作模型进行了定性与定量的分析，同时也包含欧盟对外政策理论和实践的丰富文献，并且综合运用了定量、定性、对比、案例等分析方法。

但这些研究仍然没有探索导致理事会决定的内部决策过程。对欧洲议会内部工作和组织的研究越来越多③，特别是系统的构成、运行和影响，但类似

---

① 郭关玉．欧盟对外政策的决策机制与中欧合作 [J]．武汉大学学报，2006 (3)．

② 张亚中．欧洲联盟中国政策的战略分析 [J]．问题与研究，2006 (4)．

③ KAEDING M. Rapporteurship Allocation in the European Parliament Information or Distribution [J]. European Union Politics, 2004, 5 (3): 353 - 371; Høyland B. Allocation of Codecision Reports in the Fifth European Parliament [J]. European Union Politics, 2006, 7 (1): 30-50.

的系统定量分析或比较研究依旧很少运用到理事会内部。同时目前关于理事会决策过程中各事务委员会的工作大多是基于专家的口述，理事会的运行缺乏公开信息，大量调研工作不得不依赖于内部工作人员的主观意见和判断。这就导致研究工作在尚未能明确描述理事会内部决策特性前，就试图对其运行进行解释，这样，以简明理论方式所做的解释和预测就会陷入"发生于其后必然是结果"的错误推断。

同时，学术界对于欧盟对华决策的研究，也多见于分析欧盟现有制度及其影响，少见于从行为体和机构内部进行分析，缺乏对成员国的关注和对理事会内部博弈的讨论。此外，无论是国内学者的分析还是国外文献，在理论建构部分都倾向于把欧盟对外政策按不同的决策方法或政策领域进行分类，如分为应用共同体方法的政策和应用政府间方法政策，或是按对外贸易、安全外交、对外援助、内外政策等领域分类。因此缺少对"欧盟的共同普遍利益如何被界定，优先化并通过欧盟和成员国内的制度化行为转换成具体的政策行为"① 这一动态过程的总体理论分析。一个统一分析框架的缺乏不仅复杂化了决策过程，更不能充分且完整地反映对外决策中"牵一发而动全身"的整体特性。

第三节　理论模型和研究方法

"如果没有共同利益，那就没什么可讨论的；如果没有冲突，那就不需要讨论。"② 因此，理事会中既存在共同利益也包含冲突。协商能够进行的关键点在于成员国政府如何在其具有不同偏好的前提下，保持共同利益和冲突间的平衡，以防理事会决策陷入僵局。尽管本研究是一个试探性分析，这里依旧会提出一些可用来分析理事会决策框架中的核心假设。

一、理论模型

为了预测理事会的协商结果，正确模型的选择是至关重要的，因为即使

---

① SMITH M. Europe's Foreign and Security Policy：the Instituttutionalization of Cooperation [M]. Camberdge：Cambridge University Press, 2004：12.

② IKLé F C. How Nations Negotiate? [M]. London：Haper and Row, 1964：2.

对模型细节的一个轻微调整都有可能影响其预测。① 为了提供有效的预测，模型必须能够抓住理事会决策的特有协商特点，同时具备精准预测的能力。这里首先需要了解理事会决策的特点。

（一）两阶段决策与嵌套博弈

前面提到，将欧盟各种决策程序中的正式法律制度纳入考虑的博弈模型是程序模型。其中，委员会、部长理事会中的成员国代表、欧洲议会都被假设为单一行为体，行为体偏好被认为是既定的，博弈也是在这样信息完整的条件下进行的。这类模型将法律程序嵌入广义形式的博弈，因而被称作程序性模型。其优点在于可以通过对决策规则的数理分析来分析和预测欧盟在特定法律条款下的决策结果，这些模型能展现在传统分析中经常被忽略的决策特征，例如，反转点（Reversal point：如果不能达成一致会发生什么）可以在决定政策结果时发挥根本性作用（即使不能达成一致）。程序性模型强调规则的重要性，是基于欧盟是一个发展良好的决策体系，其内在规则是非常清楚明了的。

但任何民主政体的决策都包括协商交易和投票立法两个阶段，对政策过程的阐释不能忽视其一。程序模型最大的错误就在于只模拟了决策的第二阶段。很多理性行为体模型通常因为过高估计了人类认知能力，过低估计了人类选择的复杂性而饱受批评，欧盟的决策模型也不例外。② 决策的程序性视角的主要问题不是其程序过于简单，而是对政治事务看法的片面。例如，该模型忽视了和决策紧密相关的事务，在实践中，之前的决策对当前政策结果的重要性显而易见，这在程序性模型中却被忽视了，主导协商初始阶段的妥协和跨议题协定因其被认为没有正式法规重要，而被一些研究忽略。尽管科学的理论都是简化的，但这里不能被简化的是权力的内涵。从修昔底德开始许多人都认为权力是进行政治分析的根本，权力是强者可以做他们能做的事，弱者做他们必须做的事。要理解政治决策也就必须分析在决策时涉及的权力

---

① STEUNENBERG B, SELCK T. Testing Procedural Models of EU Legislative Decision-making [M] // THOMSON R, STOKMAN F, ACHEN C, et al. The European Union Decides. Cambridge：Cambridge University Press，2006：54-85.

② ACHEN C. Institutional Realism and Bargaining Models [M] // THOMSON R, STOKMAN F, ACHEN C, et al. The European Union Decides. Cambridge：Cambridge University Press，2006：86-123.

因素，决策过程中的权力内涵不仅限于正式投票权或者提案倡议中的法律权限，正式投票进行前的讨价还价比狭义所理解的法律更能对结果产生影响。正式宪法制度的创始人布莱克（Duncan Black）① 也意识到在超国家政体中，单纯的法律分析的作用是有限的，国际谈判是权力政治的舞台，但背后存在的妥协和威胁也不容忽视。

本研究认为，成员国进行决策的协商过程中面临一个两难困境：最大化自身利益和避免决策僵局。成员国倾向于基于权力政治的考虑，迫使弱小行为体退出竞争，但这很容易导致政策僵局，谈判要避免的是"失败者"威胁投反对票或者阻止进一步立法这样两败俱伤的局面。理事会决策内的高度重复性本质为政府分短期、中期和长期战略来实现诉求提供了保障，结果就是协商错综复杂，包含涉及各领域的协定和选票交易、时间、政策领域、议题跨度的讨论。这给研究提出一个难题：当一个政府看起来在某一个议题上严重失败时，它可能会在别的时候的另一个议题上获得补偿。这一复杂的情形被称为"嵌套博弈（Nest Game）"②。这就导致在政府面临一系列选择时，它并不一定会选择看起来的最优项，因为当考虑整个博弈网络时，这可以被理解为一种技巧性的退让或交易。蔡伯里斯（George Tsebelis）强调，被认为是次优行为的情况通常是"行为体和观察者间的视角不一致"，如果行为体选择看起来是次优的，那这是因为观察者的视角不全面。

因此，尽管程序和选票也很重要，政策是在立法决策阶段必须投票通过后才能塑造的，但法律规定不应该是唯一的分析关注点。对欧盟决策的分析，重要的是不能对程序进行特征化分析，在进行决策时，每个行为体都是自主的个体，由于各自主张利益不同，会同时提出多重提案，直到一个方案能够在一系列法律限制程序中通过，最终成为法律。不应该单纯将行为体表面上的失败视为受权力和法律限制所做出的让步，更应该看到，在欧盟决策过程中，协商和权力是主导。

（二）制度现实主义与妥协模型

传统的欧洲一体化理论对欧盟机构内如何进行决策谈论并不多，同时由于欧盟对外决策涉及因素较多，有必要综合运用不同方法来对政策行为进行

---

① BLACK D. The Theory of Committees and Elections [M]. New York：Springer, 1987.

② TSEBELIS, G. The Power of the European Parliament as a Conditional Agenda Setter [J]. American Political Science Review, 1990, 88（1）：28-142.

解释。本书对理事会决策的理解和理论模型的选择都是包含嵌套博弈两个阶段的。

这里借鉴"制度现实主义"理论，它是吸收了现实主义中权力因素的"融合型"制度理论，其基本特征：不再只强调法律程序，而是增加了对在政策形成过程中社会和政府组织间的协商互动的关注。政治行为体可能是个人、社会组织、压力集团、政府部门、法院或者任何私人或公众组织。现有的政策网络和联盟问题的相关文献描述了从传统视角看国家利益是如何通过法律程序设定参与决策的，而制度现实主义则认为政治应该从现实角度而非法律角度分析，决策中的关键行为体是各种类型的制度权力，而其制度权力又是之前的政治结果，而非法律过程的细节。这并不是说法律程序不再重要，但它们也是由权力塑造的，不仅能在制度中施加压力，更重要的是从长期看，它们能创造制度。① 在制度现实主义视角下，法律和规则不仅是某些单行为体的长期偏好的产物，还是权力固定形态的代表。决策第一阶段的协商属于分析模型，以权力为基础，政治形式反映政治权力，因此在决策第二阶段所实施的正式规则反映的是强权行为体的利益，基于这样的规则做出的政策决策也是符合强权行为体主张的，以其拥有的权力为比例。制度现实主义认为，政治结果是决策第一阶段协商的产物，因为协定在第二阶段是一致通过的，在分析决策过程中关注协商阶段的讨价还价。决策的结果是类似单边的概念，个体效用根据其影响来衡量。

制度现实主义在预测政治结果时必然会考虑权力，但单独的权力关系并不足以对现实进行真正模拟。科尔曼（James Coleman）在前人理论的基础上发展出"交换模型"（exchange models），认为政治行为体在议题上通过交易选票或立场来换取社会行动"理想体系"的达成。② 在这一框架中，在两分选择（是或否）中的理想集体决定是通过包含权力大小和议题重要程度的集合来定义的。这里他通过"议题重要性"（Issue salience）的概念来解释行为体的影响力，每个行为体的影响是由行为体在协商情境下的力量（strength）

---

① Soltan k. Review on Institutional Realism: Social and Political Constraints on Rational Actors [J]. The Journal of Politics, 1993, 55（3）: 842-844.

② COLEMAN J. Control of Collectivities and the Power of a Collectivity to Act [M] // LIEBER-MAN B. Social Choice. New York: Gordon and Breach, 1971: 269-300; BRAUN N. Dynamics and Comparative Statics of Coleman's Exchange Model [J]. Journal of Mathematical Sociology, 1990（1）: 271-276.

决定的。范德伯斯（Van den Bos）① 根据科尔曼的研究发展出具有社会学传统的决策分析视角，特别关注决策过程中连续决策的传统，被称作妥协模型，该模型借鉴了科尔曼的"理性体系"，认为政治结果是根据行为体偏好来衡量的，以权力和议题重要性为标准，预测的政策结果是在更有权力的行为体和更突出表达意愿的行为体之间的妥协。用数学方程式来表示，如果有 n 个行为体，行为体 i 最倾向的立场就是 X_i，i 的权力用 V_i 指示，行为体 i 有重要性 S_i，如果理想点和权力都是和基础模型一样的，那么制度现实主义的预期结果（妥协模型）便是 Y_c：

$$Y_c = \frac{\sum_{i=1}^{n} S_i V_i X_i}{\sum_{i=1}^{n} S_i V_i}$$

之所以在模型构建中去除社会化等非理性因素，是因为这会"损害社会科学本来就已脆弱的科学性"。理性只有一种，而非理性有多种，非理性会使得社会科学的逻辑性不确定，同时在模型中加入非理性的因素，因其难以测量和明确定义，对这些因素的过分关注会导致对研究对象本身的理性逻辑的忽略。

妥协模型传承了政治科学中制度现实主义近一个世纪的传统，加入了社会学中的社会行动理论的预测模型。这是一个简洁且具有操作性的等式，不需要用电脑软件来输出结果，也不需要额外的次级分类，因而也适用于经验分析。这一等式简明扼要地总结了之前对政治决策的复杂思考，将是本书接下来分析的理论基础。

二、研究方法与思路

由于目前对欧盟理事会对外决策的研究缺乏成熟的理论，现有的可靠经验信息也有限，因此在研究方法上，本书选取解释性的方法而非严格的确认性方法。在纯的确认性方法中，研究的重要目的是评估这些理论的有效性。但目前处在对理事会决策研究的早期阶段，如果只关注研究假设的确认则会导致对其他重要解释性因素的忽视，而运用解释性方法可以得出丰富结论。

---

① VAN DEN BOS. Dutch EC Policy Making [M]. Amsterdam：Thesis Publishers, 1991：175-176.

当然，采用解释性分析视角并不表明对理事会决策的研究不会依靠之前的理论，相反，对现有理论的评估是研究战略的重要起点，但确认或者拒绝已有理论思想既不是本研究的最终目的，也不是唯一目的。确认其他对理事会决策产生影响的因素进而修补理论才是更为重要的目的。因此本研究是解释性的，目的是找出影响理事会克服偏好分歧做出决策的影响因素及其影响程度。本书的研究对象是理事会内部的对外决策，特别是日常政策过程，因此在本研究的理论构建部分，将把理事会的对华政策决策视为一个整体框架进行解释，其中会分析现有理论研究成果，并借鉴已有文献。

本研究的理论设计旨在提供一个对理事会决策简约但全面的认识，而在理事会的对华决策过程的具体解释方面，本研究将在案例研究的基础上采用定量和定性相结合的方法进行进一步研究，研究以案例分析为基础。根据欧盟外交政策内涵和政策功能性原则，将欧盟对华政策分为两类：对华经济政策和对华外交与安全政策。对这些案例分析将采用过程追踪（process-tracing）的方法，近距离分析具体案例的决策过程。根据麦基翁（Timothy McKeown）的观点，过程追踪不仅依赖每个案例中变量的变化，还需要"对各种初始条件如何转换为结果的决策过程进行调查和分析"[1]。从这方面说，过程追踪可以对观察结果和可能的原因之间的联系进行追踪，从而带来分析性解释，并可以将回顾性的叙述转变为分析性的原因解释[2]，以此填补不同政策领域和不同决策程序导致目前研究中将欧盟对中国的整体政策相结合进行全面分析的空白。

在案例研究的具体分析中，采用整合定量和定性的方法。在理事会涉及中国的决策过程中，抓住关键变量，估测其数值并纳入研究模型进行定量分析，从中观察理事会是在什么情况下以及为什么会形成共同立场或制定共同政策。定量分析有三个目的：第一，对理事会决定中的影响因素进行描述；第二，验证现有理论假设，而对解释性的数据分析构成了本研究最主要的确认性部分；第三，描述性和解释性定量分析的结果可以为之后的定性分析提供进一步阐释的空间和范围。根据本研究的解释性目的，定量分析的目的在

① MCKEOWN T. Case Studies and the Statistical World View [J]. International Organization, 1999, 53（1）: 161-190.

② 相关运用可见：GEORGE A, MCKEOWN T. Case Studies and Theory Development in the Social Sciences [M]. Massachusetts: Harvard University, 2005: 211; FALLETI T. Theory-Guided Process-Tracing in Comparative Politics: Something Old, Something New [J]. APSAZCP, Newsletter of the Organized Section in Comparative Politics of the APSA, 2006, 17（1）: 9-14.

于清晰的推理过程和更具普遍性的结论。据此展开分析，可以确保结论不是根据偏颇的理论或不完整的视角而得出的。

　　然而，单纯的定量分析也有过于注重演绎方法而归纳不足的缺点。这就导致，首先，其他的重要解释性因素可能被既定的研究模型所忽视；其次，在分析因果关系时，定量分析对变量中的联合变化过度依赖，即使在理论上可以认为变量间的变化通常是相关的，但联合变化的产生仍然是偶然现象或者是忽视了影响两者的第三个变量；最后，加上与自然科学相比，对社会科学中概念测量的最大困难在于测量对象缺乏明确定义，主观性强，不同人会有不同界定，而这些对象大多无法进行直接的观察和测量，只能通过辅助可测的指标进行界定，同时由于测量工具和研究内容的保密性，更增加了在社会科学中进行科学规范研究的困难。为了改善这些问题，本研究将在案例的定量分析后通过定性研究来对理事会决策进行阐释，这些定量构成本研究的经验分析部分。根据定性分析结论的初步性特点，定性研究将着重分析定量分析中的发现和不足。

　　本研究的案例研究分析包含了演绎和推理两个构成部分。尽管目前定量和定性研究都对理事会决策有非常重要的作用并有深入的研究，但关于理事会最基本的问题"谁在何时以及如何得到什么"还是没有得到充分和全面的回答，理事会仍然是一个不透明机构，海格曼（Sara Hagemann）① 因此坚持理事会决策研究存在"更多的定量研究空间"。本研究将对现有文献和定量研究中得出的潜在解释性因素在定性分析中进行进一步检验，这些定性研究不仅能够确认定量研究中的相关结论，还能定义在之前研究中没有提及的其他解释性因素，从而达到改善理论概念的目的。此外，定性分析还能界定不同的解释性因素是否以及如何互动，从而得出更具体的结论。这样的案例研究是对发展进一步的理论而言最好的分析工具：将定量和定性分析视角相结合的方法比单独依靠任一分析能够得出更全面的结论，定量和定性分析能够相互补充彼此缺点。

　　在研究的相关数据获取上，正如有学者认为，政策转换部分并不是完全

---

① HAGEMANN S. Voting, Statements and Colition - building in the Council form 1999 - 2006 [M] // NAURIN D, WALLACE H. Unveiling the Council of the European Union: Games Governments Play in Brussels. London: Palgrave Macmillan, 2008: 39.

被难以理解的"神秘面纱"所围绕①，例如，《马斯特里赫特条约》所通过的透明倡议就揭开了这层面纱，条约对理事会日程表、部长会会议记录、部长表决投票记录和理事会月度总结等进行了公开。这些做法在一定程度上有助于对这一转换机制的资料研究，相关数据也能从欧盟官方网站获取。尽管所公开的理事会文件只包含了决策的第二阶段，进一步的阐释还需要本研究的理论构建和案例分析。

第四节　写作计划

在接下来的章节中，本书将以对华外交决策为案例对理事会内部决策过程进行分析。

第一章是对理事会运作的制度环境及其内部系统进行定位。首先，关注欧盟的对外政策制定机制，以对欧盟外交政策基本特点和推动力有整体把握；其次，对欧盟对外决策的权限和程序进行分析，这里可以看到理事会决策程序的错综复杂；最后，具体到理事会的决策，关注其内部制度化的组织运行，以了解对理事会黑箱子运作的制度环境。

第二章是通过对现有关于理事会决策的文献进行回顾，总结和理事会决策结果和过程相关的解释性因素，进而依靠博弈理论对变量间关系的讨论，设定投票规则、偏好分歧、议会否决权、社会化和议题重要性五个研究变量。在此基础上进行研究设计，基于制度现实主义，发展出一个接近纳什协商解的协商模型对帕累托最优解进行预测，同时对这一模型中的变量及其发生作用的方式进行论述。

第三章是定量研究的准备。概述了对成员国权力、政策立场和议题重要性程度这三个研究变量进行测量的原因和方法，之后还将介绍对误差的估算方法和对模型预测结果的态度。

第四章是定性研究的准备。主要介绍欧盟对华外交政策的概况。首先，分析欧盟对华出台的数个政策文件，从中探析双边关系发展脉络及欧盟对中国态度的演变；其次，是对欧盟和中国的影响因素进行概述，主要包括政治

---

① BAUER M. Transparency in the Council ［M］// GALLOWAY W. The Council of the European Union. London：John Harper，2004：370.

限制和经济机会两方面；最后，是对欧盟对华低级和高级政治中决策制度和过程的分别探讨。

第五章将介绍本研究的第一个案例：从欧盟对华光伏"双反"案看对华经济决策，从欧盟成员国的权力、偏好、议会加入、社会化和立场显现程度对该案件中理事会内部决策过程的影响来验证之前提出的理论框架。本章共分三节：第一节是对欧盟对华光伏反倾销案件进行回顾，介绍案例研究背景、发展过程和实质；第二节是对争端影响因素及其影响进行分析；第三节是运用前面提到的定量数据收集方法，验证妥协模型在此案件的解释力，并针对定量研究中发现的和现实不符的情况，用定量分析给予进一步解释。

第六章将介绍本研究的第二个案例：从欧盟对东亚的安全政策看对华的安全决策。本章共分三节：第一节是介绍欧盟东亚安全政策出台的背景和原因，以及东亚安全政策和对华安全政策的关系；第二节是对理事会决策中各影响因素的表现方式和影响原因的分析；第三节是分别用定量和定性的方法验证理论模型的解释力。定性分析的描述性发现在一定程度上证明了定量研究的结论，但定性分析的结论也指出需要对定量研究中的解释性发现进行补充。

在本书的结论部分，总结了研究的几个发现，探讨了本研究的规范性和实用性意义，同时指出今后的研究可以对欧盟理事会内部和议题重要性概念进行更多的分析，并在将经验分析结果上升到理论层面后扩展结论的适用范围，为今后研究指出可能有意义的进一步努力的方向，同时还分析了欧盟近期新变化的可能影响。

第一章

理解"黑箱子"：理事会决策的制度环境

政治学中"黑箱子"一词是由戴维·伊斯顿创造的，他运用系统论的方法对政治过程进行分析，将国家机构的决策同公民社会的反馈相结合，创立了以输入、输出、反馈、再输入过程这一循环系统为特征的政治系统论。他将政治决策的过程理解为"制定和实施权威集合的交往系统"①。政治系统受社会内部和外部两个环境的制约，内部环境是指生态系统、个人系统和社会系统，外部环境就是国际社会中的相关系统，伊斯顿认为，社会内部和社会外部环境构成政治系统的外部系统，是政治系统运行的总体环境。在这一系统的转换机制中，政治输入（要求和支持）被转换为输出（政策和行动），这一机制的内部工作状况是看不见的。因此人们只能通过对输入和输出变量进行系统的比较，无法确切知道它是如何运行的（见图1）。

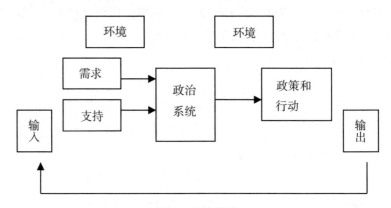

图1 政治系统

资料来源：ESTON D, The Political System, Chicago：University of Chicago Press, 1957.

---

① EASTON D. A Systems Analysis of Political Life ［M］. New York：Wiley, 1965；50.

部长理事会的决策过程就是伊斯顿的"黑箱子"。输入和输出是我们知道的①，但转换机制中输入是如何转化为政策决策的，是不可见的。而"反馈"概念，在欧盟内指的是欧盟的政策产出和新公民对系统需求之间的矛盾。然而，正如希克斯（Simon Hix）等人指出的，相比其他政治系统，欧盟的反馈循环相对较弱②，在欧盟对外政策中更是如此。据此，对部长理事会决策过程的研究需要基于对影响政治系统的环境进行分析，欧盟条约通过指出制度的特定能力和决策过程的具体细节来设置外交政策行为体的边界和框架。由于本部分研究的是理事会对外决策的制度环境，因此这里暂不讨论外部因素的影响。外部环境对理事会决策过程的影响需要基于具体案例进行分析，这会在本书的案例研究中论述。

对理事会内参与决策的行为体及其决策程序的宽泛描述就是，在欧盟共同体领域，是由委员会提议，理事会决策，也需要和欧洲议会经过共同决策，最后由委员会具体实施；而在共同外交与安全政策，包括共同安全和防御政策中，欧洲理事会领导下的欧盟理事会主导了决策过程，并需要得到关键行为体的支持。单一名称，双重机制，多重特质，这就是理事会对外决策的制度环境，也就是欧盟对外政策的制度框架。尽管书面上欧盟承认对外决策的"单一的制度框架"和整体概述，但在实际运作上是由不同的欧盟对外政策行为体和不同的决策程序构成的。

正如前面指出的，理事会是欧盟对外决策的关键部门。本章将首先关注欧盟的外交政策制定机制，以对欧盟外交政策基本特点和推动力有整体把握；进而对欧盟外交决策的权限和程序进行分析，这里可以看到理事会决策程序的错综复杂；然后具体到理事会的决策，关注其内部制度化的组织运行，以了解对理事会黑箱子运作的制度环境。本书的研究目的就是欧盟在多样的政策领域基于复杂的决策程序制定外交政策的过程，因此本章是本书接下来研究的基础性介绍部分。

---

① 通常在欧盟中，输入是委员会提出的草案，输出是由理事会来执行。

② HIX S, HOYLAND B. The Political System of the European Union ［M］. New York：Palgrave Macmillan, 2011：13-14.

第一节　欧盟对外决策机制演进与特点

如何解释欧盟在面临很多决策阻力的情况下仍能成功推行对外政策？本部分将首先简单回顾在欧洲一体化不断深化的背景下，对外决策机制的历史演进过程，进而关注欧盟外交政策的基本特点和推动欧盟外交政策向前的根本动力，以勾勒欧盟对外决策的整体画面。

一、决策机制演进

欧洲联合的构想是欧洲国家在历经两次世界大战的惨痛教训后，根据法国外长舒曼（Robert Schuman）和莫内（Jean Monnet）的建议提出的，欧洲国家希望通过一个超国家主权机制的建立来共同管理煤、钢等战略资源，以期达到维护永久和平的目的。于是，在 1951 年 4 月，法国、西德、意大利、荷兰、比利时和卢森堡六国签署了《巴黎条约》，建立欧洲煤钢共同体（European Coal and Steel Community，ECSC），欧洲联合的序幕由此揭开。在煤钢共同体的架构下，设立了具有超国家主义色彩的高级公署（High Authority），兼有立法提案与执行的职能，并在行政、立法、司法三权分立的影响下设置了欧洲法院（European Court of Justice，ECJ）以及类似成员国议会的议会大会（Common Assembly or Parliamentary Assembly）来咨询并监督煤钢共同体的运作，但议会没有立法权，监督功能亦有限。同时，作为民族国家发源地的欧洲，各国对国家主权难以割舍，因而还设立了以政府间主义模式行事的部长理事会（Council of Ministers），作为平衡高级公署等超国家机构和维护国家利益的立法与决策机制。

随着煤钢共同体的发展，法、德等国也希望能将一体化扩展到其他领域，特别是经济方面。因此，在 1957 年 3 月，这六国又签订《罗马条约》（Treaty of Rome），同时建立欧洲原子能共同体（European Atomic Energy Community，Euratom）和欧洲经济共同体（European Economic Community，EEC）。这两个组织也成立了各自的委员会（commission）作为执行机构，以及部长理事会作为立法和决策机构，同时和煤钢共同体共用议会大会，但其权力依旧无法和一般国家议会相比，没有立法的权力，仅有有限的咨询监督功能。在部长理事会的决策方式上，《罗马条约》规划了以十二年为期的三个阶段过渡期来逐步建立"绝对多数"（Qualified Majority Vote，QMV，又称"有效多数"）的表决方式，即依据成员国人口数来分配权数，当投票权数达到规定门槛，并包含最少数目国家同意时，政策便可通过。这一设计不仅能防止大国操纵决策以保障效果利益，还能推动欧洲一体化，在某种程度上是民主化的体现。为了简化共同体机制以促进决策效率提升，1965 年 4 月六国再次签订《建立欧洲共同体单一理事会和单一委员会条约》（*Treaty Establishing a Single Council and a Single Commission of European Communities*），又称《合并条约》（*Merge Treaty*），将上述三个共同体进行合并，统称为"欧洲共同体"（European Communities，或泛称 European Community，EC），这成为欧盟的雏形。

尽管欧洲联合的步伐不断加快，领域不断深入，但欧洲传统大国也有各自利益上的考虑。煤钢共同体成立以来，欧洲整合一直受有强烈民族主义的法国主导，法国希望借由引领欧洲一体化挽回其自两次世界大战以来的颓势，因此法国坚持主权至上的主张，两度拒绝了英国的加入，对共同体深扩表示不满。最有影响力的事件是 1965 年 7 月戴高乐因不满绝对多数表决制和共同农业政策等问题，连续两个月拒绝出席欧共体会议而爆发的"空椅子危机"（Empty Chair Crisis），这直接导致了 1966 年 1 月《卢森堡妥协》（*Luxembourg Compromise*）的达成，之后，在部长理事会内绝对多数表决制虽予以保留，但对涉及一国或多国利益重大的事务仍以"一致同意"（unanimity）来决策。《卢森堡妥协》是否直接导致近二十年的欧洲一体化运动的停滞尚存争议，但部长理事会自此受共识决议的压力而导致立法效率下降则是不争的事实。同时，在戴高乐下台后，继任政府对于英国加入的态度发生转变，加上英国在1973 年加入欧共体后，随着强硬派首相撒切尔夫人（Margaret Thatcher）的上台，在欧共体内与法国等国争议不断，这也减缓了欧洲一体化进程。

尽管如此，欧洲一体化仍缓慢前进着。经过冗长且复杂的妥协，1986 年2 月各国签署《单一欧洲法案》（*Single European Act*，SEA），将已有的一体化成果具体化。《单一欧洲法案》是欧共体对之前条约进行的首次大幅修改，最重要的是除同意建成欧洲单一市场外，还包括决策机制上的结构性调整。法案不但将 1975 年首次召开各国领袖出席并制订欧洲一体化方案的欧洲议会（European Council）制度化且纳入法律条文中，在此基础上，将议会大会正式更名为欧洲议会，强化其议会功能，并通过条约赋予的合作决策程序（cooperation procedure）参与立法：在特定议题上享有否决权，但议会在立法和决策上仍没有实权。《单一欧洲法案》还规定凡是涉及内部市场等议题，部长理事会必须采用绝对多数投票制来表决，这为欧洲一体化带来了新的动力。

其后不久，随着冷战结束，东西方格局的变化以及德国的统一导致国际政治与欧洲安全均发生结构性变化。在可能的苏联军事威胁大大降低的情况下，欧洲国家对美国或北约军事保护的需求也随之降低，欧洲人民希望自主处理欧洲事务的想法也因此抬头；此外，东、西德统一后的德国凭借其既有的经济实力，在欧洲逐渐显示领导地位，这引起法国的不满，也让其他深受两次世界大战之苦的国家害怕德国的再次强大所带来的隐忧。基于此，欧共体开始加速在政治以及防务上的一体化①，同时在欧共体单一市场的推动下，成员国也认为有进一步修改条约的必要。因此，通过多次政府间会议的协商，各国于 1992 年 2 月正式签署《马斯特里赫特条约》（*Treaty of Maastricht*），又称《欧盟条约》（*Treaty of the European Union*），设立了欧盟的三大支柱：共同体支柱、共同外交与安全政策（Common Foreign and Security Policy, CFSP）以及司法与内政事务（Justice and Home Affairs, JHA）。在决策机制上，条约再次扩大了部长理事会的绝对多数表决范围，并增加其权限。另设"三驾马车"——前任、现任和下任理事会轮值主席制度以保持政策连续性。还通过共同决策程序（co-decision procedure）扩大议会的决策权。这成为欧洲一体化进程中最重要的里程碑。

为了解决东扩带来的问题和深化一体化成果，欧盟成员国于 1997 年 6 月签订《阿姆斯特丹条约》（*Treaty of Amsterdam*）来对《马斯特里赫特条约》进行修正，为欧盟未来的发展和进一步东扩带来新的解决方案。不过新条约仍是各国妥协的产物，并包含诸多弹性条款（flexibility provisions），虽然要求成员国以更紧密的合作来促进欧洲一体化发展，但也承认成员国彼此间的差异性，让一体化程度更深的国家率先实行某些政策，允许没有意愿或尚未符合标准的国家跟进，也就是以"多速欧洲"（*Multi-speed Europe*）的模式开展一体化。② 同时，条约还调整了外交和安全事务的政策，以提高欧盟的工作效率与国际影响。同样，为了应对即将到来的大规模东扩，欧盟在 2001 年 2 月签署《尼斯条约》（*Treaty of Nice*），其目的在于为东扩后的各成员国在委员会、理事会和欧洲议会以及其他附属的委员会机构中的席位和投票权重进行

---

① REES W. Common Foreign and Security Policy and Defense: a Lost Opportunity? ［M］// LYNCH P, NEUWAHL N, REES W. Reforming the European Union: From Maastricht to Amsterdam. England: Longman, 2000: 162–163.

② LYNCH P. Flexibility and Closer Cooperation: Evolution or Entropy ［M］. In Reforming the European Union: From Maastricht to Amsterdam. 201–212.

安排，《尼斯条约》也是欧盟决策机制演进中的重要条约。

而欧盟到目前为止最重大的制度性改革的尝试莫过于欧盟"宪法条约"的修订。在宪法条约草案中，不仅赋予欧盟国际法人地位，还大幅修改决策机制，增加欧洲议会的权力，并增设理事会常任主席一职，任期两年半，负责主持欧洲理事会会议，并在最高层次上对外代表欧盟。同时改革理事会投票制度，在 2009 年之前，部长理事会的特定多数是 321 票中的 231 票，在 2009 年以后，实行双重多数（dual majority），即至少 55% 的国家（至少 15 国）赞成，其人口超过欧盟认可的 65%。在对外决策领域最重要的改革是设立欧盟外交部部长，兼任欧盟委员会副主席，负责委员会的对外关系事务，任期五年，负责主持新设立的对外关系理事会，实施欧盟共同外交和安全政策。宪法条约预计在 2006 年 11 月完成批准程序，但由于 2005 年 5 月和 6 月，法国与荷兰相继在全民投票中否决了新宪法，英国也随之宣布暂停公投之后，欧盟决定对草案部分条款进行修改，形成了进一步妥协后的《里斯本条约》。脱胎于宪法条约并于 2009 年 12 月 1 日正式生效的《里斯本条约》也同样深刻地改变了欧盟外交领域的制度设计，其具体变化将在本章接下来的部分逐一介绍。

二、基本特征

（一）政策工具多样

欧盟在很多议题上的对外政策都是跨领域跨部门的，政策制定者会利用欧盟所有可供选择的工具来制定和推行这些政策。在部长、外交官和政府工作人员希望对某一个国家或地区的危机采取行动时，他们并不会对共同体或共同外交与安全政策框架下的程序或工具进行特别区分。在理事会辩论中，各类政策工具和措施之间没有很大区别。虽然共同外交与安全政策看起来是欧盟对外政策的中心，但在实际中，共同体框架下拥有更大的可利用性和更有效的政策工具，这意味着共同体政策比单纯从制度层面所设想的更多卷入对外行动中。欧盟在贸易领域的合作经过半个多世纪的发展，已形成了高度的一体化，在国际舞台能真正用"一个声音"说话，而且，作为拥有世界上最大单一市场的经济体，欧盟在国际贸易领域的影响力不容小觑。在《里斯本条约》中，贸易政策也被首次界定为联盟对外行动的工具之一。在实际运作中，欧盟也常用其统一且庞大的市场达成某种外交目的，如贸易制裁等，贸易政策早已在事实上成为欧盟强有力的外交政策工具之一。

（二）需成员国高度配合和积极参与

欧盟对外政策决策不仅依靠欧盟决定，还需要成员国间的系统化合作、积极支持和成员国实施行动进行补充。在共同外交与安全政策领域，"执行政策时加强成员国间的系统化合作"是欧盟对外政策制定的中心方法，条约也要求"成员国应该积极支持联盟的对外和安全政策"，特别是那些在特定领域中能起到很大作用成员国的支持对欧盟行动及其成功是非常关键的。相应地，某些欧盟对外政策动议之所以难以成功也就是因为缺乏相关成员国的支持。支持和协调也是共同体政策领域例行发展合作中的重要组成部分，在发展合作的条款详细论述了欧共体和成员国应该协调彼此的政策，在行动上相互咨询，并且在必要的时候采取联合行动。

（三）广泛的多层外交决策过程

众多国家行为体和错综复杂程序的参与，使得这场对外决策博弈需要对各行为体的权限能力和规则的运用进行协调和讨论。加上欧盟对外决策也是在同更广泛的欧盟和国际环境联系的政策制定过程，狭隘地关注欧盟决策过程会使观察者认为，是欧盟行为体提出动议、设定议程和实施决定的。但从政策制定的视角来看，其他因素（非政府和利益集团、体系内规范文化等）经常是欧盟政策行动的根本推动者，尽管在这一多层次和多地点的对外政策制定过程中，欧盟外的行为体和社会化因素并不如政治领导人、外交官和政府工作人员在各制度设定中的参与度显著，但其作用不可忽视。理事会决策信息流的复杂性，可以从图2看出。

理事会作为决策中心，受到来自委员会、成员国的影响，且欧洲议会也会直接或间接影响其决策，同时各成员国也处在众多利益集团交错游说的环境中，欧洲议会也是这些利益集团一定程度的利益代表，还有欧盟法院行使其监督权。而理事会最终输出的对外政策反过来是直接作用于成员国和利益集团的，这样就形成了一个政策循环，整个内部循环的过程也都受到国际环境的直接或间接影响。这就构成了欧盟拥有错综复杂信息流的决策环境。

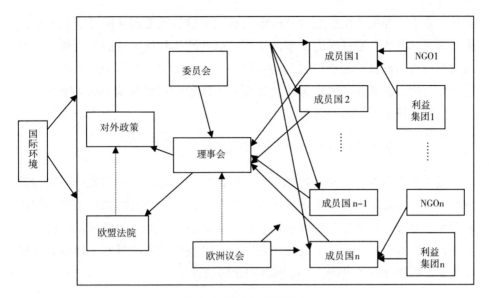

图2 理事会决策信息流

资料来源：Michael Bolle, Eurocrises：Economic and Political Efficiency. ①

三、根本动力

由于面临着复杂的决策程序、共同外交与安全政策领域的一致同意要求以及理事会繁重的工作任务等难题，欧盟如何成功制定对外政策成为研究者首要关注的根本问题，也就是说欧盟对外政策的根本动力是什么。本书认为是三个不同的政治动力和相关的运行机制为欧盟提供了推动政策制定的必要动力：共同体动力（共同体化）、理事会秘书处动力（共同化）和核心工作组动力（分割化）。这三个机制看起来是相互矛盾的，且事实上也是相互抵抗的，但正是因为这三个动力的相互作用带来的进程机制，在很多关键的问题上推动欧盟成功制定出关键的对外政策。

（一）共同体推动的对外政策

共同体通过发展新的更深入的同第三国或地区的协约化关系、财政工具和直接的外交政策倡议（如人权和民主、冲突解决和制度构建）参与对外事

---

① BOLLE M, LEON K. The Eurozone Crisis：An Opportunity or a Setback for Europe？［M］// CIHELKOVA E. Changes in Governance in the Context of the Global Crisis. Centre for European Studies of UEP, 2013.

务的决策中。委员会在欧盟对外政策领域的地位虽然受到共同外交与安全政策行为体和事务不断发展而带来的压力，但共同体领域丰富的外交政策工具以及委员会相对自主的地位和行动权限，都体现了委员会驱动的对外政策的范围和价值，以及共同体作为欧盟外交政策决策的场所和动力的重要性。这也就是欧盟外交政策的共同体动力。

（二）理事会总秘书处推动的外交政策

随着理事会内各机构（特别代表、政策单元、驻外使团和安全与防御政策行为体）在数量和质量上逐步增加和提高，以及安全与防御政策工具的不断增长，形成了可以为对外政策提供政治驱动和有序运行的新机制。这些中心的共同机构可以帮助和促进欧洲进行共同利益和政策的界定，理事会总秘书处驱动的外交政策也推动了欧洲共同化的过程。

（三）核心工作组推动的外交政策

而在具体的对外政策问题上，政治动力和运作行动是由成员国之间非正式形成的工作组提供的，这些工作组集团能推动欧盟在某一特定的，有相关利益或价值的问题上的决策，为欧盟政策和关键补充性行动（如在其他国际组织或欧盟对外政策边界之外的领域）提供必要的推动。

非正式核心工作组是欧盟成员国间劳动力专门化和工作部门化进程不断发展的产物，而这一趋势的重要后果就是欧盟对外政策的部分分裂化，这导致欧盟在某些特定领域的决策是以政策网络为基础的，这些政策网络则是由相关成员国和委员会或者/以及理事会总秘书处组成，从而实现以工作组的方式推动欧盟对外决策。核心小组或联络组的构成可以包括各成员国，但其本质及其同欧盟机构和政策的关系各异：可以是暂时性的运作，也可以是永久的绑定，既可能紧密地置于欧盟框架内，也可同欧盟保持松散的关系，小组可以是非正式的运作且人员较少，也可以用程序化的方式工作且阵容庞大。有长期且较正式的工作组，如欧盟在索马里的核心组（特别是英国、意大利、瑞典和委员会），在刚果民主共和国上的联络组（特别是法国、英国、比利时和理事会总秘书处），关于伊朗问题的欧盟三国（英国、法国、德国）；也有较短暂的合作模式，如在欧盟高级代表连同波兰、立陶宛总统在乌克兰橙色革命期间成立的工作小组。

下面用图 3 呈现了这三个动力之间的关系。最大的圆表示欧盟在某一具体问题上对外政策基本框架，这一政策是由所有成员国来定义、支持和跟随的，并且是通过复杂的决策过程（见本章第三节）发展而来的。三个小圆代表可以为欧盟对外政策提供必要的政治和运作动力的机制。根据议题的不同，三个小圆的大小也相应调整，它们是根据某一具体案例和这三个机制各自的关联度而变化的，也可以根据交往密度和相互作用的程度或多或少交叉。而"核心组"圈是可以在最大圈的圈内或圈外的，这是根据核心组的工作介入欧盟外交政策框架的程度或者自主运作的程度来决定的。

从这三个政策驱动机制提供的动力中我们可以初步推断：欧盟对外政策决策不一定是成员国立场的最小公分母，一致同意情况下除外，但一致同意也已经发展出可以克服不同观点和利益的方法，如后面将提到的沉默程序，这些方法能帮助欧盟克服更经常且更大的决策阻碍，如当成员国在特定问题上没有特定利益的情况。

欧盟对外政策受到来自共同体、理事会和工作组三股力量的推动，作为欧盟的立法核心，部

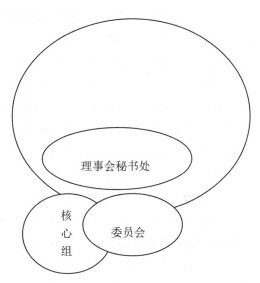

图3 欧盟外交政策的政治运作

长理事会的内部运行是如何体现受三股力量推动的外交决策过程的？同时如何克服分歧和决策阻碍？接下来将介绍理事会的内部制度，包括其系统构成、分别代表成员国和欧盟的子结构等。

第二节 外交决策的运行：一个框架，两个机制

欧洲一体化的过程伴随着一系列条约的签订和实施，这些条约一方面将一体化的成果以成文的形式巩固，另一方面也是欧盟进一步克服并超越现存体制机制发展障碍的政策依据。条约通过明确机构权限能力和决策过程细节来为对外政策行为体的边界和框架进行设定。尽管《马斯特里赫特条约》首

次提出了欧盟三个支柱的划分，但还是强调欧盟是一个统一的制度框架，而2009年颁行的《里斯本条约》则取消了这一支柱性划分，这更表明欧盟对共同体领域和共同外交与安全政策实行具有统一约束力的制度框架，同行动的领域和在这些领域的能力权限大小无关，以此保证行动的持续性和连续性。但是，尽管存在这一单一制度框架，不可否认的是，联盟的外交政策系统还是由两个不同的决策机制控制。在《马斯特里赫特条约》中清楚地用支柱系统阐述了，将联盟的外交能力置于两个不同的系统下：共同体政策和共同外交与安全政策。而《里斯本条约》中虽然没有再明确指出支柱间的区别，但从政策的实际决策程序制度来看，共同体和政府间还是有明显区分的。

第一个政策制定机制是共同体方法，以行为体定义、捍卫、推广和代表的共同利益为原则。共同体方法和超国家主义的区别在于，超国家主义表明成员国在政策制定中完全失去控制，而共同体方法是运行在一个专门设计的系统内，这能保证超国家委员会和部长理事会以及欧洲议会和超国家的欧盟法院的制度化均衡，共同体方法多应用于贸易、发展合作、人道主义干预以及其他在欧盟委员会控制下的领域。第二个政策制定的机制是政府间方法，主要的原则是，政府掌握政策制定的控制权，这通过两个途径来实现：政府间合作和政府间一体化。在政府间合作的情况下，决策权不会转移至欧盟，但决策是在欧盟框架内运行，在联盟外交政策和成员国的外交政策中进行协调；政府间一体化则表明成员国已经将决策权转移至欧盟，但是在联盟的制度框架内，政府也能通过理事会的主导地位以及政策制定中一致同意投票制度的应用，保持其对决策的严格控制权。政府间方法在共同外交与安全政策、安全与防御政策和在犯罪问题中的司法合作等领域广泛运用。

然而，对外决策过程不能简单地靠支柱划分。多数对外政策都有这两个机制内权限、行为体、程度和工具的涉及，但根据不同政策，在每个方法和决策机制中，制度的角色、成员国、决策程序以及工具的应用会有所不同。换句话说，在政府间和超国家主义之间，存在多种路径。特别是在实际应用中，不同的支柱和方法之间界限并不是完全明确的，经济问题和政治关系也难以真正区分。本节将对欧盟机构享有的权限、决策程序、投票规则和干预限制进行分析。一方面，欧盟对外政策的输出是制度设计的结果；另一方面，从决策执行的角度看，驱使欧盟外交政策前进的动力突出反映了欧盟的决策克服了制度和程序的障碍。

　　图 4 列出了理事会的对外决策部门的构成，包括其组成机构和层级划分，具体内容将在接下来分析。

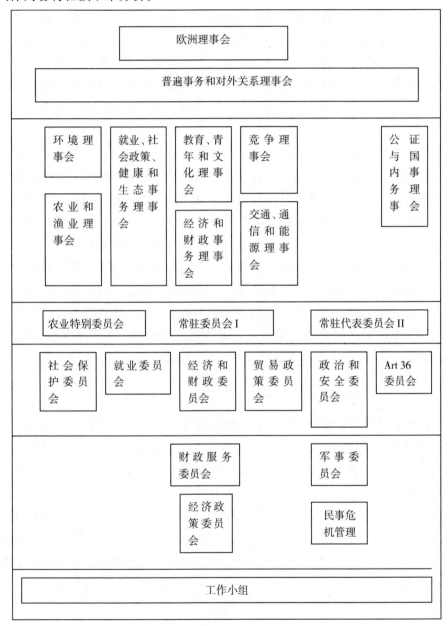

图 4　理事会涉及对外决策事务的机构分布图

一、能力权限

欧盟正式能力权限的分配对于解释其对外政策决策和欧盟对外政策与成员国对外政策间关系至关重要。正如前面所说，欧盟对外政策的能力在不断发展变化，一个明显的分界线是1957年《罗马条约》的签订，此后机构权限分配变得日益复杂。根据支撑欧盟能力框架的授权原则，欧盟必须在条约通过的成员国赋予其的能力范围内行事，并实现条约设置的目标。这反映出欧盟所拥有的权限不是先定的，而是成员国授予的，授予欧盟的这些权限的目的是实现条约设定的集体目标。这一原则对于理解欧盟对外决策性质至关重要，这表明欧盟的法律基础并没有赋予其能在对外关系中脱离成员国而独立行事的权限，因此在对欧盟对外政策及决策进行分析时要考虑到欧盟能力权限的限制，不应认为欧盟是拥有包含一切对外政策的，尽管这一观点和公众、媒体、政客的期待相反。由于在对外政策上，欧盟机构和成员国之间的权力分配对国家主权有直接的影响，这成为一个高度敏感的问题，不同政策领域内能力分配不同，这也在《里斯本条约》中得到了确认。因为难以明确分辨哪些权力是属于欧盟的，哪些还属于国家，本节接下来将首先关注共同体的权限，再分析共同外交与安全政策和安全与防御政策如何能被纳入这一分类中。

（一）共同体拥有专属管辖权（exclusive competence）的领域

专属管辖权的领域即只有共同体机构有立法和采纳法案权力的领域，和对外政策相关的共同商业政策就是为数不多的欧盟拥有专属权力领域之一。同时，从欧洲联盟法院的规定来看，特别是通过欧盟国际道路交通规则（aetr）的例子①表明：如果欧共体对内有制定某种措施的权力，那么欧共体在该领域的对外方面也同样拥有制定措施的权力，即使是条约中没有特别明确的领域，这也表明欧共体的对内和对外的权力是平行的，即"平行说原则"。对内对外能力的平行原则意味着在拥有对内决策权的领域，共同体也可以对外进行谈判和达成国际协定，即使这一权限没有在条约中明确提出。

---

① Case 22/70 Commission v. Council（1971）ECR 263. "关于欧共体条约规则的实施，欧共体的内部措施不能和外部关系中所应采取的措施相分开。"

（二）欧共体和成员国权力共享（share competence）的领域

权力共享指的是共同体享有优先权，但成员国在共同体未涉及的领域拥有权限。这表明虽然共同体和成员国都能够在这些特定领域制定和实施法案，但是成员国权限只能在共同体权力没有涉及的地方行使，也就是说，成员国只能在共同体行动外的剩余空间发挥作用。很多政策领域都适用于这类混合管辖，包括和欧盟外交政策相关的环境、内部市场和农业政策。

（三）欧共体和成员国权限平行（parallel competence）领域

除了以上两种之外的就是平行领域，在这里并没有运用优先原则：共同体能够开展活动并执行共同政策，但是在它这样做时，并没有权力阻止成员国开展活动以及执行国家政策。那些同对外政策紧密相关的领域，包括发展合作、人道主义援助、研究和科技都属于这一类别。此外，在有些政策领域，共同体仅有能力对成员国的行动进行支持、合作或者补充，并不能取代成员国在这些领域的作为①，这方面主要包括那些共同体和第三方的合作关系所覆盖的领域，如文化和教育。

但是实际运行的权限分配比上面所描述的要复杂得多。在一个政策领域，共同体所享有的权限可能会更加复杂和多样，而政策实施领域的权限也可能在成员国的控制下。在更复杂的政策动议中，通常还需要运用多重法律基础，这也就更加增加了决策的复杂性。同时，条约中对欧盟机构和成员国权限划分的规定并不是僵化和死板的，例如，条约中的"灵活条款"，这就赋予了共同体可以在条约没有明确提及的领域中采取行动的权限。这一条款在多个重要的对外政策动议中得到广泛运用，包括中东欧地区、苏联加盟共和国和地中海地区，以及在除了发展中国家外的第三方国家推行民主和人权等。

（四）共同外交与安全政策权限

那么欧盟的共同外交与安全政策的权限应如何分类？普遍来看，共同外交与安全政策是属于平行能力范围内的，成员国能够参与已明确列出在专属于共同体能力范围的外交政策事务中，这表明成员国也拥有在这些政策领域

---

① DE MESQUITA B, et al. Foreign Aid and Policy Concessions [J]. Journal of Conflict Resolution, 2007, 51: 251-284.

内制定和执行政策的能力。即使这里将共同外交与安全政策视为一个原则上的平行能力领域，由于复杂外交事务包含着不同的制度和法律设计，这一平行能力也是秩序不同的，不同于完全属于与共同体平行的能力，偏向是成员国具有主导管辖权。

此外，共同外交与安全事务通常需要从不同的政策角度进行解决，这就导致欧盟行为体间权限划分无法清晰，也就是在共同体能力和共同外交与安全政策能力间存在灰色地带。例如，2005年委员会希望欧洲法院废除理事会对西非国家经济共同体（Economic Community of West African States，ECOWAS）处理小型武器扩散的支持，这在委员会看来是共同体在发展领域的权限范围，但因为涉及武器扩散，成员国希望能在安全政策领域内协商。还有的情况是当委员会反对恐怖主义而欧洲议会却认为委员会越权并上报欧洲法院时，在这些灰色地带内，欧盟法院被认为是仲裁者，但法院的态度仍然在摇摆，因此所依据法律基础的选择是非常关键的，不仅是因为这决定了共同体所能行动的程度，也能对相关行为体的权限和投票程序的应用产生示范效应。这也就解释了在欧盟对外决策过程中，决策程序及法律基础的主要作用并不是影响决策，而是实现制度建设和权力均衡的功能。可以说，成员国对条约规定的重视并不是因为这能更有效地解决问题，而是因为成员国需要制度安排的保证，例如，确认共同体预算或者欧洲议会的介入与否等。

总之，欧盟决策权限是欧洲一体化进程的反映，欧洲一体化的过程在一定程度上就是共同体机构与成员国间能力权限博弈的过程。共同体机构和成员国之间的管辖权可分为三个类别。第一类是欧盟机构独享的管辖权，也就是"专属管辖权"。只有欧盟机构可以在这一领域决策相关的政策法规，成员国只能制定和实施欧盟法律法规相关的实施细则。第二类是欧盟机构与成员国共享管辖权，被称为"混合管辖权"。在这些领域，欧盟与成员国都有权限制定法律，或以成员国法律为主，或以欧盟法律为主。第三类是属于成员国的管辖权领域，欧盟机构只能支持和协调成员国行动。作为区域性国际组织，欧盟已经发展成一个成熟的经济共同体，并逐步朝着政治共同体方向迈进，因此常将前两个主要是经济一体化内容的领域看作欧洲一体化的基础，后一个属于共同外交与安全政策领域的则主要是政治一体化的内容，被看作欧洲一体化深化和扩大的结果。

二、决策程序

本部分将从政策制定①（policy making）的视角来看欧盟对外政策。首先对各种正式的决策程序进行概述，这是分析更宽泛的决策过程的基础。借此帮助进一步理解对外决策本质、限制和可能性，以及决策涉及的复杂跨制度、制度间和多国互动网络及其限制。

（一）共同体的决策

共同体决策并没有反映出共同体方法所倡导的同一性，在实际运作中，基本原则虽然存在，但制度间的权力分配情况和政策领域有关。在共同体政策领域，对贸易政策的决策在《里斯本条约》后扩大了议会的决策权：具体来说，是委员会提出的草案，在理事会用绝对多数表决的方法进行表决，同时议会和理事会进行联合立法；发展合作政策是为增强发展合作而采取的措施，是通过共同决策程序制定的，也就是欧洲议会和理事会一起对委员会的草案进行共同决策；关于与第三国的经济财政和科技合作政策的决策程序则稍有不同，委员会首先接受政策，理事会再对草案进行绝对多数表决，并接受议会咨询；对国际协定的协商和决定通过的程序则不这么直接，欧盟条约中的能力权限定义非常混乱，特别是在涉及对外贸易合作的条款问题上。

具体来说，在贸易协定上，对外决策依靠委员会设定议程，在理事会的要求下，委员会对协定进行讨论，同时和理事会指派的特别委员会协调，并且由理事会发布指令。在协商的最后，由理事会和欧洲议会共同进行表决，以多数投票表决的方式决定是否将委员会提出的草案签署为条约。也就是说，在除了条约所明确禁止的所有议题上都采用绝对多数投票机制进行表决；在发展合作和经济、财政和技术合作上国际协定的决策规则属于合作协定，和贸易协定是一样的程序；除非决策的领域是明确规定的只能一致同意通过的内部政策，理事会采用多数投票和议会共同决策。同时，在涉及特定制度化框架建立的协定、有重大财政影响的协定以及会促进共同决策程序下已采纳方案修订的协定这三个特定领域的决策，理事会的决定也必须在得到议会同意后才有效；联合协定的国际决策过程和上面描述的贸易和合作协定谈判原

---

① 政策制定介于历史性决策、政策塑造之间，参见：PETERSON J. Decision-Making in the European Union: Towards a Framework for Analysis [J]. Journal of European Public Policy, 1995, 2 (1): 69-93.

则类似，区别在于在理事会的投票必须一致同意方可通过；在其他政策领域的协定决策是，理事会和欧洲议会可以同第三方在特定政策领域达成协议（如环境或科研领域），这些协定的法律基础是相应政策领域的文件（提供实体法律基础）和涉及国际协定决策程序。例如，如果是关于环境政策的协定，法律基础就是环境政策和涉及国际协定决策程序，这些条款也规定了决定的决策程序。

　　但有两个因素会让决策更为复杂。一是，一个协定可能有多个法律基础。例如，如果协议不仅包含贸易问题，还有环境政策考虑的话，那就存在多个法律基础。尤其是基于几个条约文件的联合协定情况下，决策会更复杂。因为这些协定都会包含更广泛的政策领域，这也反映出不同议题所基于的决策程序是不一样的。在这些问题上的决策，需要综合运用各间接和直接规则（包括欧洲法院的判决）来决定应该采用何种决策程序。二是，很多协定本身就是"混合协定"：政策领域是共同体和成员国共享权限的范围，因此共同体的专属权限是有限的，已有的决策规定也对混合决策有效，但这些领域除了要得到共同体同意外，成员国也能够行使其权责范围内领域的决策权，履行国家同意程序。由于混合协定占了所有理事会决策的很大一部分，这也解释了为什么在正式过程中，一致同意和绝对多数通过两个决策规则之间是相对独立的。

　　同时，还有两个特别条款值得关注。第一个是关于中断和减少同第三国经济关系（如经济制裁等）方面决策的条款，这是欧共体条约中唯一包括与共同外交与安全政策决策有明确关联的条款，并且是将共同体决策置于共同外交与安全政策框架下的预备决策。根据这一条款，如果在共同外交与安全政策上形成的共同立场或联合行动，建议欧共体应该中断或减少和第三国的经济联系，理事会就要对委员会提案进行绝对多数表决，这就导致作为共同体方法基本特征的委员会专属的提议权被之前的共同外交与安全政策框架下的理事会决定抢占了，削弱了委员会的提案权。另一个条款，对在条约没有提供必要权力时的行动程序进行了规定，表明在行动要求达到某个共同体目标但条约没有提供所需的必要权力时，理事会可以采用"适当政策"对委员会提案进行共同倡议，但这一过程需要咨询议会，而这一条款也让欧盟可以在一些关键的外交动议上主动采取行动。

（二）共同外交与安全政策决策程序

欧盟在共同外交与安全政策领域的决策遵循政府间方法：理事会是中心场所，决策遵循一致同意原则。然而，条约内容给人的印象就是，共同体方法的一些方面正慢慢进入共同外交与安全决策。加上前面介绍的，近几年，特别是《里斯本条约》通过后，身兼委员会副主席的高级代表在政策动议的形成上发挥越来越重要的作用。虽然欧盟条约规定成员国和委员会分享政策提议权，委员会或成员国都能在关于共同外交与安全政策上向理事会提问并提交决议，但到目前为止，委员会还没有正式使用其在共同外交与安全政策上共享的提案权。尽管在工作小组层次上，委员会确实帮助进行共同外交与安全政策决策，但在实际的共同外交与安全政策决策中，很多提案都是由一个或多个成员国提出的，并且通过各国政府首脑呈递，这在政策的形成和讨论以及欧洲网络的提案中发挥了重要作用。

共同外交与安全政策决策程序上的最突出特征是，所有的决策权都集中于欧洲理事会和部长理事会，委员会和议会没有决策权。条约对共同外交与安全政策（包括防御政策）的原则和基本框架进行了规定，这些领域的决策都由理事会一致同意做出，也就是在成员国都有重要共同利益的共同战略领域，是以理事会成员国一致通过的建议为基础，经理事会立法来宣布这些共同战略（包括联合行动和共同立场）的实施。定义和实施共同外交与安全政策的决定都是部长理事会在欧洲理事会的指导下实施的，基本的规则是，理事会内一致同意，且没有出现阻碍决策实行的弃权票。欧盟条约中虽然关于绝对多数投票、共同战略和加强合作的论述条款越来越多，但在决策实践中都鲜有实质的运用。

《阿姆斯特丹条约》首先规定了绝对多数表决制的使用范围：在根据共同战略实施联合行动，站在共同立场做决定时，可以使用这一投票规则。但是到目前为止，欧盟仅存在三个共同战略，因此绝对多数机制的使用有很大局限性。具体来说，在涉及和一国或多国或同国际组织在共同外交与安全政策下的国际协定的决策过程中，理事会授权理事会主席在委员会的适度帮助下进行谈判，理事会在主席的建议下出台国际协定，这时理事会决策运用一致同意的投票规则，仅在联合行动或者共同立场上对特定国家决策时，应用绝对多数表决制。

《里斯本条约》为提高欧盟决策效率，对绝对多数投票规则的运用进行了扩大。条约规定凡涉及在欧洲理事会所确定的战略目标和利益基础上行动的决策，都能运用绝对多数机制。这一规定尽管十分不明确，但事实上将决定是否使用绝对多数投票规则的权力授予了成员国首脑会议，这在一定程度上增加了绝对多数机制的运用范围和灵活性的可能性。同时第 10B（2）条款还指出，对于欧洲理事会所提出的要求或高级代表发起的动议，高级代表应向部长理事会做出答复，部长理事会就其答复做出涉及联盟行动或立场的决议时，可以运用绝对多数机制。这可被解读为，理事会可以在一定的时候，对高级代表建议的表决运用绝对多数制，这事实上赋予了高级代表在这一机制运用上的极大话语权。此外，《里斯本条约》对各成员国在绝对多数表决制下的加权票数重新调整，于 2014 年至 2017 年逐步实行。以"双重多数表决制"取代目前的绝对多数，也就是说，决议必须获得至少 55% 的成员国和 65% 的欧盟人口的赞成才能通过。这一表决制已于 2014 年 11 月开始实施，并有 3 年过渡期。

外交与安全政策决策过程中的各方权限在条约中有明确规定，但关于理事会投票程序的内容相对复杂。除了基础的投票规则一致同意和绝对多数通过，以及前面介绍的条约规定的各种特殊情况程序外，这里还有几个例外的重要规定。第一，建设性弃权，这个规则的运用表明即使理事会的投票规则是一致同意，成员国的弃权也可能并不会阻止条约的通过。如果成员国对其弃权进行正式申明，那么欧盟政策就不能以联盟的名义实施，尽管"在相互团结的精神下，成员国不应该对任何可能和联盟行动相冲突或造成阻碍"，但是如果理事会有超过三分之一的成员国采用这种方法表示弃权，决定则不能被通过。第二，对绝对多数表决制运用的限制，绝对多数投票不能适用于军事或防御政策。而且尽管条约规定了绝对多数表决制可以在某领域运用，但有成员国认为那是"对（其）国家非常重要的政策"时，不能用绝对多数表决制来通过决定了。在这一情况下，理事会需要首先用绝对多数投票规则将问题转交至欧洲理事会，再在那里就绝对多数投票制的实施用一致同意的方法通过。

从这里的介绍可以看出，欧盟对共同外交与安全政策的决策有严格规定。一致同意表决制的广泛应用反映出单独成员国可以否决任何联盟决定，尽管《阿姆斯特丹条约》《尼斯条约》《里斯本条约》都已经逐步放开了绝对多数投票的适用范围，但绝对多数投票制运用的重重限制还是极大地阻碍欧盟的对外决策效率和国际影响力，这也是《尼斯条约》会提出一个额外的加强合作条款（Enhanced Cooperation）的原因。加强合作程序可以在欧盟不能作为一个整体运行时促进决策，加强合作。根据《里斯本条约》第 10 条以及第 280D 条规定，寻求加强合作的成员国应向理事会正式提出要求，高级代表和委员会分别对其是否和联盟政策一致进行表态，同时告知议会，批准加强合作这一决议，是由理事会按一致同意方式进行表决的。而《尼斯条约》所规定的是绝对多数表决制，因此，新条约尽管没有限制加强合作程序所能运用的政策领域，但一致通过的表决机制在一定程度上影响了这一程序的运用的扩大，并且启动加强合作的成员国最低数量也因欧盟的扩大上升为更难达到的 9 个之多。

虽然很多条约的规定在实际决策时意义不大，但理事会内部"程序的规则"的 12 条发挥着非常关键的作用。在理事会主席进行动议时，理事会可以运用沉默程序，这样提案在一定时期后就被当作采纳了，除非有理事会成员国表示明确反对。协调欧洲网络中的沉默程序，可以将设定期限限制在 24 小时或 48 小时内，这样就让欧盟在没有召开会议的可能情况下必须进行紧急或重要决定。在实际运用中这一程序的重要意义有三点，首先，对克服或至少搁置分歧有重要作用。虽然根本的分歧并不能因这种方法消除，但是沉默程序可以减少不是那么关键的分歧或是让国家可以不失颜面地"安静地"放弃抵抗，因此成员国可以对在理事会会议中协商可能决定的过程中清晰地发表其关键见解和目标，但这既不会阻碍决定的通过，也不会让公众认为政府进行了妥协没有尽力。其次，没有进行正式投票就解决了问题，这反映出欧盟内避免正式投票特别是避免否决票出现的普遍趋势。当那些可能对决议提出批评甚至表示反对的关键国家不再有机会对提议的动议、文件或决定进行正式反对时，当辩论要结束时，理事会宣布采用沉默程序，没有正式投票让成员国表达反对意见，因此在没有明确的阻碍决定的情况下，动议、文件或决定都可以被认为已经通过了。最后，欧盟多数的对外政策都只和个别国家的特定利益紧密相关，同时很多成员国与这些问题没有利益关系且不感兴趣，因此沉默程序可以允许这些利益不相关的国家用沉默进行表态。这也便利了"互投赞成票"的发生，进而推动欧盟做出更多的决策。这也从制度上解释了为什么欧盟对外政策制定，因为这些条约规定和决策程序的存在，政策结果并不一定是最小公分母，即使在要求一致同意的共同外交与安全政策领域。可以说，这些特定规定和程序使得共识化决策已成为共同外交与安全政策决策的突出特点。

第三节 理事会的内部制度

理事会是"欧盟的制度化核心"①，在欧盟决策中具有举足轻重的作用。尽管和欧洲议会的"共同立法"日益增加，但没有法律能够在不得到理事会同意的情况下通过。在很多政策领域，理事会甚至专享立法权。对理事会内部制度化决策的讨论，首先需要对理事会决策系统进行分析。

一、理事会决策系统

理事会是欧盟的重要机构之一，由成员国政府的部长级代表构成，他们对自己国家的政府负责，因此理事会也被称为"部长理事会"。各成员国政府根据理事会会议所要讨论的议题委派相应部长级代表参会，如环境部长理事会、农业部长理事会、财政部长理事会等，一般理事会则由各国外交部部长组成。如果会议同时涉及多个议题，则由多个部长共同参与讨论。

这里需要注意勿将欧盟理事会和欧洲理事会（European Council）混淆。欧洲理事会只是成员国首脑间的定期会谈，并不是欧盟机构。根据在巴黎通过的"最后备忘录"，欧洲理事会由成员国的国家元首或政府首脑、外交部部长和委员会代表参加，每年召开两次例会，在有需要的情况下，欧洲理事会也会召开欧盟领导人非正式会议。例如，欧洲理事会于2009年11月19日召开特别会议，一致通过比利时首相范龙佩为首位欧洲理事会常任主席。因此，欧洲理事会是将各国首脑定期会晤制度化而产生的机制，又被称为欧洲首脑理事会，主要是为联盟提供发展的动力和定义主要的政策方向的。

（一）理事会构成

欧盟理事会负责欧盟的日常决策。在理事会内，部长的工作是对法案进行正式讨论，然后投票通过或者不通过，尽管称之为部长理事会，但绝大部分准备和协商工作都发生在次级层次。理事会有超过250个工作组、常驻代表委员会（Committee of Permanent Representatives，COREPER）、高层委员会

---

① LEWIS J. COREPER：Linking Capitals and Brussels［M］//VANHOONACKER S, BLOM T. The Politics of Information：The Case of the European Union. Basingstoke and New York：Palgrave Macmillan, 2014：65-77.

参与日常决策工作中，海耶斯伦肖和华莱士预计有超过 70% 的法案都是在理事会工作小组层次决定的，10%~15% 是在常驻代表委员会和高层委员会，只剩下一小部分是部长们自己决定的。① 具体来说，在理事会的工作中，最低层次的是工作小组②，负责讨论来自委员会的，通常是按理事会主席提议的立法提案。工作小组的职责是努力在尽可能多的议题上达成共识，这就会在一定程度上减轻高层决策的压力，工作小组因此也成为"欧洲一体化的脊梁"③。之后，这些被工作小组预热过的提案将会依据议题领域被转至常驻代表委员会或高层委员会，尽管只有部长能够进行立法，理事会的制度结构却允许决策在低层次进行，并且可以在不经过部长的前提下"通过"，见图 5。

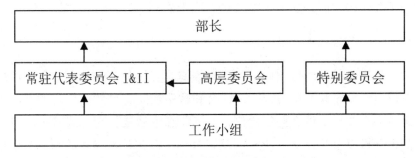

图 5　欧盟理事会：三层决策系统

　　欧盟理事会的构成、权限和频繁的会议使其成为欧盟机构中最主要也最重要决策行为体，这包括政治和法律两个层面。最重要的理事会对外决策构成部分是总事务司和对外关系委员会（General Affairs and External Relations Council, GAERC），涉及对外贸易、发展合作、人道主义援助、国际协定、共同外交与安全政策、欧盟安全与防御政策，将成员国的外交部部长、高级代表和欧盟委员会相关官员会集进行讨论，根据议题设置，国防部部长、发展和贸易部部长也可以参与其中，相关的委员会，包括经济和财政事务、司法和国内事务官员也或有涉及。除了每月一次的总事务司和对外关系委员会的会议，外交部部长也会举行非正式会议，国防、发展贸易部部长也有他们的

---

① HAYES-RENSHAW F, WALLACE H. The Council of Ministers [M]. Basingstoke：Palgrave Macmillan, 2006：48.

② WESTLAKE M. The Council of the European Union [J]. Political Science 1995.

③ HAYES-RENSHAW F, WALLACE H. The Council of Ministers [M]. Basingstoke：Palgrave Macmillan, 2006：96.

非正式会议，通常与总事务司和对外关系委员会同时召开。在欧洲理事会会议或其他国际会议间隙，一些突发的国际犯罪等紧急情况也会促使这些计划之外会议的召开，尽管非正式会议不会产生能被采纳的正式的决定，但这些非正式会议也确实推动了欧盟对外政策的制定。

部长们对外交政策和对外关系决定的决策和实施是分别以共同外交与安全政策或欧盟安全与防御政策和共同体程序为基础的，但在进行议程讨论时并没有对其进行决策模式或能力上的区分。因此从实际运行上看，理事会进行跨领域跨部门的决策体现了理事会在保证联盟对外行动统一和一致性的职责。然而，尽管理事会是联盟重要的外交政策决策机构，并负责组织多方参与的理事会会议，但是其角色和权力在不同政策领域内不尽相同。

（二）理事会权限及限制

关于理事会的共同体权限，尽管正如前文强调的，理事会是主要的决策机构，但它也处于和委员会、欧洲议会和欧盟法院合作的更广泛的制度框架中，理事会可要求委员会提出倡议，但不能在没有委员会正式要求时进行立法，理事会可以参与到每个决策的制定过程，但在越来越多的领域，如预算决策和联合协定（共同决策领域、联合决策）都必须和议会讨论，或者至少得到议会同意，当理事会制定了欧盟对其他国家和地区关系中的对外政策后，也依赖于委员会等机构的实施。

在共同外交与安全政策领域，理事会是唯一的决策机构，并控制整个决策过程：从问题的界定到政策制定、实施，这就保证了共同外交与安全政策的演进和行动都保持在成员国的控制和监督下。除了欧盟层面的决策，理事会也在加强成员国对外政策的系统化合作和协调中扮演中心角色：成员国需要在理事会中就各方关注的外交和安全政策问题通知并咨询其他国家，理事会也对确保成员国遵循并支持联盟的对外政策负责。

然而，和理事会在决策中的地位和权限相背离的是，作为欧盟机构，它涉及整个外交政策谱系，且位于欧盟及外交决策核心，但将理事会视为外交部长会议时，其中所做的决定只占欧盟对外政策相当小的部分，难以作为欧盟对外政策决策的主要论坛。实际上，很多决定都不是在理事会中制定的，在开会之前，这些决定就已经在低层级理事会的工作小组中得到了通过。同时，在目前的理事会会议设置中，涉及议题和参与部长过多等问题也都阻碍了决策效率的提升。这主要体现在以下三个方面。

第一，欧盟对外决策能力、活动和工具的扩张表明外交部部长们现在面对着与日俱增的超负荷议题，可从总事务司和对外关系委员会会议的议程设置中窥得一二：理事会不仅涉及与乌克兰的关系辩论，也讨论了欧盟邻居政策、苏丹、索马里、伊朗核问题，与俄罗斯的紧张关系，以及西巴尔干、中东和平进程、利比亚、反对死刑运动和海湾国家自由贸易协定等都在其讨论桌上。虽然欧盟为减轻理事会繁重的工作，在正式讨论前就已经通过了在低层级会议中讨论了一长串的"已同意要点"，这些低层级会议主要包括常驻代表委员会或者是政治和安全委员会（Political and Security Council, PSC）或者是一些工作小组，但在"已同意要点"机制涵盖范围之外，还是有众多待解决的重要议题只能在理事会层级协商，而这也反映了理事会的讨论通常只关注最重要的或有争议的议题，因为没有时间将所有的议题同等对待。

第二，不仅因为庞大的议题数量降低了理事会决策效率，部长的数量也阻碍了辩论的全面展开。欧盟现有 27 个国家，常有近 150 人参与讨论：每国有一到两个部长，加上他们在常驻代表委员会、政治和安全委员会的代表，以及一至两个其他高级外交官或顾问，同时欧盟层面还有理事会主席、委员会主席、高级代表以及理事会秘书等。在这样庞大的会议中，真正观点和意见的交换少之又少，讨论进程也断断续续。由部长参加的非正式午餐会议已经成为目前为止最重要的会议①，因为它能提供一个相对安全的环境来讨论敏感议题，并允许不同意见的存在，而由于讨论的大多是敏感议题，午餐会议经常比正式的对外关系方面的正式会议讨论时间还长。伊拉克、伊朗、俄罗斯、西巴尔干、中东以及同美国的关系这些议题常出现在部长们的午餐"菜单"中。②

第三，随着欧盟的不断扩大，尽管存在午餐形式等非正式会议，各国近距离的接触还在减少，这导致理事会部长级会议的角色正逐步由其他行为体接管。由于欧盟的制定决策和问题解决能力有限，为避免政治停滞，越来越多的政策正在常驻代表委员会、政治和安全委员会和工作组层面进行讨论和

---

① WESTLLAKE M. The Council [M] // LYNCH P, NEUWAHL N, REES W. Reforming the European Union: From Maastricht to Amsterdam. New York: Routledge, 2014: 26.

② WESTLLAKE M. The Council [M] // LYNCH P, NEUWAHL N, REES W. Reforming the European Union: From Maastricht to Amsterdam. New York: Routledge, 2014: 27.

制定，非正式的决策机构和小组正发挥更加重要的作用。① 这表明对决策握有控制力的并不一定是外交部部长，相反外交部部长参与的理事会会议正日益难以有所作为，正是如此，为行为体和个人提供了干预和影响决策的空间。大国的部长尽管只参加理事会的一小部分会议，且时间不长，但他们利用小型聚会或其他有限的机会同与之最相关的伙伴国进行讨论，地点可在走廊或办公大楼外，这种现象在理事会部长会议时比较常见。由于决策与理事会正式会议的联系在减少，理事会作为主要表达国家利益论坛的地位有被削弱的危险。同时，由于输出合法性的减少（解决问题能力的降低），理事会会议也面临着输入合法性减少的问题。

尽管有以上三个限制因素的存在，但这并不表明理事会会议对欧盟对外政策制定不再重要，为了让这样大规模且频繁的理事会会议能顺利召开，也使得紧凑的谈判成为必然，这样反过来也能推动理事会的决策。理事会的重要性并非由在会议中部长们所讨论或确认的内容和频率来体现，而是理事会会议作为欧盟内讨论、会面、谈判的级别最高的场所，在对外和对内事务中具有独一无二的地位。

二、理事会的"共同"行为体：代表欧盟

由于成员国代表在理事会相关会议中承载着超负荷的对外政策议题，加上欧盟原有制度机制因欧盟安全与防御政策的发展而改变，理事会的共同行为体的影响也在日益增加，形成了和政府间机构相抗衡的力量。《里斯本条约》生效以来，理事会在对外决策方面的共同行为体包括理事会总统、欧盟外交事务与安全政策高级代表（The High Representative of the Union for Foreign Affairs and Security Policy，以下简称高级代表）以及受其领导的欧洲对外行动署（European External Action Service，EEAS）等。事实上，在理事会总秘书处不断制度化的推动下，对外政策制度化创新才得以完成，创新发展并不仅限于布鲁塞尔进程中，也延伸到了更重要的欧盟共同外交与安全政策的运行和共同化过程中。这就导致了一个问题，该政策框架下的中心行为体是否能在欧盟的共同体政策领域内发挥着同样的作用，因为共同体领域是界定并践行共同"欧洲利益"的。

---

① CROMBEZ C, HIX S. Legislative Activity and Gridlock in the European Union [J]. British Journal of Political Science, 2014, 44: 1-23.

（一）理事会主席

半年一度的轮值国主席制度严重影响了欧盟外交政策的连续性，使联盟难以发展中长期的对外战略，外交政策也缺少常设机构支持，在这样的背景下，《里斯本条约》设定了新的制度架构，欧洲理事会以绝对多数制选举任期为两年半的欧洲理事会常任主席，并可连任一届。条约规定理事会主席职责包括"主持欧洲理事会会议并推动其工作；应与委员会主席合作，并在总务理事会（General Affairs Council）工作的基础上，确保欧洲理事会的适当准备和连续性；应在欧洲理事会内部努力促成一致与共识"等；在对外代表方面，"欧洲理事会主席应在其层次和能力上，在共同外交和安全政策范畴对外代表欧盟，但这种代表不应损害最高代表的职权"。理事会常任主席相对于成员国和理事会的对立性将有助于为欧洲理事会提供中长期战略视野和政策规划，独立于各成员国的欧洲理事会主席在某种意义上被认为是欧盟元首，对外代表欧盟，这在客观上增加了第三国对欧盟拥有一个对外政策的认知感受，为保障欧盟对外政策的一致性和连续性以及提高欧盟在国际舞台上的存在性提供了制度基础。

在此之前，欧盟一直实行的是轮值主席国制度，各主席任职期为6个月。轮值主席在欧盟共同外交与安全政策的运行中扮演关键角色：代表欧盟利益主持决策，在国际组织和会议上表达欧盟立场，代表欧盟开展和第三国的政治对话，负责咨询和通知议会。成为轮值主席的国家负责欧洲理事会、部长理事会、常驻代表委员会、政治和安全委员会和工作小组的所有会议的召开，以及对成员国和第三国的外交会议负责，并管理欧盟在国际组织中的代表。如此繁重的任务也为其赋予了在欧盟共同外交与安全政策的议程设置和政策优先中拥有独一无二的地位，轮值主席国也成为共同立场和联合行动大多数倡议的来源，而轮值制度也给每一个成员国都提供了影响欧盟对外政策的机会。但成员国间在外交能力和影响力上的差距始终存在，特别是当小国担任轮值主席国时，联盟的外交行动能力和可信度就会急转直下。因此，理事会的轮值主席制度也被认为是欧盟对外政策一致性和连续性缺乏的重要制度性原因，伴随东扩而日益增加的小国数量也使这一问题更为突出。尽管《里斯本条约》中理事会常任主席制度的设立并不能根本解决欧盟共同外交政策决策中的效率和一致性问题，但能在一定程度上避免因主席国短期轮换而导致的政策战略重点的不确定性和不连续性，这也是以英国为首的大国要求改革轮值主席制度的原因。①

　　但理事会常任主席的设立无法解决欧盟对外决策上的全部问题，反而在对外代表问题上带来了新的混乱。目前仍难以对理事会主席的角色进行准确定位，其权力看似很大，却不能对外交政策起到实质的推动作用，也并没有取代轮值主席国制度，仍存在轮值主席，只是不再负责外交与一般性事务，但这就让理事会主席与轮值国主席的关系非常微妙。此外，理事会主席在联盟的对外代表方面，和接下来要提到的高级代表也存在一定的模糊性，因为《里斯本条约》规定："理事会主席以其级别和身份在与联盟共同外交与安全政策的有关事项上对外代表欧盟，但不得影响联盟外交事务与安全政策高级代表的职权。"

（二）高级代表

　　为了应对突发问题，欧盟在《阿姆斯特丹条约》中首次设置了共同外交与安全政策高级代表一职。和其他决策机构一样，这一职位是理事会制度下的，新的共同机构的产生使欧盟对外行动更具有可见性，其工作包括协助理事会解决共同外交与安全政策中的问题，特别是在议题的形成、准备和实施阶段，同时还能代表理事会和第三方进行政治对话。北约秘书长索拉纳（Javier Solana）是第一任高级代表，这表明成员国选择了一个高级政治人物来处理对外事务问题，并照顾到了欧洲和美国以及北约的关系。索拉纳成功地提升了欧盟共同外交与安全政策在关键场合的可见度和有效性，例如，巴尔干问题和 2004 年的乌克兰问题。然而，他个人的身份和外交技巧并不足以克服轮值主席、理事会、理事会子结构的决策能力的限制，这主要包括两方面：一个是从理事会所接收的任务的重要性和拥有实施外交行动的政策工具数量之间的矛盾；另一个是虽然强有力的命令和成员国的支持能直接提升高级代表与第三方谈判的能力，但即使命令强硬，高级代表行动的成功与否还取决于他的外交行动是否得到了必要的却不在他掌控下的经济、财政、军事和其他工具的支持。这些机构的错综复杂的设置限制了高级代表权力的完全发挥。

　　为增强欧盟的效率和民主合法性，并提高其行动的一致性，《里斯本条

---

① GUEROT U, et al. France, Germany and the UK in the Convention: Common Interests or Pulling in Different Directions [J]. EPIN Working Paper, 2003 (7).

约》设立了一个职权范围更广的欧盟外交事务与安全政策高级代表职位, 随后还设置了支持高级代表工作的欧洲对外行动署。条约对高级代表的权能也有明确表述:(1)高级代表负责欧盟开展共同外交与安全政策, 在这一领域的事项上, 高级代表对外代表联盟;(2)高级代表担任外交理事会的主席并主持会议;(3)高级代表是欧盟委员会的副主席之一, 在委员会中负责相应的对外关系职能, 并负责协调欧盟对外行动的其他方面。简言之, 新的高级代表拥有三个职位, 还同时担任欧盟委员会的副主席并履行以往欧盟对外关系委员的权能。

正是因为这些工作的叠加, 打破制度障碍提供对不同决策机制和工具的监督, 克服轮值主席缺陷, 使欧盟外交政策的潜能能够真正实现。具有三重身份的高级代表的设立是对欧盟外交系统的结构性调整, 欧盟外交政策之前被人为划分为在不同部门主管下的不同领域, 第二支柱的共同外交与安全政策受理事会控制, 采用全体一致的政府间方式决策; 而在委员会管辖的贸易政策等领域, 则是超国家性质的。欧盟外交系统中这种缺乏协调的"部门化(sectorisation)"① 直接削弱了欧盟在国际舞台上的影响力和行动力。而通过高级代表一职的创设, 能帮助外交决策的相关机构进行整合, 同时高级代表还能帮助欧盟委员会和理事会之间建立有效的沟通。此外, 高级代表还能提高联盟对外代表的一致性, 为在三十年前不知如何给欧盟打电话的基辛格提供可以代表欧盟的"电话号码"。高级代表作为欧盟实际上的"外交部部长", 在外交领域对外代表欧盟, 不仅可以以欧盟身份同第三国展开政治对话, 还能在国际场合上表达欧盟立场, 并且在外交、安全和防御政策中同成员国一道, 行使联合倡议权, 这表明在共同外交与安全政策领域, 高级代表的决策权在增加, 同时欧盟机构也逐步参与到之前只有成员国参与的政策领域。

但在任何情况下, 外交事务和安全政策高级代表都不可能提供对所有欧盟外交问题的解决方案, 之前提到的障碍还将存在。在原则上, 虽然高级代表可能会便利政策制定过程和促进欧盟政策工具的协调, 但其行动能力仍依赖于理事会指令以及理事会的决策效率。同时, 不同制度化逻辑指导下的理事会和委员会是否以及如何统一协作尚存疑虑:高级代表必须按理事会的指

---

① OLSEN G R. Coherence, Consistency and Political Will in Foreign Policy: The European Union's Policy towards Africa [J]. Perspectives on European Politics and Society, 2008, 9 (2): 159.

令处理对外事务，而作为委员会的成员，他/她也必须独立地按联盟的普遍利益行事。此外，由于对外行动署的决策过程是一个四方参与的立法过程：先由高级代表提议，而后咨询欧洲议会，在得到委员会同意后，经由理事会决议方可批准。这也就是说，原本只需要委员会一方就能做出决策的领域，现因纳入对外行动署管辖，政策通过前需要经四方对话（Quadrilogue）。这明显增加了对外决策的复杂度，存在降低决策效率的可能。

（三）对外行动署

除了高级代表的设置，新修订的《欧洲联盟条约》在"共同外交与安全政策"一章中规定：建立欧洲对外行动署以协助欧盟外交事务与安全政策高级代表的工作。对外行动署由来自委员会、理事会和成员国的官员构成，与成员国外交部门合作。其组织和运行根据欧盟理事会的决定确立，理事会基于高级代表的提议，在同欧洲议会磋商并征求欧盟委员会的同意后方可进行决议。此项条款被认为是建立欧洲对外行动署的效力来源。① 设立对外行动署的原因除了支持高级代表履行条约所赋予的权能外，《欧洲联盟运行条约》还规定了高级代表对欧盟驻第三国和国际组织使团的领导，因此，对外行动署还能在海外代表欧盟统一开展行动。集外交机构、军事机构、情报机构和发展援助机构于一身的对外行动署，不仅在管理事项的种类上超出一个主权国家外交部的职能范围，同时其拥有比成员国外交部更为广泛的外交工具，既包括传统的，也有对外援助，还有民事、军事危机管理工具，因此有助于强化不同机构间的相互合作。

欧洲对外行动署的核心任务就是增加欧盟对外关系中的一致性、有效性和可见性。② 其人员构成既有来自欧洲理事会、欧盟委员会秘书处的官员，也包含成员国外交部门的工作人员，这体现了政府间主义与超国家主义的融合，但仍确保了该机构的"欧盟特性"，因为条约规定成员国外交部门的人员不得超过40%。此外，由于对外行动署的官员都来自不同的文化和工作背景的地区或机构，这表明对外行动署可以综合利用欧盟超国家机构与成员国、欧盟理事会与委员会的双重外交资源，产生欧盟外交合力，增强对外行动署在布鲁塞尔的影响力。此外，对外行动署具有相对独立性，"是一个功能自治的实

① 叶斌. 欧洲对外行动署的法律定位与机构设计［J］. 欧洲研究，2012（4）：62.

② DUKE S. Providing for European-Level Diplomacy after Lisbon：The case of the European External Action Service［J］. The Hague Journal of Diplomacy，2009（4）：211-213.

体，独立于理事会总秘书处和委员会"①，只对高级代表负责，不附属于其他欧盟机构。高级代表还依靠日益增长的欧盟特别代表的数量来保证欧盟的长期代表性，特别代表得到了来自政治和安全委员会的战略向导的政治输入，其工作是在高级代表的权威和指令下进行的。从 2007 年中期起，欧盟有九位特别代表，涵盖了阿富汗、非洲地区，波西尼亚、中亚、马其顿、中东和平进程、摩尔多瓦、南高加索和苏丹等地区，通过理事会联合行动任命，特别代表准确地说仍是政府间主义的行为体，缺少共同体能力。

在对外行动署管理委员会之下设有七个业务总司（directorate general）。②此外还有政策集团负责监督、分析和评估政策情况和重要事件，界定欧盟的利益范围。政策集团通过准备政策选择而参与到决策过程，同时在与第三国的非正式联络和外交政策合作中发挥着日益重要的作用。联合情况中心负责提供初期警告、监督和进行潜在危机管理，它便利了成员国间敏感信息的交流，并提供了安全的交流网络。从 2004 年马德里遭受恐怖袭击后，联合情况中心也会以成员国提供的数据在欧盟内进行威胁评估。理事会的对外经济关系与政治军事事务已经从一个负责支持总统和准备理事会决策的官僚机构，发展为一个更注重运行的实体，在高级代表的领导下和政策集团紧密合作，成为共同外交与安全政策的监督机构。欧盟军事工作人员首先是为欧盟军事委员会服务的，是正式附属于理事会总秘书处的，为安全与防御政策提供军事专家和军事支持，特别是还进行军事危机的管理运行。对外行动署下的这些部门代表了影响力日益增加的欧盟对外政策机构，以政策集团和理事会部门为代表，不仅管理高级代表的行动和理事会会议，还对工作组、常驻代表委员会、政治和安全委员会和理事会的决策进行准备、监督和跟进。从一个共同的欧洲视角来看，政策集团和理事会事务网络已经成为塑造欧盟外交政策行动的重要角色，并且提升了高级代表的自我行动能力，减少了高级代表对成员国和委员会合作的依赖。高级代表因其身份是来自大国的高级外交官，也强化了同关键国家的联系，并得到这些国家的支持。

但条约并没有在外交政策优先事项上加强一致性，同时行动署的结构是根据政治考量而非功能需求设置的，因此外交政策决策也遭到负面影响。变

---

① HILLION H, LEFEBVRE M. The European External Action Service：Towards a Common Diplomacy ［J］. SIEPS European Policy Analysis, 2010（6）.

② 分别负责亚洲和太平洋事务、非洲事务、欧洲和中亚事务、北非中东阿拉伯半岛伊朗及伊拉克事务、美洲事务、全球与多边事务、危机应对与行动协调等事务。

化的功能化工具性逻辑表明，欧盟对外政策日常事务中遇到的实际需要是变化的主要驱动，然而《里斯本条约》成立的高级代表及其后的对外行动署的组建过程面临的是"自上而下"的政治干预，而非欧盟外交政策制度改革中通常会遇到的将现有程序"自下而上"汇编成法律条款的问题。有文章就对外行动署在人员雇佣上的问题进行了讨论①，还有学者专门分析了对外行动署给国际法方面带来的难题②，有学者意识到欧盟外交政策的议程设置将会变得更为困难③。

三、理事会的子结构：代表成员国

正如前面所讨论的，理事会的部分功能已被理事会体系内的外交、官僚、军事等次级行为体取代，由成员国代表组成的准备委员会代表理事会参与到了各具体领域的活动中，总事务司和对外关系委员会会议并没有在不同政策领域的能力间有严格的区分。然而，为总事务司和对外关系委员会会议准备的委员会、常驻代表委员会和政治和安全委员会还是会对共同体政策和政府间政策进行区别。

（一）常驻代表委员会（COREPER）

常驻代表委员会是理事会中最高级别的准备机构。其中，常驻代表委员会I作为传统的委员会机构，负责准备理事会社会和经济事务，工作着重于共同体的对外关系和外交事务，也包括立法和财政方面的跨支柱外交政策；常驻代表委员会II是会议准备中心，由成员国驻欧盟的大使层面永久代表和来自委员会的代表组成，决定着常驻代表委员会会议的最终议题并监督其他准备委员会的工作。为准备常驻代表委员会会议，经济及财政事务（ECOFIN）理事会和司法与内政合作（JHA）理事会会议至少每周见面一次。但其他委员会，特别是政治和安全委员会也在一定程度上分享了常驻代表委员会的决策权和监督权。

① POMORSKA A J K. In the Face of Adversity：Explaining the Attitudes of EEAS Officials vis-à-vis the New System ［J］. Journal of European Public Policy，2013，20（9）：1332-1349.

② VOOREN B V，WESSE R. EU External Relations Law：Text，Cases and Materials ［M］. Cambridge：Cambridge University Press，2014：28-42.

③ VANHOONACKER S，POMORSKA K. The European External Action Service and Agenda-setting in European Foreign Policy ［J］. Journal of European Public Policy，2013，20（9）：1316-1331.

（二）政治和安全委员会（PSC）

政治和安全委员会是理事会对外决策的关键部门，由成员国驻布鲁塞尔的大使层面永久代表加上委员会代表组成，原则上两周会面一次，专门处理共同外交与安全政策的日常运行，负责把握该领域的国际形势，并准备相关理事会会议，监督已达成的政策的实施，也在理事会框架下，行使对欧盟军事和民事危机管理的政治掌控和战略定位的职能，特别是在欧盟安全与防御政策扩大的背景下，这一功能更为突出，也反映了政治和安全委员正日益增长的工作任务和状态。政治和安全委员会的工作得到两个特别委员会支持：负责提供军事指挥方面的建议欧盟军事委员会和提供民事方面参考的危机管理委员会。这两个委员会负责向政治和安全委员会工作提供帮助并跟进其危机管理事务的实际运行。

此外，理事会还设有四个额外的特别委员会：司法问题合作委员会、经济和财政委员会、农业特别委员会和共同商业政策委员会。这些委员会也关系着欧盟在世界的立场并且能对外交政策产生间接影响。

（三）辅助的工作组和机构

常驻代表委员会和政治和安全委员会依靠一个庞大的工作组网络和欧洲联络小组进行工作，这些工作小组都是由相关专家和成员国常驻代表以及委员会代表组成，其中10个工作小组是按地理因素以各成员国或欧盟利益分类的，其他15个小组则以不同议题来分工，如人权、核不扩散以及同其他国际组织关系等。理论上说，工作组处理的是欧委会和高级代表所提交的问题，但在实际工作中，按地理因素区分工作组就不同议题分别同常驻代表和各国外交部专家讨论，最后也分别向常驻代表委员会、政治和安全委员会汇报；而议题工作组则实际上完全是共同外交与安全政策工作组，向政治和安全委员会汇报。尽管这些工作组没有做出决定的权力，但是确实做了大量的工作来相互交换意见，确保沟通顺畅，并推动和相关国家外交人员的进一步合作，同时还确定了供考虑的选择以及更高层次的决定。

在对外决策领域还有其他的辅助机构。例如，外交关系咨询工作党（RELEX），它是一个由来自成员国驻布鲁塞尔的永久代表和来自理事会总秘书处和委员会的代表组成的重要机构，负责协调常驻代表委员会、政治和安全委员会的议题，以及在总体制度、法律和财政方面外交事务上进行平衡。

外交关系咨询工作组在建立沟通桥梁方面发挥重要作用，不仅促进存在议题领域区别的常驻代表委员会、政治和安全委员会间的沟通，还作用于成员国和布鲁塞尔机构间的协调。欧洲联络会网络由负责协调各国外交部共同外交与安全政策事务的官员组成，他们为成员国外交部和委员会间提供联系，协调共同外交与安全政策日常事务，处理来自工作组的工作，并准备政治和安全委员会会议、部长理事会及欧洲理事会中共同外交与安全政策的重点问题。此外还有协调欧洲网络（COREU），这是欧盟外交政策中最复杂的工作系统，负责信息交流，为数以千计的外交官和成员国其他官员间提供永久联系，将理事会和委员会都参与到欧盟对外政策制定中。上百个协调欧洲网络每天都进行信息交流，其内容涵盖实际的工作安排以及成员国立场的确认，也包括即将提交最终审议的联合行动草案等。这些辅助机构为保障理事会决策的顺利进行提供了有力支撑。

总之，理事会的这些次级的外交和管理机构为成员国间寻求共同解决方法起到了信息交流、咨询和协调等重要作用。在为部长理事会准备决议前，各层次机构都参与到利益界定的过程，提前提出其关注的问题，并检查机会窗口和可能的困难，这不仅是为正式的决策准备，也包括确认那些重要却仍需进一步考虑的问题，但仍存在阻碍着这一系统有效运转的因素。第一，由于这些行为体都是由成员国代表组成，尽管存在社会化、欧洲化的影响，成员的首要承诺和责任仍是要推进其国家利益，他们能很好地传递国家的立场，但这并不表明共同的欧洲利益在决策时得到了充分的推动，决策过程因此更像是短期的成员国利益和长期的欧盟目标间的竞争；第二，理事会的次级机构也面临部长理事会一样的问题：待讨论议题和参与外交官数量过多，进而导致密集的协调欧洲网络。尽管欧盟的扩大并没有导致参与停滞，但这对谈判确实产生一定的负面影响。

因此，从学术研究的视角来看，尽管表面上的透明度在增加，但是理事会的决策过程在很大程度上还是一个黑箱子：各成员国如何避免分歧，寻求利益交叉点进行合作的过程尚未明了。大部分学者假设理事会决策是基于"互惠的扩散，共同反馈和妥协文化"①，政府"愿意为了达到共同目标进行

---

① LEWIS J, Institutions. The Council of Ministers and the European Council ［M］// MENON A, JONES E, WEATHERILL S. Oxford Handbook of the European Union. Oxford：Oxford University Press, 2012：321-35.

妥协"①。为了评估这些假设，并探寻"成员国政府在布鲁塞尔的博弈"② 在多大程度上满足了各国的利益，需要对理事会集体决策过程进行更深入的研究。接下来将对理事会的这些行为体在欧盟对外决策中的运行从理论上进行把握。

本章小结

本章主要是对理事会这个黑箱子的对外决策的制度环境进行了介绍，分析了欧盟对外决策机制及其运行，同时基于对理事会系统内部结构和构成的讨论，了解了理事会中参与决策的行为体及其参与方式，并分析了这些构成的影响。

欧盟的对外决策机制，尽管《马斯特里赫特条约》首次提出了欧盟三个支柱的划分，但还是强调欧盟是一个统一的制度框架，而2009年颁行的《里斯本条约》则从根本上取消了这一支柱性划分，这更表明欧盟对共同体领域和共同外交与安全政策实行具有统一约束力的制度框架，以此保证行动的持续性和连续性。但是，一方面，在很多外交政策的材料中，这两种政策决策机制都有来自超国家、政府间这两个方法的权限、行为体、程度和工具的涉及，也在每个方法和每个决策机制中根据制度的角色、成员国、决策程序以及工具的应用有所不同。另一方面，由于成员国参与决策讨论的数量在增加，五花八门的议题都会被纳入讨论，大大增加了部长会议的讨论压力。这两个发展意味着即使在成员国希望保持完全控制的领域，也需要将决策讨论交到欧盟行为体和专业的工作小组中。也就是说，对外决策在政府间和超国家主义之间，存在许多方法。

理事会虽然普遍被理解为成员国部长参与的政府间性质讨论场所，但对其内部构成的分析仍表明理事会不仅存在代表成员国利益的子结构，如常驻代表委员会、政治和安全委员会以及各辅助小组等，还设置了理事会主席、

---

① THOMSON R, et al. A new Dataset on Decision-making in the European Union before and after the 2004 and 2007 Enlargements (DEUII) [J]. Journal of European Public Policy, 2012, 19 (4)：605.

② NAURIN D, WALLACE H. Unveiling the Council of the European Union：Games Governments Play in Brussels [M]. Basingstoke：Palgrave Macmillan, 2008：12.

高级代表及受其管辖的对外行动署代表欧盟利益，而理事会的对外政策系统权限由成员国向欧盟行为体交出的某一领域的控制权程度决定。作为欧盟内讨论、会面、谈判的级别最高的场所，对理事会的制度环境的分析是进一步研究欧盟对外决策的基础。

作为"黑箱子"的欧盟理事会，是如何将各国的政治输入在这些机制下通过其内部系统运作，转化为政治输出，也就是具体的对外政策的？本章对理事会系统的介绍并没有真正触及政策转换的部分，只是制度性论述和介绍其组成、职能和运行，并未涉及"黑箱子"中实际的决策和谈判过程。对理事会内部克服分歧达成一致意见的可能性及其相关影响因素的分析将是本书第二章的内容。

第二章

分析理事会决策：一个理论框架

前面的讨论表明理事会的制度环境复杂且依议题决策程序规则也发生变化，欧盟对外决策呈现出的议题复杂性和制度复杂性等特征让把握理事会决策变得困难，而一个整体的分析框架的构建就显得尤为重要。本章的目的是构建一个可供对理事会的集体决策过程和结果进行分析的理论框架和研究模型，第一节是对已有分析理事会是如何决策的这一描述性问题的文献进行回顾，关注的是理事会决策的结果及其发生过程，在欧盟决策结果方面，主要关注理事会的正式交往模型研究，关于欧盟决策过程，将主要考虑那些影响立法决策速度因素，并对成员国投票行为进行经验分析。第二节将基于现有文献和本书的研究目的，提出相关理论假定并设置研究变量，进而在此基础上，讨论其中的方法论问题，并概述当前研究所采纳的方法能够在多大程度上促进对理事会决策过程的分析，以及如何才能更确切地把握决策本质。

在介绍这些理论后，本章剩下的部分将介绍一种研究理事会决策的新的设计，研究设计中将分别讨论本体论、认识论和方法论，借助制度现实主义理论，分析理事会决策过程的内部制度化和相关行为体在互动博弈中产生的影响及其相互关系，并提出接近纳什协商解的理论模型，作为接下来研究的基础。本章旨在通过对现有研究进行总结，分析其优缺点，建立一个研究欧盟政策过程框架，根据模型设定的权力、偏好和议题重要性，提出能够把握理事会决策本质的解释。

第一节　关于理事会决策过程及结果的现有研究

在过去 20 年左右，对欧盟决策过程的分析的本质是对复杂的简化，以追求解释性视角和预测能力。本研究的目的是分析欧盟理事会中是如何进行对外决策的，对外决策作为整体决策过程的一部分，同样包含政策过程和随之而来的政策结果两方面。在导论部分的研究综述中，已就定性分析中有关的制度因素和非制度因素文献，以及定量研究的相关内容进行了讨论，本节将主要涉及关注理事会决策结果和过程文献中的关键性假设、变量和强调的逻辑，并对其进行分类，以为本研究议程发展出适合的框架奠定基础，进而建立基于权力关系和制度复杂性之间区别的理论。

一、决策结果：博弈理论模型

（一）程序模型

从 20 世纪 90 年代早期开始，理论界出现了大量用来解释欧盟决策过程的结果以及独立行为体对这一结果影响的政治博弈理论模型。这里回顾的所有正式模型都有一个统一的假设：决策结果是以目标为导向的行为体在制度限制中互动的结果，这些限制的本质要么是正式的，要么是非正式的，遵从了新制度主义对制度特点的包容定义。① 这些模型是以理性选择为共同基础，行为体的政策立场或偏好在这两个类型中发挥主要作用。施耐德（Gerald Schneider）及其同事②区分了两个主要的模型类型：程序模型和协商模型。程序模型首先强调正式程序（formal procedures）的重要性，认为不同的程序和规则对政策结果起着塑造（shaping）的作用，并将行为体偏好以及决策过程的正式制度特点视为解释决策结果的两个重要变量③，行为体的提案权和修订权、集体决策的投票门槛、行为体在正式立法程序后的后续行为等都在程序模型中发挥重要作用。制度对决策结果有决定性影响，因此在程序性模型中，强调决策过程的"时序性特征"（sequential feature）以及行为体的权力差异。

---

① HALL P, TAYLOR R. Political Science and the Three New Institutionalisms [J]. Political Studies, 1996, 44 (5): 936-957.

② SCHNEIDER G, FINKE D, BAILER S. Bargaining Power in the European Union: An Evaluation of Competing Game-Theoretic Models Political Studies, 2010, 58 (1): 85-103.

③ 相关研究包括：STEUNENBERG B. Decision Making under Different Institutional Arrangements: Legislation by the European Community [J]. Journal of Institutional and Theoretical Economics, 1994, 150 (4): 642-669; TSEBELIS G. Decision Making in Political systems: Veto Players in Presidentialism, Parliamentarism, Multicameralism and Multipartyism [J]. British journal of political science, 1995, 25 (3): 289-325; CROMBEZ C. Legislative Procedures in the European Community [J]. British Journal of Political Science, 1996, 26 (2): 199-228.

程序模型认为，具体政策的通过是现存制度通过对决策结果施加结构性制约的产物，政治被视为行为体在特定制度环境下的战略互动，决策受到宪法性、结构性和程序性因素制约。在这一分析中，决策被分为两个阶段：第一阶段是非正式协商为主导，第二阶段是欧盟条约定义的正式过程规则发挥作用并且投票开始。

　　具体来说，程序模型是植根于非合作博弈理论和空间投票理论，并强调行为体可以根据其需要利用立法过程和不同决策权力的特点来影响结果。① 程序模型接受理性制度主义观点，认为政策结果是行为体偏好和制度安排的产物，制度通过决定行为体身份、可使用的战略、行动顺序和能将行为体选择转化为政策结果的规则来限制行为体的行动范围。② 更具体地说，行为体通过不同的代理机构来影响结果，是个体的（如"议程设置者"）或是集体的（如"集体否决者"）。③ 其他特别形式的程序模型，其结构本质上也同样是取决于所分析的决策过程的类型，如咨询或共同决策④，因为这些模型都强调行动顺序和行为体可能的行动，预测的结果也与对模型特定过程的规则和过程的理解紧密相关⑤。

（二）协商模型

　　协商模型尽管没有完全忽视决策过程的正式特点，但它更关注其他解释因素，例如，行为体的权力资源和行为体赋予议题的重要性⑥，以及正式程序

① MORROW G. Game Theory for Political Scientists ［M］. Princeton：Princeton University Press，1994；TURNOVEC F. New Measure of Voting Power ［J］. Czech Economic Review，2007，1（1）：4-14；HALLERBER M. Empirical Applications of Veto Player Anaylsis ［M］// KöNIG T. TSEBELIS G，DEBUS M. Reform Processes and Policy Change：Veto Players and Decision-Making in Modern Democracy. Springer，2010：21-42.

② HELSTROFFER J，OBIDZINSKI M. Codecision Procedure Biais：the European Legislation game ［J］. European Journal of Law and Economics，2014，38（1）：29-46.

③ TSEBELIS G. Veto Players：How political Institutions Work ［M］. Princeton：Princeton University Press，2002.

④ RASMUSSEN A. Early Conclusion in Bicameral Bargaining：Evidence from the Co-decision Legislative Procedure of the European Union ［J］. European Union Politics，2011，12（1）：41-64.

⑤ SELCK T J，STEUNENBERG B. Between Power and Luck The European Parliament in the EU Legislative Process ［J］. European Union Politics，2004，5（1）：25-46.

⑥ SELCK T J. Preferences and Procedures：European Union Legislative Decision-Making ［M］. Dordrecht：Springer，2006.

适用之前的利益交换和讨价还价。决策过程的正式内容也是协商模型的一部分，但协商模型的理解更简洁：行为体在塑造协商结果和成员国投票权重分配等过程中所运用的立法程序，被理事会视为协商权力运用于决策过程。决策是政策行为体的制度性权力，而非程序这种权力的外在表现形式在起作用。接下来回顾的各种模型是将协商而非投票视为中心决策过程，这些模型都认为正式决策规则是起作用的，规则与行为体利益相关，可以定义其能力，通常用来测量正式投票权力，如沙普利-舒比克指数（Shapley Shubik index scores）。① 正式规则也部分定义了行为体对其他利益相关者能力的评估，并预示围绕其偏好政策立场联盟的建立，也就是说，"程序并不能决定行为体，但界定行动发生的边界"②。

1. 挑战模型

在最初的合作博弈理论中，协商模型并不关注决策结果达成的顺序，而是视协商过程为黑箱子，里面含有行为体的偏好、对相关议题赋予的重要性以及其能力，这些都是黑箱子的"输入"。协商模型对结果的预测基于合作解决方式概念，最突出的例子是纳什协商解。③ 最早期的协商模型，孟斯奎塔认为是挑战模型。④ 挑战模型假设行为体能够通过胁迫或劝诱其他行为体接受最接近他们偏好点的立场的方法，强化其所偏好政策立场的联盟，被强迫行为体基于此做法的效用再决定是否挑战主导行为体。在这一模型中，决策的结果是中间选民的立场，行为体的主要目标是参与到将中间选民拉向他们偏好观点的斗争中。孟斯奎塔运用基于挑战模型的博弈理论和选择理论对很多国际事件的结果进行了预测，一项美国中情局的调查显示，其预测准确率达到90%以上。⑤

---

① NURMI H, et al. Calculus of Consent in the EU Council of Ministers ［M］// HOLLER M, NURMI H, Power, Voting, and Voting Power: 30 Years After. Dordrecht: Springer: 509.

② STOKMAN F, THOMSON R. Winners and Losers in the European Union ［J］. European Union Politics, 2004, 5（1）: 19.

③ BAILER S, SCHNEIDER G. Nash versus Schelling? The Importance of Constraints in Legislative Bargaining ［M］// THOMSON R, STOKMAN F, ACHEN C, et al. The European Union Decides. Cambridge: Cambridge University Press, 2006: 153-177.

④ DE MESQUITA B, STOKMAN F. Models of Exchange and of Expected Utility Maximization: A Comparison of Accuracy ［M］// DE MESQUITA B, STOKMAN F. European Community Decision Making. New Haven: Yale University Press, 1994: 214-228.

⑤ DE MESQUITA B. The Predictioneer's Game: Using the Logic of Brazen Self-Interest to See and Shape the Future ［M］. New York: Random House, 2009.

2. 交换模型

立场交换模型则关注行为体在协商中试图施加的影响，但是在合作条件下，这种影响的施加过程被理解为行为体战略。在交换模型中，不存在劝诱和威胁他者的行为，而是以影响的方式在行为体之间就一系列议题进行立场的交换，交换的过程依据议题的相对重要性展开，如果行为体采纳了与其所期待结果相反的立场，那么就表明产生了立场的交换。同时，如果行为体改变了其最初赋予议题的重要程度，也表明交换发生了。① 交换模型还认识到，特定行为体内部的双赢交换会对其他行为体产生外部的负面效应。

3. 妥协模型

范德伯斯的妥协模型②是一个相对简单的模型，预测的政策结果是行为体所赞成的提案中所有议题的中间政策立场，以其行为体能力和议题重要性进行衡量，该模型突出了行为体通过考虑其他行为体的利益来努力寻找妥协的过程。亚琛（Christophe Achen）的制度现实主义模型③在理论上也是妥协模型，在这一运用纳什协商解的合作博弈中，所有的行为体必须共同达成协定，不然就只能以维持不被广泛接受的现状结束协商。妥协模型也同样预测：政策结果是所有行为体偏好的中间值。亚琛认为，尽管妥协模型在经验分析上得到了一定的验证，但与更复杂的能够将妥协和制度结构融入其中的方法相比，仍是过于简单的。

近年来理论界出现了将协商过程和程序规则进行融合的尝试，包括过程交换模型和双层混合模型。过程交换模型是基于经验文献的两个发现来模拟决策过程的两个阶段的，通过将资源交换模型和空间投票模型相结合，其主要目的是预测决策结果。④ 在决策的第一阶段，假设在对议题进行了立法提案

---

① STOKMAN F, Reinier Van Oosten. The Exchange of Voting Positions：An Object-Oriented Model of Policy Networks ［M］//DE MESQUITA B, STOKMAN F. European Community Decision Making：Models, Applications, and Comparisons. New Haven：Yale University Press, 1994：105-127.

② Van den Bos. Dutch EC Policy Making ［M］. Amsterdam：Thesis Publishers, 1991：175-176.

③ ACHEN C. Institutional Realism and Bargaining Models ［M］// THOMSON R, STOKMAN F, ACHEN C, et al. The European Union Decides. Cambridge：Cambridge University Press, 2006：86-123.

④ KöNIG T, PROKSCH S O. A Procedural Exchange Model of EU Legislative Politics ［M］// THOMSON R, et al. The European Union Decides. Cambridge：Cambridge University Press, 2006：283-318.

后，行为体基于自身立场和距离这些提案的远近（以议题重要性为衡量），塑造了自身期待，理事会成员国根据其期待不同，参与到属于不同提案的议题间的投票交换中。模型认为理事会成员国、委员会和欧洲议会之间的立场交换能够在最后的政策结果上体现。在第二阶段，模型假设了一个一维的投票博弈，政策结果由在第一阶段已经交换过了的对议题资源的意见确定。研究发现：首先，成员国和委员会在政策领域内进行的议题联系推动了理事会的不同提案之间进行双边交换的可能；其次，理事会工作小组层面的工作委员会阻碍了复杂的多重议题的一揽子解决。而双层混合模型也同样假设第一阶段的合作协商属于为正式投票博弈做准备的阶段，多维政策空间被缩小到一维①，模型进而在沙普利-欧文（Shapley-Owen）议题线②上对行为体的理想立场进行博弈，由第一阶段合作结果决定。因此双层混合模型认为，之前的协商过程并不一定提供了最终解决方案，而是解决方案的努力方向。

这些理性模型之所以重要，是因为"我们对政治决策的认识应该是一个将严密详尽理论和同样严密经验测试结合的过程"③。

二、决策过程：投票分析

上面讨论的理论模型关注的是对集体决策结果的预测和独立行为体的影响范围，这里将分析讨论理事会决策过程中的决策速度和投票行为的经验研究文献。首先，关于决策速度的研究主要讨论的是正式制度的特点及其影响，比如，理事会的投票规则和议会在立法过程中的权力。不少学者都对议会加入理事会决策后的决策时长进行了研究，并均发现议会的加入会相对延长决策时间。有研究还分析了成员国间政治冲突对决策效率的影响。还有研究认

---

① Widgrén m, Pajala a. Beyond Informal Compromise：Testing Conditional Formal Procedures of EU Decision-making ［M］// THOMSON R, STOKMAN F, ACHEN C, et al. The European Union Decides. Cambridge：Cambridge University Press，2006：204.

② OWEN C, SHAPLEY L. Optimal Location of Candidates in Ideological Space ［J］. International Journal of Game Theory, 1989, 18（3）：339-356.

③ DE MESQUITA B, et al. The Logic of Political Survival ［M］. Massachusetts：MIT Press, 2004：126.

为成员国间的偏好分歧会减慢决策。① 基于现在得出的数据库，海耶斯伦肖等人认为在 1994—2004 年之间，75%～80% 在技术上属于绝对多数表决制规则的决定实际上都是一致通过的②，马提拉和莱恩也同样认为：定量结果和正式空间模型的预计不相符，一致同意只在少数模型中出现，但事实上它更为普遍。③ 总的来说，对决策速度的研究认为偏好、投票规则、议会否决权是有影响力的因素。投票规则对决策过程所带来的稳定影响甚至大于投票行为体本身。④ 此类研究结果得出的疑问：为什么理事会如此高频率地采用一致同意表决制，即使是在立法程序规定可以采用绝对多数投票规则的领域。

海森伯格提出"共识文化"来解释理事会的情形，认为协商过程是在共识达成后开始的，她提出了五个有影响的因素：（1）卢森堡妥协的历史遗产；（2）成员国之间近 40 年协商遗产的文化渗透；（3）理事会成员对欧盟政策历史重要性"共同理解"的存在；（4）双层博弈机制的弱点导致理事会成员和国内选民之间的绝缘；（5）议题联结的可能性。⑤ 最后一点是马提拉和莱恩研究的核心，特别是在咨询程序下关注立法提案，作者认为空间模型不能解释投票过程的全部特点，因为一次只能处理一个议题，这样的研究忽视了选票交易或互投赞成票的可能。⑥ 互投赞成票是行为体需要同时决定多个议题

---

① 此类文献有：GOLUB J. How Time Affects EU Decision-Making [J]. European Union Politics, 2007, 8 (4)：555-566；SCHULZ H, KöNIG T. Institutional Reform and Decision-Making Efficiency in the European Union [J]. American Journal of Political Science, 2000, 44 (4)：653-666；HERTZ R, LEUFFEN D. Group Size and Formalization：A Comparison of European Union Decision-making before and after Eastern Enlargement [J]. Geopolitics, History and International Relations, 2011, 3 (1)：59-76.

② HAYES-RENSHAW F, WALLACE H. The Council of Ministers [M]. Basingstoke：Palgrave Macmillan, 2006：163.

③ MATTILA M, LANE J E. Why Unanimity in the Council [J]. European Union Politics, 2001, 2 (1)：37.

④ MATTILA M. Roll Call Analysis of Voting in the European Union Council of Ministers after the 2004 Enlargement [J]. European Journal of Political Research, 2009, 48 (6)：840-857；PLECHANOVOVá B. The EU Council Enlarged：North-South-East or Core-periphery? [J]. European Union Politics, 2011, 12 (1)：87-106.

⑤ HEISENBERG D. The Institution of "consensus" in the European Union：Formal versus Informal Decision-making in the Council [J]. European Journal of Political Research, 2005, 44 (1)：65-90.

⑥ BERNHOLZ P. Logrolling, Arrow Paradox and Cyclical Majorities [J]. Public Choice, 1973, 15：87-95；TULLOCK G. Private Wants, Public Means, An Economic Analysis of the Desirable Scope of Government [M]. Lanham：University Press of America, 1987.

时，基于不同议题的不同重要性进行立场交换的过程，选票交易的形式也是大多数协商模型讨论的核心，但选票交易不能充分解释投票行为，而且基于投票数据的研究也不能解释具体的决策结果是如何通过非正式交换过程而达成协议的，因为这些过程研究都没有考虑行为体的理想立场，而仅看其最终投票结果。也就是说，投票数据能为我们提供关于行为体如何选择投票的信息，但不能反映行为体的最初立场以及这些立场如何影响集体立场的产生。正如斯多曼和托马斯指出的，"行为体在早期立法协商过程中就已转变其最初立场，因而投票数据不能反映其中的输赢家"①。缺少对协商胜负的测量，例如，最初立场和最终结果间的距离，于是只能从弃权的数量中猜测赢家输家。特别是在"共识文化"的影响下，从投票数据来看理事会决策过程是不全面的，因为共识化决策的存在，大多数决策都是一致同意后做出的，这和第一章的介绍相符。

讨论政治决策的博弈理论模型普遍将政策结果视为行为体偏好和制度的结合产物。通过对理事会决策结果和过程特点进行讨论的博弈理论模型与投票分析的回顾，可以看出不同研究对与理事会决策相关的影响因素的分析，这些因素都能从不同角度观察理事会的决策过程。其中偏好分析和制度性规则是在之前理事会决策研究中通常被讨论的，在所有的对理事会决策的正式理论模型和具体分析中，这两个变量都必不可少，并可以用来对理事会决策速度进行经验分析。同时还需要考虑决策环境等影响。

第二节　研究变量设定

本部分是对集体决策行为体有影响的因素及其效用的分析和界定，这些因素包括成员国在决策行为体中偏好的分歧，以及决定决策如何做出、谁参与到决策中的制度性规则，还包括理事会内的环境，也就是关注前面提到的偏好分歧和制度规则、决策环境的影响。

一、投票规则、偏好和议会否决权

要搞清理事会决策过程如何以及为何受制度规则和偏好影响的逻辑，需

---

① STOKMAN F, THOMSON R. Winners and Losers in the European Union [J]. European Union Politics, 2004, 5 (1): 7.

要借助理性选择理论的工具和概念，这一理论可以帮助研究个体偏好如何参与和影响到集体决策的。结合前面的文献回顾，下面将具体从投票规则、偏好分歧以及议会否决权方面研究对理事会决策的影响。

为了帮助分析，这里提出一个简化的假设模型：理事会是七个成员国的集合，每一个成员在多维政策空间内都有其最偏好或理想的点（idea point），都希望最终的政策结构能够最接近其理想点，成员国相互知道其观点和当前政策，即现状（status quo）政策的位置。如果规则规定通过绝对多数投票制表决，那在这简化的假设模型中，就表明至少需要得到七个成员中的五个的同意才可以通过决定。要否决一个政策所需要的投票比例也是以决策规则为基础的，基于成员都清楚地知道彼此的偏好和现状政策的位置，这样的设定可以保证成员能迅速达成决定或决策失败，即维持现状。

为了和已有对欧盟决策的研究相对应①，这里采用政策的稳定性作为研究出发点，因为欧盟新政策的颁布必然是为了推翻旧政策，表明现状政策不再稳定。对政策稳定起决定作用的概念称为"核"（core），在政策空间内，所有的在两两比较中不能为其他提案所替代的政策，称为政策核心（"核"）。如果现有政策位于核内，成员国之间就不会尝试制定新政策，因为不同于现状政策的新政策会导致至少有一个国家得到的结果变更糟，因为政策偏移到它的核外了。相反，如果现状政策位于核外，成员国就有动机改变现状政策，重新进行协商和决策以将政策调整到核内，政策实施后，新政策的发起国都会从这样的改变中受益。原则上说，政策核心的大小和成员国是否有意愿决定改变现状没有直接关系，因为在具体案例中，是否制定新政策的协定只基于现状政策的位置，是位于核内还是核外，但政策核心的大小和现状政策位于其中的可能性高低正相关。在现状政策均衡分布在政策空间内的前提下，核越大就表明能包含的现状政策越多，这对决策的影响就是，核越大，成员更难以达成制定新政策的协定。

具体到欧盟对外决策过程中，理事会决策规则显示新的立法协定必须通过一致同意或绝对多数投票制，在前者的例子中，核的大小是同成员国的帕累托设定等同的，不论政策空间维度如何都存在；在后者情况下，对一个提

① TSEBELIS G, YATAGANAS X. Veto Players and Decision-making in the EU after Nice [J]. Journal of Common Market Studies, 2002, 40（1）：283-307；KöNIG T, BRäUNINGER T. Accession and Reform of the European Union：A Game Theoretical Analysis of Eastern Enlargement and the Constitutional Reform [J]. European Union Politics, 2004, 5（4）：419-440.

案的采纳需要得到成员国超过65%的投票支持。①

（一）投票规则

在设定完假设模型和核心概念后，这里首先阐述投票规则的影响。模型用二维图像表示可以帮助理解，图6就是政策空间内七个成员的偏好结构的示意。根据前面的概念，"核"表示包含在这一空间内的所有不能被其他观点替代的观点，而新观点是否会被否决将取决于决策规则。"核"可以通过连接成员间最理想的点的线条来表示，最理想的点大部分都位于边界内侧或者边界线上。这反映了在不同投票规则下的帕累托最优解的集合。

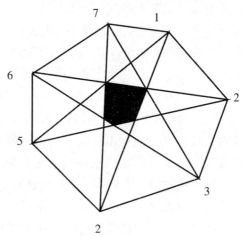

图6　多边形1234567的一致同意和绝对多数核

图6表明了一致同意和绝对多数"核"：一致同意的"核"是整个七边形1234567，而绝对多数"核"就是七边形中黑色的部分，当然，绝对多数"核"比一致同意"核"小，因为绝对多数"核"是所有联盟一致同意"核"交会的部分。绝对多数"核"必须比一致同意"核"小，这表明绝对多数"核"只包含了一致同意"核"的部分观点，根据前面的分析，"核"越大，成员越难以达成制定新政策的协定，这表明，在绝对多数规则下做出决定的可能性比一致同意表决制下更多，也就是理事会的投票规则限制越少，做出的决策越多。由于本书研究的是欧盟具体案例下的决策过程，可以将更多决策的做出推导为做出决定的内容越广。因此可以给出本研究关于投票规则的

---

① 根据《里斯本条约》，这覆盖了本书的大部分研究时间。

第一个研究假定：

研究假定 1：理事会投票规则限制越少，越容易做出决定或做出的决定涵盖范围越大。

（二）偏好分歧

前面回顾的文献表明：偏好分歧对核心的影响并不如投票规则一样直接。简单来说，政策核心是包含在两个决定行为体之间的线性部分，在一致通过规则的情况下，两个决定行为体就是拥有最极端理想点的行为体；而在绝对多数表决制下，决定行为体是其自身理想点加上在同一侧的理想点的数量能够形成绝对多数的行为体。在任一机制下，如果其中一个决定行为体的理想点偏离了，偏好的分歧就会增加，核心也会增大。这是在二维政策空间的情况，在多维的例子就更复杂了，但最重要的仍是，偏好分歧依赖于理想点的相对位置。此外，可以认为理想观点的相对位置是持续的，而且整个偏好结构是可以扩大或缩小的。这一过程可以由下图（图7）表述，这是一致同意"核"。

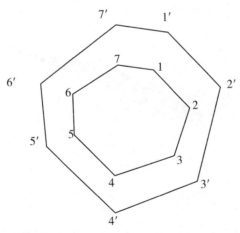

图7 扩大后多边形 1′2′3′4′5′6′7′ 的一致同意"核"

在其他的条件和上面一样的情况下，通过扩大最初的七边形（从1234567到1′2′3′4′5′6′7′）可以表示偏好分歧扩大的影响，也就是一致同意"核"变得更大，七边形变小时的情况可以同理推得，在绝对多数"核"的程序上也是相应的结果。因此，这表明偏好分歧的增加或减少都会对一致同意和绝对多数决策产生类似的影响：偏好分歧越多，"核"就越大。在现状政策统一分配的假设下，越大的"核"表明有更多可能包含现有政策，也就是说成员国偏好分歧越少，理事会所能做出的决定就越多，同样地，由于本研究是针对具体案例进行分析，那么可做出的决定数越多，在一个案例中就能推导为做出决定的可能性越大。这一关系可以由下面的研究假定来简单表示：

研究假定2：成员国偏好分歧越少，做出决定的可能性越大。

（三）欧洲议会的否决权

除了投票规则和偏好构成外，欧盟的立法程序也会对理事会决策有影响，普遍认为理事会决策在联合决策程序下更难实现。联合决策程序本质上是授权给另一个行为体议会以否决权，在对外决策中，主要涉及对外贸易、发展合作等事务。因此，成员国要达成对欧盟立法政策的决定时，必须将这一额外行为体的观点纳入考虑。尽管欧洲议会并不直接参与到理事会内部工作中，只是施加间接影响，但近些年，理事会和议会都对在联合决策过程中的一读中就如何达成早期协定做了越来越多的工作，这通常发生在工作小组和高级委员会层次。这样的结果就是，议会成为理事会协商的额外对象，理事会的决策明显受到了议会否决权的影响。图8反映了在理事会决策必须考虑议会的观点后政策"核"的变化。

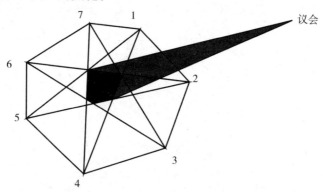

图8　议会加入后1、2、3、4、5、6、7的绝对多数"核"

图8表明理事会内联合决策程序的运用和绝对多数投票规则相结合的情况，在一致同意的机制下，情况也是类似的。这里假设议会是个单一行为体，也就是在其与理事会的协商过程中拥有单一的理想点。（这虽然与事实不符，但下面陈述的研究假定并不依赖于这一假设，因为同样的假定也可以将议会视为一个集体行为体模型，但根据单一行为体假设下的阐述会更清楚。）当议会的理想点位于成员国内时，其否决权带来联合决策"核"和之前"核"相

比没有变化，而当议会的理想点位于理事会成员国外，现状在政策空间内是均匀分配的，那么"核"将变大，做出决定的可能性变小。这可得出如下研究假定：

研究假定3：当议会观点和理事会一致时，议会加入对决策结果没有影响；反之，会减小做出决定的可能性。

总之，前面关于集体决策的文献表明政策的稳定取决于行为体偏好和相应的制度规则，本部分的分析表明：理事会决策在运用绝对多数表决制、理事会成员偏好集中、议会和理事会意见一致或排除在决策程序外会更容易达成或达成政策涵盖内容更广。接下来将从决策环境的视角进行讨论，分析社会化在多大程度上会对理事会决策的政策稳定性产生影响。

二、社会化

越来越多的研究开始关注国际制度社会化的影响①，社会化是指"行为者遵循特定共同体规范和规则的过程"，或"从结果逻辑转向适当性逻辑（logic of appropriateness）"的过程。② 社会化的结果是否具有可持续性影响取决于规范是否被内化及内化程度，政策及由政策发展而来的制度是社会化的场所，也是其促成者，社会化作为一个过程，沟通理性在其中发挥重要作用，通过对观点的交流和政策的学习，可以导致其他行为体偏好的调整。这一视角下对理事会决策的论点很明确：在欧盟机构的工作将不同成员国官员置于一个超国家规范的情境下，这会使官员更倾向于接受这些规范，因而其进一步的行为会无意中受到这些欧盟规范的指引。③ 当然，这一论点即使根据生活经验也可以接受，这里要分析的是，在什么情况下国际社会化不仅影响国家官员的态度，也影响了本应困难的集体协定的达成，以及这一影响是怎样发生的。

社会化是个体将集体的交往规则和规范内化的过程，规范的转化和采纳

---

① CHECKEL J. Constructivist Approaches to European Integration [J]. ARENA Working Papers, 2006 (1); CHECKEL J. Going Native In Europe: Theorizing Social Interaction in European Institutions [J]. Comparative Political Studies, 2003, 36: 209-231.

② JENSON J, MERAND F. Sociology, Institutionalism and the European Union [EB/OL]. http://www.cerium.ca/IMG/pdf/Jenson_ Merand.pdf.

③ HOOGHE L, MARKS G. Calculation, Community and Cues: Public Opinion on European Intergration [J]. European Union Politics, 2005, 6 (4): 419-443.

可以通过多个机制起作用，包括规范说服、社会模仿、交流等。① 个体都不只属于一个集体，只是在不同集体中内化程度不同，例如，在欧盟担任长期代表的荷兰官员是布鲁塞尔欧盟机构中的成员，同时也是海牙所属部门的成员，因此在规范内化过程中，该官员同时作为荷兰和比利时社会的成员。此外，个体的集体身份也会随时变化，年轻人首先附属于教育部门，在完成学业后会进入工作单位，例如，公司、政府或非政府组织，这表明人的集体身份还可以随境遇而改变。由于集体成员的多样性和变化性，个体通常同时被置于多重社会化过程中，个体内化规范的类型和程度是不同组织内过去和当前成员影响的结果。对应到欧盟理事会决策中，官员拥有的超国家角色认知的程度不仅受其欧盟机构中工作时间影响，也与之前其在与其他推广类似规范的组织中的人交往的经历有关②，也就是说官员可能在进入欧盟机构之前就已经发展出超国家角色认知，社会化超国家规范的程度是个体属性，由于个人经历不同，社会化的内容和程度均各异。

　　在很多研究中，超国家角色认知被认为是能够进行联合问题解决的前提条件，并可以减少对个体主义国家利益追求的倾向。但是只要存在拥有高程度的超国家角色认知的成员，他们愿意达成妥协的整体意愿就会被其他高民族国家角色认知的成员拉低，长此以往，前者最终要么会开始对要求妥协行为的规范不满，要么他们在国内会被超国家化程度低的官员取代。这反映了单纯的超国家角色认知分析在影响理事会集体决策时存在很大限制。加上各官员所拥有的超国家角色认知程度无法确切估计，在拥有这样广泛认知情况下做出的集体决策的结果也难以定量分析。因此，很难将超国家规范纳入数据模型中。

　　除了形成超国家角色认知这样抽象且个体的规范外，理事会内还存在"推动欧洲一体化"等关于怎样在理事会开展更能影响集体决策协商的口号性规范。正如杰维斯（Jeffrey Lewis）强调在常驻代表委员会协商中表现出的规

---

① HOOGHE L. Several Roads Lead to International Norms, but Few via International Socialization：A Case Study of the European Commission ［J］. International Organization, 2005, 59（4）：865.

② ERIKSSON L. Self-governance in Micro Level Theories ［M］// SØRENSEN E, TRIANTA-FILLO P. The Politics of Self-Governance. England：Ashgate, 2009：61-73.

范相关性一样①，这些规范的主要目的是提高理事会决策效率，例如，"找到解决方案""合作而不是争论""寻求一致"，这些口号性规范为成员国在特定情况下应该如何行动给出了相对直接的引导。因此，口号性规范的实际影响比更抽象的规范的影响更能够被理解和接受，更重要的是，成员国都几乎同等重视这些规范，并且规范是特定在理事会决策中的，政府官员不会在进入决策过程之前存在不同程度的前社会化，理事会成员对口号性规范的内部化仅依靠他们在理事会内部的交往，这可以用同样的方法影响所有成员，所有成员统一性地置于这些规范下，意味着口号性规范不受前面讨论的抽象规范里的"搭便车"问题的影响。口号性规范逐步社会化后便形成前面所提到的"共识化决策"的理事会环境。

　　前面的讨论确定了可以系统地影响理事会决策的规范。初步结论是，任何可能导致合作协商的行为只有在大多数成员的超国家规范内化程度类似的情况下才能持续，此外，和理事会成员表现直接相关的规范可以促进集体决策的达成。这里将用图示的方法展现理事会成员理解和接受这些规范后，会如何影响集体决策，图 9 表明了三个理事会成员国在二维的议题空间下一致同意某项政策的过程。②

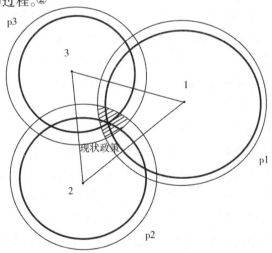

图 9　成员社会化前后的赢集对比

---

①　LEWIS J. National Interests：Coreper ［M］// PETERSON J, SHACKLETON M. The Institutions of the European Union. Oxford：Oxford University Press，2006：272-292.

②　类似的例子也可以用来表明在有效多数决制下的成员。下面的假设并不影响委员会成员的数量、投票规则和政策空间的维度。

本研究为了便于分析，模型只考虑三个成员国的情况，且为更清楚地表明社会化的影响，这里需要介绍新的概念。假定部长理事会内的成员国的理想点分别位于1、2、3，在图中，由于当前的现状政策位于三个成员的一致通过核的重叠部分内，根据前面的介绍，这里认为在这一条件下成员国不会进行任何决策行为。如果成员只关心政策本身，那么在这种情况下，任何提案都不能召集到所需要的绝对多数票来改变位于核内部的现状政策。

在图9中，如果理事会成员只关注政策本身（社会化前）并有欧几里得偏好（Euclidean preference），也就是成员国在对决策进行选择预估时，只依据其与自身最佳偏好点的距离进行判断，以1、2、3这三个理想点为圆心，以其到现状点为半径所形成的实线圆圈p1、p2、p3就分别为这三个成员国可接受的政策集合：每个成员国愿意接受的结果，在这个圈外的任何结果都是不被接受的，因为偏离理想点太远，构成每个偏好结果的圆圈p1、p2、p3就是成员国的可接受政策区域。此外，该图还表明这三个国家的可接受政策各不重叠，也就是均不被其余两国国家接受，协定只有在三个成员国都愿意妥协时发生，且妥协必须位于三个圈的重合部分，表明是所有成员国都接受的政策结果，这一区域被称为协定区域（Zone of Agreement）或者协商集合（bargaining set），因为这包括了协商中所供选择的方案和最终可能决策结果的范围。但是当协定区域很难界定或者没有重合时（如图9粗线圆圈），协商就会停滞。这一角度的观察和现状政策与位于核内的前提相符，因为在这样的情况下，成员通常不会同意政策的改变。除非在协商过程中有新的协定区域被创造出来，否则协商不会进行或不会有结果。

在规范的存在改变了成员的动机的情况下，如果成员国认为拒绝新政策是其损失，那么这将创造出寻求额外的可接受集体协定空间（细线圆圈），也就是行为体在接受社会化规范影响后所形成新的可接受政策集合。阴影部分就是社会化后产生的协定区域，也就是规范赢集（win-set），这表明规范赢集即使现状位于政策核心内且可接受集合为空，仍然存在。帕累托最优解的出现是基于欧盟决策中的共识环境，这里体现了成员国社会化的影响。这一模型和强调在国际制度互动的环境中，重复交往引发合作行为的自由制度主义的交往模型之间存在根本区别，后者认为国际制度并不影响行为体本身，只是提供能让行为体思考其行为长期影响而不仅是短期结果的环境；而在本书的博弈理论下，未来互动的前景只是改变了博弈结构，但不会改变行为的特点，其主要的区别是，社会化视角的解释表明合作行为是行为体之前经历的结果，而自由制度主义则认为它是未来行为体参与的预期，这两个视角的影响都很难进行经验上的区别，但是从理论上说，论点的区别是非常清晰的。本书关注的是理事会决策过程，因此讨论的是社会化视角。

同时需要注意的是，在理事会的对外决策的协商中，社会化影响不仅体现在欧盟成员国自身，尽管目前关于欧盟制度在其他国家社会化的研究并没有证明社会化可以导致外部认识和身份的欧洲化，但在欧盟的对外交往中的非正式"制度"或规范确实存在，并在很大程度上对其行为产生影响。战略算计、角色扮演和规范说服等社会化机制经常发生在欧盟的对外行动中，特别是行政层面的交流互动。欧盟通过将自身规范推行到国际社会，从而利用规范来施加其对非欧盟国家的影响。因此，社会化的影响和对政策偏好改变的影响不同，政策偏好的改变会导致行为体理想点的移动，而社会化的结果是对协商结果的评价标准的不同。理性主义的偏好形成阶段在建构主义的国际交往阶段之前。行为体利用共同体价值改变结果，但其政策偏好不受交往影响。

根据前面的分析，理事会成员的社会化达到特定的规范程度后，这里的社会化既包括超国家社会化，也指特定的理事会内决策环境的影响，可能存在在纯政策导向的行为体不同意政策改变的情况下，制定出新的政策。这一观察可以获得如下假定：

研究假定 4：与成员是纯政策导向相比，理事会决策在成员社会化后更易发生。

目前讨论的理论视角可以带来对理事会成员达成一致意见能力的预期，但关注成员态度和互动却忽视了各自的特殊性，因此接下来需要分析成员国态度的影响，即议题重要性。

三、议题重要性

对一个要改变自身政策的行为体来说，博弈理论模型假设行为体偏好和制度安排（例如，价格机制或特定投票规则）是处于关键位置的[1]，制度被认为是通过确定行为体在决策情境中的可采取的战略来"引导"偏好。但当需要对一个情境中的两个行为体做同一决定时，就存在两个行为体间对议题

---

① KREPS K. Game Theory and Economic Modelling [M]. Oxford：Oxford University Press，1990：3-6.

重要性判断的不同了。①

在集体决策模型中，理性选择主义者探讨议题重要性对帕累托最优解的影响，关注于最终政策结果对现状政策的改变程度。② 议题重要性是政治分析中的核心组成部分，它在投票选择模型、利益集团政治以及正式和非正式政治决策模型中都占有重要地位，在这些模型中，将议题重要性这一概念引入决策模型会对特定政策情境下的预计结果产生巨大的影响。③ 在对空间投票模型进行分析后，学者认为在多个行为体间存在不同偏好时，也就是一个 N 维空间内的议题协商，将议题重要性纳入考虑也会对博弈中的结果产生影响。④ 这些研究认为的具体影响体现在，议题对不同行为体重要性程度的差异越大，政策结果相对于现状发生改变的可能性越大，也就是说议题重要性改变了博弈的均衡解。以合作协商博弈为例，议题对于两个行为体重要性的区别越大，行为体之间通过互投赞成票等方式进行政策交换的可能性也越大，具体实施就是用一方在其较不关心议题上的选票和对该议题极为关注的另一方进行交易⑤，这也是多次博弈的内容。当国内公众对欧盟某项政策的议题重要性程度高时，在欧盟的决策者就更愿意接受实施该政策所付出的代价。还有学者认为议题重要性是权力的一种表现形式，将其上升至和制度性权力同级的位置，

① COLEMAN J. Control of Collectivities and the Power of a Collectivity to Act [M] // LIEBER-MAN B. Social Choice. New York: Gordon and Breach, 1971: 269-300; BRAUN N. Dynamics and Comparative Statics of Coleman's Exchange Model [M]. Journal of Mathematical Sociology, 1990 (1): 271-276.

② SELCK T. The Effects of Issue Salience on Political Decision Making [J]. Constit Polit Econ, 2006, 17: 5-13.

③ 分别参见：投票模型：BéLANGER E, MEGUID B. Issue Salience, Issue Ownership, and Issue-based Vote Choice [J]. Electoral Studies, 2008, 27: 477-491；利益集团：KLüVER K. Lobbying in the European Union: Interest groups, Lobbying Coalitions and Policy Change [M]. Oxford: Oxford University Press, 2013；正式决策：GOLUB J. How the European Union Does not Work: National Bargaining Success in the Council of Ministers [J]. Journal of European Public Policy, 2012, 19 (9): 1294-1315.

④ SELCK T. The Impact of Procedure: Analyzing European Union Legislative Decision-making [J]. European Union Politics, 2008, 9: 145-165.

⑤ Lightle J, et al. Information Exchange in Group Decision Making: The Hidden Profile Problem Reconsidered [J]. Management Science, 2009, 55 (4): 568-581.

同时计算其对欧盟政策结果的影响。①

本书遵循托马斯和斯多曼对议题重要性的定义，这和亚琛的理解类似。②托马斯和斯多曼区分了在协商模型中对议题重要性的两个不同理解：首先，议题重要性被认为是成员国潜在能力的一部分，国家希望能够为影响政策结果而对其进行动员；其次，议题重要性是行为体在不同于其最偏好的政策结果的当前政策中的损耗函数。③ 第一个定义有相关性和行为性两层含义：相关性是因为行为体能力是有限的，并且对任何议题的过分重视可能会导致对另一议题投入的资源减少；行为性是因为在欧盟决策中的国内动员能力表明行为体应该会积极参与到协商中；而第二个定义并不包含任何行为性内容，含义更单纯，仅和"重要性"的程度有关。④ 但这两个理解在某种程度上是相关的，因为对损耗函数的衡量应该能促进行为体在国家间协商中更积极的表现，同时，在对重要性的评估中，不排除专家对某一特定国家或理事会工作小组对议题的影响。第二个定义引起事先定义了涵盖在第一个定义中的行为体期待条件，因而在分析上更为基础，这里也将坚持这一对议题重要性更单纯的第二个定义：议题重要性是行为体损耗函数曲线。议题重要性还被认为是"重要"（importance）或"密度"（intensity）的同义词，因为对议题赋予很高层次重要性的行为体对政策偏离其偏好政策的细小变动敏感。

---

① MITCHELL R, et al. Toward a Theory of Stakeholder Identification and Salience: Defining the Principle of Who and What Really Counts [J]. The Academy of Management Review, 1997, 22 (4): 853-886. 近期的有：LEUFFEN D, et al. Structure, Capacity or Power? Explaining Salience in EU Decision-Making [J]. Journal of Common Market Studies, 2014, 52 (3): 616-631.

② 可参见：ACHEN C. Institutional Realism and Bargaining Models [M] // THOMSON R, STOKMAN F, ACHEN C, et al. The European Union Decides. Cambridge: Cambridge University Press, 2006: 86-123.

③ THOMSON R, STOCKMAN F, Research Design: Measuring Actors. Positions, Saliencies and Capabilities [M] // THOMSON R, STOKMAN F, ACHEN C, et al. The European Union Decides. Cambridge: Cambridge University Press, 2006: 41.

④ JäGER T, et al. The Congnitive Dimension of Parliamentary Influence: Trends in the Salience of Foreign Affairs Issues in the German Bundestag, 2005-10; Oppermann k, et al. Issue Salience in International Politics. New York: Routledge, 2011: 179-181.

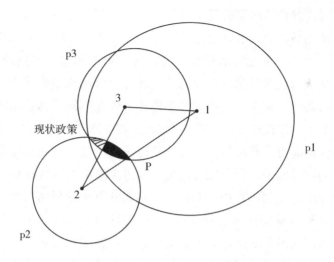

图 10　可接受协定区域与帕累托最优解集合

　　为了阐释议题重要性这一干预变量的含义，这里沿用上面的二维空间模型，但为了突出两个概念——可接受协定区域和核之间的区别，对最佳偏好点同现状政策的位置进行了重新设计，因为前面社会化后的图中，可接受协定区域完全置于核内，难以体现其区别。在图 10 中，三个圆 p1、p2、p3 的相交部分是三个行为体都能接受的协定区域，也就是赢集，在理事会决策过程中，1、2、3 三点构成三方一致同意的核，即决策中能够形成的帕累托最优解的集合。因此，和帕累托最优解集合等同的三角形 123 核和三个行为体都能接受的政策集合（阴影部分）所重叠的（黑色部分）就是理事会对外决策可能形成的政策结果范畴 P。

　　具体到理事会对外决策实践中，各国对具体政策的议题重要性认识不同，或者一国对不同政策的议题重要性程度的差别，会导致行为体在决策中施加不同的影响力，这将导致最后政策结果可能更接近将其赋予更重要意义国家的最偏好点。① 结合前面的分析，可以认为，当理事会内部共识规范成为欧盟日常决策的制度背景或环境变量后，议题重要性作为决策行为体的又一权力来源，对决策结果有着至关重要的影响。这里可以得出：

---

　　① 可参见：OPPERMANN K, VERIES C. Analyzing Issue Salience in International Politics：Theoretical Foundations and Methodological Approaches［M］// OPPERMANN K, VIEHRIG H. Issue Salience in International Politics. New York：Routledge, 2011.

研究假定 5：成员国对特定议题赋予的重要性程度越高，理事会决策结果就越接近其偏好政策。

第三节　研究设计

一、变量间关系

上一节的讨论提出了和本研究相关的五个研究假设及其所涉及的自变量：在对理事会决策的整体研究中，投票规则、行为体偏好以及欧洲议会的加入通常被认为会对决策过程和结果产生重要影响；国家官员角色认知理事会决策类型的研究指出，国际社会化对于理事会成员视野和行为的重要性；此外还有议题重要性更具体地刻画了相同议题对不同成员国之间的区别。了解这些因素能够对决策产生具体影响的理论原理后，在接下来的分析中除了讨论行为体和制度相关因素，还需关注政策本身特点对决策的影响，以及政策制定环境和议题重要性都最终影响了决策的过程和结果。

为了描述偏好和制度角色对理事会成员国进行政策决定意愿的影响，理论设计中依靠核这一和帕累托最优解集相似的概念来阐释理事会在集体决策过程中的政策稳定或变化情况。如果在政策必须用一致同意才能通过，或者成员分歧巨大，以及欧洲议会可能是额外的否决者的情况下，现有的政策将倾向于不变，因为在博弈论的分析中，这些因素都可能增加整体"核"的范围，这反过来会加大现状政策位于"核"区域内的可能性。由于在"核"内的政策是难以被其他政策所代替的，当现状政策存在于"核"内时，就表明理事会成员倾向于不会对政策进行改变。一般来说，一致同意的投票规则需要比绝对多数投票规则获得更多理事会成员的同意，因此，可以认为在一致同意的规则下政策停滞会比绝对多数规则下出现得更多，或者决策结果覆盖面更窄。但这一假设并不表明理事会成员投票都是为了改变政策，还存在成员国对之前接受了只需要绝对多数同意的提案重新投票进行通过的情况。欧洲议会的涉入也对理事会决策有同样的影响，这是因为如果议会立场和理事会相背离，共同决策程序给欧盟的立法决策增加了额外的否决者。共同决策制度实施以来，欧盟机构代表间为调和立场的非正式谈判就变得更高效，也更普遍了，次级机构间的谈判通常和理事会机构内的谈判同时进行，因此，欧洲议会的涉入在很多情况下会直接影响理事会决策，在联合决策程序下的一读阶段，早期协定实际上可能将理事会的单独决策转变为理事会成员和议会的集体决策。此外，在偏好立场这一变量上，假设理事会成员日益增大的偏好分歧可能会导致政策改变的数量和幅度减少，这是因为成员偏好分歧越大，成员就越难以提出一个被认为是双方互利且能够改善现有政策的新提案。

强调投票规则影响、偏好分歧和议会否决权的理论假设都是基于理事会成员，都是政策导向的，对国际社会化的研究表明理事会成员有将超国家规范以及共识决策规范内化并影响决策的可能。本书认为，只有理事会特有的具体规范为所有成员共享，才有可能以系统的方式影响理事会决策。根据之前研究的经验证据，即使在新政策已偏离其理想偏好的情况下，理事会的这些具体规范反过来会导致理事会成员从达成政策转变的决定中获得额外收益。因此，已经内化了社会化规范的理事会成员可能在纯政策导向下根本不会考虑的领域同意政策改变。

投票规则、偏好分歧、议会涉入和理事会成员社会化对理事会决策过程产生整体的正向推动或反向阻碍的影响，最后一个关于议题政治重要性的假设源自对一个议题情境多个行为体进行比较分析的结果，施加的是对个体行为体对结果的影响。议题重要性包括各成员国的媒体报道、社会关注、国内政党主张差异、利益集团推动的不同程度等，作为决策过程的又一权力来源，可以通过在决策中被转化为影响力的方式，决定最后政策结果更接近于影响力最大也就是认为该议题重要程度最高的国家的偏好点。

五个研究假设涉及五个自变量，而本研究的因变量就是理事会的对外决策过程。在基于丰富的现有理论来界定和描述潜在的解释性因素后，接下来将引入能够涵盖这些变量的研究设计，首先是理论框架的设计。

二、理论框架：制度现实主义

在欧洲一体化进程中，一直存在两种势力的消长：一个是强调国家和国家主权的政府间主义，另一个是主张主权让渡的超国家主义。这一现象也同时存在于对欧盟对外决策的分析中。在过去十几年，学界对欧盟对外决策的研究越来越多。但是，仍然没有一个可被普遍接受的理论，大多数方法要么仅关注欧盟对外政策是如何存在和延续的，要么只讨论欧盟在世界的影响，也就是对其产出的研究，很少分析导致外交政策的过程。① 国际关系理论关注国家内部层面，讨论成员国或至少是国家行政成员间的互动；外交政策分析则以关注个体成员国为主，并考虑国内利益集团在国家外交政策形成中的影响②，这两个领域对中心行为体的身份和特性以及利益的定义都不相同，欧盟对外政策的存在与发展本身是对两者的一个挑战，因为这是关于国家间协商和类国家行动的。③ 欧盟对外政策"通过共享国内主权的一部分的实体来追求共同外交和防御政策，同时统一其能力来应对外部世界"④。这一定义挑战了国际关系理论和外交政策分析的传统方法。

（一）已有理论综述

传统的欧洲一体化理论对欧盟机构内如何进行决策谈论并不多。自由政府间主义把一体化分为三个独立部分：国家偏好形成、国家间谈判和制度选择。莫劳夫奇克（Andrew Moravcsik）认为，国家偏好的形成主要决定于一国的国内政治过程；在国家间谈判时，谈判结果是国家不对称相互依赖的反映；在制度选择阶段，欧盟成员国通过主权汇集（pooling）和主权委托（delegating）来确保其他国家的政府将接受已达成的立法并加以贯彻。自由政府间主义最主要的关注点在于用导致"大协调"的协商来解释一体化⑤以及欧盟的条约框架。对欧盟对外决策的解释，自由政府间主义认为这是政府间谈判和博弈的过程。同时，政府间谈判进行中，在各国利益或偏好既定的情况下，各国的相对权力是决定谈判结果和收益分配的主要因素。⑥ 正因为如此，自由政府间主义被批评为过分强调成员国政府作用而贬低了共同体超国

---

① 相关综述可见：SMITH K. The EU in the World：Future Research Agendas ［M］// EGAN M, NUGENT N, PATERSON W. Research Agendas in EU Studies：Stalking the Elephant. Basingstoke：Palgrave Macmillan, 2009：329-353.

② HUDSON V. Foreign Policy Analysis：Actor-Specific Theory and the Ground of International Relations ［J］. Foreign Policy Analysis, 2005, 1：1-30.

③ WHITE B. The European Challenge to Foreign Policy Analysis ［J］. European Journal of International Relations, 1999, 5（1）：37-66.

④ HILL C, WALLACE H. Introduction：Actors and Actions ［M］// HILL C. The actors in Europe's foreign policy. London：Routledge, 1996：1.

⑤ MORAVCSIK A. The Choice for Europe：Social Purpose and State Power from Messina to Maastricht ［M］. New York：Cornell University Press, 1998：268.

⑥ MORAVCSIK A. Preferences and Power in European Community：a Liberal Intergovernmentist Approach ［J］. Journal of Common Market Study, 1993, 31：473-524.

家机构的作用，在外交决策上，将国家偏好的形成看成纯粹的国内政治进程。① 自由政府间主义以国家为中心的分析方法的解释力主要在于一体化进程中的停滞现象，如 20 世纪 60 年代的"空椅子"危机和 20 世纪 90 年代政治一体化进程缓慢等。同时，根植于"双层博弈"概念②，自由政府间主义将一体化看作国家偏好和国家权力在政府间会议中谈判妥协的结果，对日常的制度化决策的意义有限。③

新功能主义及其延伸超国家治理理论，认为一体化是非国家行为体和超国家机构政治影响的结果。以哈斯（Ernst Hass）为代表的新功能主义者吸收了功能主义的"形式依从功能"假定：跨国交流的存在推动着国际性功能组织的诞生，这些功能组织存在着外溢的可能，功能组织如成功地满足人们的需要，将导致政治忠诚向这些功能组织转移。功能外溢是新功能主义的核心，功能外溢也将伴随政治外溢。④ 新功能主义认为在一体化过程中应充分满足各利益集团的需求，认为只有这种利益的"相容性"（compatibility）而非"一致性"（coincidence）才能提供一体化扩展的基础，而政治精英在这一过程中扮演重要角色，虽然新功能主义没有关于欧盟对外决策的具体论述，但在论述欧盟政治一体化时，认为外交和防务过于敏感，一体化不可能从政治一体化开始，但可以通过经济部门一体化的逐步展开，最终走向政治一体化和政治共同体。因此新功能主义理论可以用来解释欧盟具有完整对外政策的可能性，这表现在共同体的对外关系可以是高度政治化的，显示一体化从低级政治到高级政治领域的溢出，共同体的对外关系与共同外交和安全政策有加强协调的趋势。⑤ 新功能主义理论对欧盟一体化领域的稳步扩大和深化，特别是内部大市场获得成功后对政治一体化和共同外交与安全政策呼声日益高涨的

① SMITH M. Toward a Theory of EU Foreign Policy Making：Multi-level Governance, Domestic Politics and National Adaptation to Europe's Common Foreign and Security Policy ［J］. Journal of European Public Policy, 2004, 11（4）：740-758.

② PUTNAM R. Diplomacy and Domestic Politics：The Logic of Two-Level Games ［J］. International Organization, 1988, 42（3）：427-460.

③ 自由政府间主义只解释了制度对于便利国家间合作的重要性，认为超国家机构的角色对欧洲一体化的重要性被夸大了，它们对行为体偏好塑造的影响也可以被忽略。

④ HAAS E. Beyond the Nation-State：Functionalism and International Organization ［M］. Stanford：Stanford University Press, 1964：47-49.

⑤ SMITH K. The Making of EU Foreign Policy：the case of Eastern Europe ［M］. Basingstoke：Macmillan Press, 2004：17-18.

现象具有一定的解释力。但是，在解释了制度出现并且非国家行为体不断增加的影响力后，这一理论并没有讨论制度环境对政策结果的影响。

脱胎于公共管理学的多层治理理论（Multi-level governance）对欧盟性质提出了全新概念，将欧盟视为一种传统主权国家间合作与超国家一体化的混合体，摆脱了传统的政府间主义和超国家主义之争，为欧盟研究提供了全新的视角和分析框架。多层治理即"制度化的，垂直结构的，具有不同程度的单一性，对欧盟规范的认同并享有不同程度权力资源的行为体分享权威的过程"①。在这一定义下，欧盟日益体现出现代西方民主制国家政治体制的一般特性，成为国际政治中具有准联邦性质的、多层治理结构下的一个政治行为体。② 同以往的理论相比较，多层治理理论否认了民族国家是决策过程中的权力垄断者，认为决策权由成员国中央政府、欧盟主要机构以及次级行为体共享，具有网络性和动态性。在对外决策上，欧盟也呈现出欧洲化特征。③ 多层治理理论在欧盟对外政策上的应用，可解释"欧盟的共同普遍利益如何被界定、优化并通过欧盟将欧盟和成员国国内层面的制度化行为转换成具体的政策行动"④。

社会建构主义进入欧盟决策研究主要是基于国际关系学科"外溢"的影响，也是由于学者们对新功能主义和自由政府间主义之间狭隘而贫乏争论的不满。社会建构主义并没有提出关于欧洲一体化的任何具体观点，但它既可以加入将国家谈判作为理解欧盟政策制定主要方法的政府间主义的诠释中，也能进入强调外溢效应以及超国家制度作用的新功能主义的行列。社会建构主义者否认了理性主义对于追求效益最大化的假设，用"适当性逻辑"取代"结果性逻辑"，因此行为体不会通过算计以实现利益最大化，而是通过社会化的规则判断自己最适当的行为。在欧盟对外政策决策方面，社会建构主义

---

① 　SMITH M. Toward a Theory of EU Foreign Policy Making：Multi-level Governance, Domestic Politics and National Adaptation to Europe's Common Foreign and Security Policy［J］. Journal of European Public Policy, 2004, 11（4）：740-758.

② 　PETERS G, PIERRE J. Developments in Intergovernmental Relations：towards Multi-level Governance［J］. Policy and Politics, 2001, 29（2）：131-135.

③ 　WONG R. Europeanization of Foreign Policy［M］// HILL C, SMITH M. International Relations and the European Union. Oxford：Oxford University Press, 2005：150.

④ 　SMITH M. Toward a Theory of EU Foreign Policy Making：Multi-level Governance, Domestic Politics and National Adaptation to Europe's Common Foreign and Security Policy［J］. Journal of European Public Policy, 2004, 11（4）.

比理性选择理论更为强调制度对个人认同、偏好以及行为的影响，强调一个欧洲共同外交文化的建构。与现实主义或政府间主义的国家间谈判相比较，欧盟成员国之间的协调是"习惯性的"，而不是由利益估算所支配的，也就是说，在欧盟对外决策时，外交行动的协调不是有意选择去实现自身偏好的手段，而是自然而然应该做的事情。尽管建构主义的解释中，将认同、偏好以及制度都考虑在内，但它缺少一个可验证的假设，只是推论，具体见图 11。

表 1 已有理论对外交决策解释的对比

	自由政府间主义	新功能主义	多层治理理论	社会建构主义
对欧盟决策或对外决策的理解	是国家偏好形成和政府间会议协商和博弈的结果	非国家行为体和超国家机构政治影响的结果	欧盟是传统主权国家间合作与超国家一体化的混合体，决策权由成员国中央政府、欧盟主要机构等集体共享	强调制度对个人认同、偏好以及行为的影响，强调一个欧洲共同外交文化的建构
优势	解释政策停滞	解释欧盟一体化领域的稳步扩大和深化	界定欧盟共同利益并将制度化行为转换成具体政策	认同、偏好以及制度都考虑在内
不足	对日常制度化决策意义有限	没有讨论制度环境对政策结果的影响	缺乏对决策细节的解释	缺少一个可验证的假设，只是推论

（二）新制度主义

传统制度主义理论的核心是要说明"制度是起作用的"，这一点现在看来毋庸置疑，但制度在何时影响决策，以什么样的方式影响决策以及影响的程度如何，传统制度主义都没有做进一步说明。而新制度主义①则重点关注这一

---

① MARCH J, OLSEN J. The New Institutionalism：Organizational Factors in Political Life［J］. American Political Science Review, 1984, 78（3）：734-749；MARCH J, OLSEN J. The Institutional Dynamics of International Political Orders［J］. International Organization, 1998, 52（4）：943-969；MARCH J, OLSEN J. Elaborating the New Institutionalism［J］. Working Paper, ARENA, 2005（11）.

点，提出并解释了"哪些制度在何时，以何种方式起作用"的问题：制度不仅能够通过降低交易成本和增加信息和信任来促进国家间谈判和国际组织的形成①，还能构建政治行为和结果。新制度主义常常被用来解释欧盟日常政策过程，特别是欧盟机构与成员国之间的互动。在这类研究中，欧洲一体化被看作一种进程，在欧洲一体化的研究中，新制度主义理论的重心是欧盟的治理结构中的复杂决策体系与制度②，为政策安排决定提供了最好的理论解释，因为它把政策安排的制度变化与政策的后果联系起来了，从而能解决如欧洲议会权力的增长或者理事会中特定多数表决机制的增加等问题。③ 新制度主义理论方法内包括三个截然不同的流派：历史制度主义、社会学制度主义和理性选择制度主义。④ 这些分支都认为"制度影响结果"，但对结果是如何被制度影响的，这些分支存在分歧。⑤

理性选择制度主义源于政治学研究中的理性选择方法，认为在存在多个选择的决策模式中，政策选择具有内在的不稳定性，然而通过"结构引导的均衡"（Structure-induced Equilibrium）则可能实现政策稳定。"均衡制度"（Equilibrium Institution）就是行为体选择并设计来确保相对收益的。同时理性选择制度主义还采取"交易成本理论"来研究政治制度的设计，认为立法者有意地、系统地设计政治制度，以实现制定公共政策相关的交易成本最小化。虽然最初形成并应用于美国政治制度研究，但理性选择制度主义也能够应用到其他的比较政治和国际关系中，包括欧盟研究。⑥ 其创新之处在于，无论是政府间主义还是新功能主义都没有提出关于在什么条件下，超国家机构能够以什么方式对欧洲一体化进程发挥独立因果作用的可验证假设，而理性选择制度主义者借鉴"委托-代理"理论，提出并验证了关于欧盟成员国政府将某

① ［美］罗伯特·基欧汉. 霸权之后：世界政治经济中的合作与纷争［M］. 苏长和，等译. 上海：上海世纪出版集团，2006：61-63.

② 王学玉. 欧洲一体化：一个进程，多种理论［J］. 欧洲，2001（2）：10-17.

③ 李巍，王学玉. 欧洲一体化理论与历史文献选读［M］. 济南：山东人民出版社，2001：334.

④ HALL1 P，TAYLOR R. Political Science and the Three New Institutionalisms［J］. Political Studies，1996，44（5）：936-957.

⑤ ASPINWALL M，SCHNEIDER G. Same Menu，Seperate Tables：The Institutionalist Turn in Political Science and the Study of European Integration［J］. European Journal of Political Research，2000，38（1）：1-36.

⑥ ［英］安特耶·维纳，［德］托马斯·迪兹. 欧洲一体化理论［M］. 朱立群，等译. 北京：世界知识出版社：172.

些权利委托给欧盟委员会和其他超国家行为体的动机假设。

在理性选择制度主义中，制度指的是正式的制度，与之相反，社会学制度主义将制度定义得更为宽泛，既包括正式规则，也包括非正式的规范和传统。社会学制度主义认为，这些制度"建构"了行为体，塑造了行为体看待世界的方式。与理性选择认为行为体是偏好既定的追求效用最大化的假设不同，社会学制度主义假定人们以适当性逻辑为起点，当他们建构偏好并对特定制度环境下的适当行为进行选择时，人们可以从制度环境中获得行为的暗示。特定制度之所以能被采纳，并不仅是因为其能提高组织效率，更是因为它帮助提高了参与者的社会合法性，这也被认为是超越工具理性的。在欧盟研究中，社会学制度主义考察了欧盟和其他制度传播规范，塑造国内政治与国际政治行为体偏好及行为的过程。①

历史制度主义居于前两派之间，认为制度不仅包括正式的宪法性规定，还包括非正式规范、行为标准等，强调制度结构和价值观念对于行为体行为的影响，也就是关注随时间流逝制度产生的影响，特别是当一套既定的制度建立后，制度对行为体长期行为方式的影响。但历史制度主义拒绝了人们通常对制度设计做出的功能主义解释，在功能主义方法中，政治制度被假定为当前行为体为了高效地实现特定功能而刻意设计的制度，忽略其历史因素，而历史制度主义者则认为，过去制度选择能持续下去或者能够"锁定"后面的选择，因而塑造并限制了后来的行为体，制度具有"黏性"，强调路径依赖效用。在欧盟对外决策方面，历史制度主义关注共同决策的困境、锁定和作为路径依赖的欧盟外交政策一体化。然而历史制度主义没有确切说明：在什么条件下路径依赖可能发生，以及时间历史因素如何影响欧盟对外政策一体化。②

总之，新制度主义能够从不同方面在一定程度上阐释欧盟对外决策的特点和过程，但因为其强调偏好的固定性和制度的固定性，忽视其动态发展过程，因此更适用于解释政策的延续性和稳定性，而非政策制定的动态过程。

由于寻找全面的理论框架存在困难，以及欧盟外交政策的"复杂性和多

---

① CHECKEL J. Norms, Institutions, and National Identity in Contemporary Europe [J]. International Studies, 1999, 43: 83-114.

② PIERSON P. The Path to European Integration: a Historical Institutionalist Analysis [J]. Comparative Political Studies. 1996, 29 (2): 123-163.

维特性"，有人建议放弃单一理论①，吸纳丰富和多样的研究谱系②，但有批评者认为这样的多面方法会导致难有建设性结论的后果③，因为欧盟对外政策分析领域的理论间的不同是根本上的，解释内涵以及方法论都存在不同。如果将政策理解为由"输出"（客观内涵的行为体化概念）和"行动"（目的性行为体，基于认识论的解释类型）构成④，这虽然体现了结构和机构（agency）的分歧，却综合了社会系统特征和欧盟本身两方面的概念，从解释决策过程的角度而言，这会更全面也更容易深入。

（三）制度现实主义

基于本研究采纳的博弈理论和本章第二节提出的五个研究假定所包含的对欧盟对外决策过程的解释性因素，本书基于当前辩论的根本区别，还是采纳"构建综合各种方法的理论"⑤ 的主张，但本书没有野心构建一个全面科学的理论流派，而是试图提出一个可以用来解释欧盟对外决策并可运用到具体案例中进行分析的解释性理论框架，因此本书选择制度现实主义⑥作为理论进行解释。

该理论吸收了现实主义中权力因素的"融合型"制度理论，提出政策行为体的"制度性权力"（institutional power）对立法结果起着决定性作用，各种程序只是权力结果的外在表现形式。第一，制度现实主义在分析欧盟对外决策结果时必然会考虑权力，但单独的权力关系并不足以对现实进行真正模拟，对制度现实主义者来说，制度为行为体行为提供框架，制度规定人类活动，并且制度的存在是预先给定的因素，具体到欧盟决策中，制度最突出的体现就是投票程序，包括投票规则和议会否决权的有无。首先，制度现实主

① GINSBERG R. The European Union in International Politics：Baptism by Fire ［M］. New York：Rowman and Littlefield Publishers，2001：21

② TONRA B. Mapping EU Foreign Policy ［J］. European Public Policy，2000，7（1）：168.

③ SCHIMIDT B. On the History and Historiography of International Relations ［M］// CARL-SNAES W，et al. Handbook of International Relations. London：Sage，2002：15.

④ SMITH K. Understanding the European Foreign Policy System ［J］. Contemporary European History，2003，12（2）：239-254.

⑤ WHITE B. Foreign Policy Analysis and European Foreign Policy ［M］// TONRA B，CHRIS-TIANSEN T. Rethinking European Union Foreign Policy. Mancherster：Mancherster University Press，2004：45.

⑥ 理性选择制度主义不仅是理事会最普遍的分析方法，还为欧盟研究提供了基础，特别是制度间和制度内行为体。

义最主要的特点是融合了现实主义"权力"和制度主义"制度"的杂糅型理论，一方面，承认制度的重要性，这里就包括对研究假定中投票规则和议会加入与否的考虑；另一方面，它更为强调政策行为体在正式程序适用之前所进行的利益交换和讨价还价，这样，成员国偏好、社会化和议题重要性也包含在制度现实主义对决策结果的解释中。

第二，制度现实主义对"制度"和"权力"并不是同等倚重的，它强调的是现实主义的视角，而非单纯的法律层面。制度现实主义认为政策结果"不是由法定程序来决定的，而是基于制度性权力而塑造的"，其基本特征：不再只强调法律程序，而在政策形成过程中增加了对社会和政府组织间协商互动的关注。但制度现实主义并没有忽视制度和程序性规则，只是认为这些程序性因素是政策行为体的政治权力的体现，并反映在正式程序适用之前的讨价还价过程中，强调制度程序是权力的体现。政治形式反映政治权力，因此在讨价还价后的决策过程中，所实施的正式规则反映的是强大行为体的利益，基于这样规则做出的政策决策也是符合强大行为体主张的，以其拥有的权力为比例，这是以现实主义视角为基础的主张，突出反映了议题重要性和行为体偏好的影响。具体来说，行为体在协商时，必然基于其对议题偏好和议题重要性的判断进行博弈，同时，该理论认为理事会的决策环境包含各类行为体的作用，理事会成员受到社会化的影响也是理所应当的。

第三，制度现实主义将社会现象视为多元行为体作用的结果，政治行为体可能是个人、社会组织、压力集团、政府部门、法院或者任何私人或公众组织。这和政策网络和联盟问题的有关文献描述的国家利益如何进入决策不同，这些理论是传统的看法，而制度现实主义则认为政治应该从现实角度而非法律角度分析，政治中的关键行为体是各种类型的制度权力，而其制度权力指的是之前的政治结果，而非法律过程的细节。这并不是说法律程序不再重要，它们也是由权力塑造的，不仅能在制度中施加压力，更重要的是，从长期看它们能创造制度。对制度现实主义者而言，法律和组织并不仅仅是某单个行为体固定的偏好，相反它们代表有权力方面的固定欲望，制度不仅提供正式结构，还通过非正式结构来影响"游戏规则"，制度还是"可以塑造和影响人类活动的法定的安排、管理、程序、习俗、规范和组织化形式"①，从

---

① NøRGAARD A. Rediscovering Reasonable Rationality in Institutional Analysis [J]. European Journal of Political Research, 1996, 29（1）：39.

这方面来说，制度的功能是博弈的"政府结构"①，这里体现了社会化对理事会对外决策的作用。阿斯平沃（Mark Aspinwall）和施耐德进一步认为，在欧盟内，投票和立法程序属于正式结构，理事会的共识投票模式是重要的非正式规则，影响着理事会的协商行为。②

因此，制度现实主义理论能够很好地融合本研究提出的和理事会决策过程相关的五个解释性变量，这也构成了本研究解释性框架的理论基础。本文接下来的研究将坚持实证主义、博弈论和空间分析。本体论上根据的是理性主义方法：行为体的行为反映了其在追求最大化利益、最小化成本时做的选择。

三、理论模型：接近纳什协商均衡解

（一）妥协模型的选择

1. 协商模型的优势

为了预测理事会的协商结果，模型的正确选择是至关重要的，因为对模型细节的任何一个轻微调整都有可能影响其预测。③ 为了提供有效的预测，模型必须能够抓住理事会决策的特有协商特点，同时具备精准预测的能力。根据本章第一节的介绍，博弈理论对决策的分析主要包括程序模型和协商模型。本书将从协商模型的各分支中选择适合欧盟对外决策分析的模型，选择协商模型除了因为该模型是基于制度现实主义理论提出的之外，还有以下两点考虑。

第一，协商模型能更真实地模拟欧盟的谈判过程。任何民主政体的决策都包括两个阶段，第一阶段是行为体间的讨价还价过程，这一阶段包括信息的收集和交换以及威胁和承诺；在协商遭遇阻碍时，第二阶段就开始了，这一阶段则是组织化规范和条约法律的塑造过程，根据宪法和法律程序对各博

---

① SHEPSLE K, et al. Analyzing Politics：Rationality, Behavior, and Institutions [M]. New York：Nrton&Company, 1997：311.

② ASPINWALL M, SCHNEIDER G. Same Menu, Seperate Tables：The Institutionalist Turn in Political Science and the Study of European Integration [J]. European Journal of Political Research, 2000, 39 (1)：4.

③ STEUNENBERG B, SELCK T. Testing procedural models of EU legislative decision-making [M] // THOMSON R, STOKMAN F, ACHEN C, et al. The European Union Decides. Cambridge：Cambridge University Press, 2006：54-85.

弈力量进行结算：用明确的投票程序来解决观点的不一致。① 因此，只有在之前协商层面被成功预热过的提案才能进入部长层次，并且任何可能的选票交易都发生在这个阶段之前。由于程序性模型将法律程序嵌入广义形式的博弈，就模拟了欧盟各种决策程序中的正式法律的运行，并假设委员会、部长理事会中的成员国代表、欧洲议会为单一行为体，行为体偏好被认为是既定的，程序模型的博弈是在信息完全的条件下进行的。尽管程序模型可以通过数理分析来对欧盟在特定法律条款下的决策结果进行解释和预测，但由于它忽视了主导初始协商阶段的妥协和跨议题协定，其分析体现了单纯的法律分析的有限性。此外，协商模型还是符合制度现实主义的理论假设的，要理解政治决策也就必须分析决策时所涉及的政治因素，决策过程中政治权力的内涵不仅限于正式投票权或者提案倡议中法律权限，法律产生前的讨价还价比狭义所理解的法律更能对结果产生影响。因此，协商模型更为全面。

第二，现有的对欧盟决策的经验分析的结果显示协商模型的预测优于程序模型。对欧盟决策理论模型的认识大多来自欧盟决策（Decision-making in the European Union, DEU）项目。② 该研究对一系列过程和协商模型进行了评价和判断③，被认为是目前为止完成得最好的对决策的经验分析。项目收集了1996—2002年间和66个立法提案相关的162个议题进行分析，这些议题均选自不同的政策领域，但只包括了在政治上"重要"的议案，而"重要"的标准就是至少在每天出版的著名政治评论报纸《欧洲代理》（*Agence Europe*）上占据五行版面。研究数据是通过对超过150场委员会、理事会、议会工作人员的采访获得的，在每一个议题上，受访者通过在0~100范围内打分来对政策立场、行为者对政策议题的贡献以及实际的政策结果进行评价，之后将受访者的评价分数和模型预测的结果进行对比。结果发现，模型预测和观察结果之间存在明显差距和矛盾，即使最好的模型都不能精确解释观察到的结果。但其中，协商模型的解释力明显优于程序模型。亚琛进一步用可以评估其代

---

① ACHEN C. Institutional Realism and Bargaining Models ［M］// THOMSON R, STOKMAN F, ACHEN C, et al. The European Union Decides. Cambridge：Cambridge University Press, 2006.

② DEU 项目设计受 Bueno de Mesquita 启发，参见：DE MESQUITA B, STOKMAN F. European Community Decision Making：Models, Applications and Comparisons ［M］. New Haven：Yale University Press, 1994.

③ STOKMAN F, THOMSON R. Winners and Losers in the European Union ［J］. European Union Politics, 2004, 5（1）：5-23.

表性预测能力的多个统计结果对模型进行了比较，他的比较评估的主要发现是：妥协模型的表现要强于平均和交换模型①。

为什么协商模型在预测中的表现相对更好？施耐德等人认为这是"欧盟强有力规范"的一致性趋势的影响结果，欧盟日常决策的高度重复性以及缺乏稳定联盟形式"促进了具有极大包容性的妥协模型的决策"②。在他所设计的表现最好的妥协模型中，行为体偏好是作为平均值来输出的，这也支持了欧盟决策是基于"行为体愿意为了达成共同利益而妥协"③ 过程的观点。如果在决策中，行为体的预先意愿体现了一致同意的规范，将他人利益进行考虑并协调替代政策偏好，那么就不难理解认为决策过程包含多重单次行动且行为体总是最大化其自身利益的程序模型为什么表现会差一些了。协商模型能够正确地把握理事会决策中"协商比官方决策规则更为重要"④ 的特点，协商和权力是主导，在分析中不再只强调法律程序，增加了对在政策形成过程中社会和政府组织间的协商互动的关注。有学者因此认为协商模型"是20世纪关于政策过程研究的各类理论的总结"⑤。

2. 协商模型内的选择：妥协模型

"欧盟决策项目"采用的模型是协商模型⑥，包括：妥协模型（compromise model）⑦、挑战模型（challenge model）⑧ 和交换模型（exchange

---

① ACHEN C. Institutional Realism and Bargaining Models ［M］// THOMSON R, STOKMAN F, ACHEN C, et al. The European Union Decides. Cambridge：Cambridge University Press, 2006.

② SCHNEIDER G, STEUNENBERG B, WIDGRéN M. Evidence with Insight：What Models Contribute to EU Research ［M］. Konstanz：Bibliothek der Universität Konstanz, 2006：302–308.

③ ARREGUI J, THOMSON R. States' bargaining success in the European Union ［J］. Journal of European Public Policy, 2009, 16（5）：656.

④ KöNIG T. Why Don't Veto Players Use Their Power? ［J］. European Union Politics, 2009, 16（5）：507–534.

⑤ Ibid.

⑥ 参见 ARREGUI J, et al. Compromise, exchange and challenge in the European Union ［M］// THOMSON R, STOKMAN F, ACHEN C, et al. The European Union Decides. Cambridge：Cambridge University Press, 2006：124–152.

⑦ Van den Bos. Dutch EC Policy Making ［M］. Amsterdam：Thesis Publishers, 1991：175–176.

⑧ DE MESQUITA B. Forecasting Policy Decisions：An Expected Utility Approach to Post–Khomeini Iran ［J］. American Political Science Association, 1984, 17（2）：226–236.

model)①。这三个模型都是基于"基础模型"提出的，范德伯斯②和斯多曼③所提出的基础协商模型的基础表述是：如果有 n 个行为体，行为体 i 最倾向的立场就是 X_i，i 的权力用 V_i 指示，模型预计的结果 Y_B：

$$Y_B = \frac{\sum_{i=1}^n V_i X_i}{\sum_{i=1}^n V_i}$$

斯多曼和范德伯斯用其来分析欧盟理事会的表决情况，因此他们将"权力"定义为行为体的选票数，这就使得可以用投票权力来替代政治权力的测量，可以通过不同的权力指数工具来帮助测量。根据这一模型定义的权力还包括了行为体在法律结果中的立场，因此该模型对欧盟决策中谈判和投票阶段权力效用的理解是：特定行为体的谈判权力在规则有利于该行为体时会更为突出。但严格来说，这并不是一个正式模型，它仅是对之前文献的总结，只有权力和利益两个相关变量，有学者进一步认为：这不是一个严肃的理论方法，更像是一个有价值的初步尝试，其意义主要体现在可以将其预测和其他更成熟的模型结果进行对比。

本章第一节对协商模型的分析主要从其对决策结果的阐释出发，这里将从协商模型的模型建构及其分析变量的设置角度进行讨论。早期的协商模型是从孟斯奎塔提出的挑战模型④发展而来的，挑战模型认为决策行为体通过对中间选民的拉拢可以使政策结果最大限度接近其所偏好的立场。在模型设计中，议题被认为是一维的，在对每个议题进行决策前，政治行为体被假定为会根据其所拥有的权力大小，选择同意其最倾向立场的平均妥协政策。

①　STOKMAN F, Reinier Van Oosten. The Exchange of Voting Positions: An Object-Oriented Model of Policy Networks [M] //DE MESQUITA B, STOKMAN F. European Community Decision Making: Models, Applications, and Comparisons. New Haven: Yale University Press, 1994: 105-127.

②　Van den Bos. Dutch EC Policy Making [M]. Amsterdam: Thesis Publishers, 1991: 175.

③　STOKMAN F, Van den Bos. A Two-Stage Model of Policy Analysis: With An Empirical Test in The U.S. Energy Policy Domain [M] // GWEN M, ALLEN W. The Political Consequences of Social Networks: Research in Politics and Society. Greenwich: JAI Press, 1992: 235.

④　DE MESQUITA B. Forecasting Policy Decisions: An Expected Utility Approach to Post-Khomeini Iran [J]. American Political Science Association, 1984, 17 (2): 226-236.

　　科尔曼在前人理论的基础上发展出"交换模型"（exchange models）①。政治行为体在特定议题上可以通过选票或立场的交易来换取社会环境中"理想体系"的达成。在这一模型里，在两分选择（是或否）中的理想集体决定是通过包含权力大小和议题重要程度的最大集合来定义的，这里对行为体影响力的分析，增加了议题重要性这一变量，每个行为体的影响是由行为体在协商环境里的力量（strength）决定的，影响过程就是行为体进行议题意见交换的过程，这一过程根据议题重要性展开。

　　范德伯斯提出的妥协模型②是一个相对简单的模型，政策结果是行为体所同意的提案中所有议题的中间政策立场，以其能力和重要性进行衡量。该模型突出了行为体通过考虑其他行为体的利益来努力寻找妥协的过程。亚琛的制度现实主义模型在理论上也是妥协模型。在这一运用纳什协商解决方案的合作博弈中，所有的行为体必须共同达成协定，不然就只能以维持不愿接受的现状告终。模型也同样预测：政策结果是所有行为体偏好的中间值。范德伯斯③根据科尔曼的研究发展出具有社会学传统的决策分析，特别是关注决策过程中的连续结果，其分析被称作妥协模型。这一模型借鉴了科尔曼提出的"理性体系"，认为政治结果是根据行为体偏好来衡量的，以权力和议题重要性为标准，预测的政策结果是介于更有权力的行为体和更突出表达议题重要性的行为体之间的妥协。在该模型中，即使行为体对特定议题并不关心，议题还是通过其他因素来影响行为体的决策结果。

　　以上这三个模型的共同点是所计算的是政府政策立场的平均数或中间数，这表明每一个行为体的立场只有在理事会同意了才能被纳入计算，因此极端的政策立场是需要行为体来调和而非忽略的。此外，所有的这些模型也加入了对行为体能力和议题重要性的估计，这也就允许对关键行为体在理事会正式程序之外进行私下调解，因而通过协商，那些相对更有实力的或者更为重视特定政策结果的行为体就可能增加对结果的影响力。这也就直接促成了这些协商模型在对政策结果的预计上都超越了程序模型。

　　具体来说，可以认为妥协模型是一个中间选民模型，分析的是行为体的

---

① COLEMAN J. Control of collectivities and the power of a collectivity to act ［M］// LIEBER-MAN B. Social Choice. New York：Gordon and Breach，1971：269-300.

② Van den Bos. Dutch EC Policy Making ［M］. Amsterdam：Thesis Publishers，1991.

③ Van den Bos. Dutch EC Policy Making ［M］. Amsterdam：Thesis Publishers，1991：175-176.

投票权及其对议题的看重程度。妥协模型并不模拟决策如何达成的过程，也就是说它把每一个决策过程都看作绝对的黑箱子；和妥协模型不同，挑战模型和观点交换模型都只着重分析决策前的"影响"阶段，也就是行为体都试图对他者施加影响以使决定能更接近其理想目标的阶段。交换模型仅是在妥协模型的基础上加入了合作的观点交换模型，也就是说，交换模型允许在立法提案上议题间互投赞成票（log-rolling）；挑战模型通过对行为体能力和行为体对议题重要性的判断，认为结果是接近中间选民意见的，但和其他两个模式不同，挑战模型将影响的过程看作挑战行为体的观点而不是寻求妥协的过程。在"欧盟决策项目"中，根据收集的经验结果，托马森发现在合作条件下，包含谈判过程中行为体互动的协商模型是最好的。因此，挑战模型将影响过程看作对立场的挑战而非寻求妥协，这不适合本书对理事会决策过程的阐释和结果的预测。而剩下的观点交换模型和妥协模型中，本书之所以选取妥协模型而非观点交换模型是基于两个原因：首先最重要的，是在涉及理事会成员何时以及如何改变其最初立场时，没有确切的经验证据来佐证，观点交换模型被认为模拟了一个没有实际证据的假设；其次，基于目前所能收集的信息，难以区分观点交换前后的协商立场。因此本书采用简单的妥协模型进行分析。

（二）妥协模型与纳什协商解

妥协模型是基于制度现实主义的分析，将政策结果视为由制度性权力决定的，行为体政治权力通过制度和规则来体现，这对权力的理解充分包含了正式决策程序和在此之前的讨价还价两个阶段。妥协模型假设在影响过程中，共识利益比分歧利益更重要。

对数据进行简化是进行定量的科学研究必须采用的手段，因此，要讨论基于妥协模型的纳什均衡解，需要对研究变量进行理论上的抽象：假设部长理事会内部的各成员国在博弈过程中是单一、理性行为体，在布鲁塞尔"重复且紧密"[①] 的环境下进行决策。模型中的输入变量是博弈中所有行为体都知道的，妥协模型下议题 x 的协商结果 P 是：

---

① ARREGUI J, THOMSON R. States' bargaining success in the European Union ［J］. Journal of European Public Policy, 2009, 16 （5）：655-676.

$$政策结果\ P_x = \frac{\sum_{i=1}^{n} 权力_{xi} \times 偏好_{xi} \times 议题重要性_{xi}}{\sum_{i=1}^{n} 权力_{xi} \times 议题重要性_{xi}}$$

这一等式是对各行为体最偏好的立场、重要程度以及其投票权进行了求和，然后除以所有议题重要性和投票权的和，这个模型预测的是帕累托最优解。亚琛认为妥协模型是最接近纳什协商解（Nash-Bargaining Solution）[1] 的。[2]

这里需要指出的是，该等式仅当在行为体反对冒险且反转点（reversal point，即回到原点）是极不可能的情况下才成立。理事会的对外决策过程是满足这一条件的。首先，由于政府倾向于进行联合且持续的决策，协商中途破裂是其最不愿意看到的，谈判破裂比回到反转点的损失更大；其次，由于反对冒险，协商过程中各方会为了达成一个大家均满意的议题愿意做出承诺，在理事会内，"将所有难以达成一致的可能性排除在外"[3] 已是普遍的做法；最后，很多时候欧盟对外政策的立法过程在一定程度上会对已有法律进行修改而不是重新订立，在这一情况下，反转点是不是各方极不愿意看到的就成问题了，因为基于理性主义的视角，原点已不再是事实上所不可接受的了。但从理事会决策的长期视角来看，理事会决策是一个包含协定讨论和选票交换且有时间和政策领域跨度的网络，特别是根据理事会决策的依赖性，一旦到了反转点，就可能导致其他议题的协商停滞。同时，在对外决策中，政策一般会指向某一特定国家或地区，如果议题经过提案到达理事会的决策阶段后，又无疾而终，会有损双边关系，因此，从整体上看，反转点仍是不受欢迎的。

（三）妥协模型的运用

在前面的分析中，通过文献综述，指出投票规则、偏好分歧、议会的加入、社会化和议题重要性等解释理事会决策过程相关的因素，并基于此提出五个相应的研究假定，随后在建立起以制度现实主义为基础的理论框架后，选择基于纳什协商的妥协模型对理事会对外决策过程进行产生，并据此提出

---

① NASH J. The Bargaining Problem [J]. Econometrica, 1950, 18 (2): 155-162.

② ACHEN C. Expressive Bayesian Voters, their Turnout Decisions, and Double Probit: Empirical Implications of a Theoretical Model [D]. Princeton University, 2006.

③ THOMSON R. Resolving Controversy in the European Union: Legislative Decision-Making Before and After Enlargement [M]. Cambridge: Cambridge University Press, 2011: 217.

了对帕累托最优解政策结果的运算公式。这里提出的理论模型是纯粹理性的，去除了社会化这一非理性因素，首先是要运用于接下来的定量分析的，因而在数据收集时，基于简化理论和便于操作的目的，将"议会的加入"这一是或否的变量直接通过"权力"（power）来体现，这是一个两分变量：如果议会不加入决策，例如，在共同外交与安全政策或其他议会仅有咨询功能的领域，那么就不考虑这一变量；如果是在经贸等共同决策的领域，则将议会视为一个决策行为体，分析其投票规则和偏好及重视程度，纳入模型中。也就是在涉及决策程序规则的变量参与决策时，将其视为另一个行为体分析其在投票规则、偏好分歧、议题重要性等方面的表现。这一处理除了有便于操作的目的，还反映了制度现实主义的理论主张。一方面，制度现实主义中的权力不再是单纯的权力关系，而是制度性权力，将议会加入与否这一决策规则和投票权力加入权力变量中，丰富了模型中权力的内涵；另一方面，在斯多曼和范德伯斯等人的研究中，已有将"权力"概念计算为行为体投票票数和权重的先例①，因此，本书的研究对"权力"这一变量的测量将以各成员国的投票权力和欧盟机构在决策制度下的权力指数为基础。

在定量研究后，该理论模型还将在案例研究中进行经验研究，因而关于理事会成员"社会化"能促进决策产生的研究假定，在模型中也能加入理事会的非正式权力中，这满足制度现实主义对政策形成过程中社会互动的关注，但其难以用具体的定量数据来衡量其程度，因而，尽管统一纳入"权力"变量中，但主要还是在定量分析后的具体案例分析中，结合制度现实主义进行验证。这样也体现了定性研究对定量研究的补充解释功能。之所以在模型构建中去除社会化等非理性因素，是因为这会"损害社会科学本来就已脆弱的科学性"。理性只有一种，而非理性有多种，这样就会使得社会科学的逻辑性不确定，同时在模型中加入非理性的因素，因其难以测量和明确定义，对这些因素的过分关注会导致对研究对象本身的理性逻辑的忽略。

这样，本研究基于制度现实主义理论框架的解释模型已形成，这一模型是接下来对理事会对外决策进行案例研究的基础，包括定量和定性两个部分。在研究设计完成后，为了对这些因素的解释力进行实证分析，将首先结合欧

---

① STOKMAN F, Van den Bos. A Two-Stage Model of Policy Analysis: With An Empirical Test in The U. S. Energy Policy Domain [M] // GWEN M, ALLEN W. The Political Conse-quences of Social Networks: Research in Politics and Society. Greenwich: JAI Press, 1992: 219-253.

盟理事会内部环境产生这些输入变量，然后讨论对其数据化的方法，也就是数据的测量，同时还将涉及包括本章的延伸：进一步分析本研究设计带来的方法论问题。

本章小结

本章首先回顾现有关于理事会决策结果和过程相关的解释性因素，政治决策的博弈理论模型普遍将政策结果视为行为体偏好和制度结合的产物，通过不同研究对与理事会决策相关的影响因素的分析关注点，基于本研究的解释性目的，可以将相关因素列为本研究对理事会对外决策过程进行解释性分析的变量。在此基础上，本书进而设定了解释理事会对外决策过程的五个变量：投票规则、偏好分歧、议会否决权、社会化和议题重要性。并基于表现政策稳定性的"核"这一概念，阐释了各自变量与因变量：理事会对外决策结果之间的关系的理论假设。投票规则、偏好分歧、议会涉入和理事会成员社会化对理事会决策过程产生正向推动或反向阻碍的影响，最后一个关于议题政治重要性的假设源自对一个议题情境多个行为体进行比较分析的结果。

因为本书的研究目的是试图提出一个可以用来解释欧盟对外决策并可运用到具体案例中进行分析的解释性理论框架，在回顾了国际关系理论中自由政府间主义与新功能主义的争论，以及多层治理理论、政策网络和社会建构主义等对欧盟决策的分析后，本书关注制度主义，选择结合了现实主义"权力"和制度主义"制度"的杂糅型理论：制度现实主义作为本研究解释性框架的理论基础。制度现实主义能够很好地涵盖本研究的五个自变量，它一方面承认制度的重要性，这里就包括对研究假定中投票规则和议会加入与否的考虑，另一方面，它更为强调政策行为体在正式程序适用之前所进行的利益交换和讨价还价，这样，成员国偏好、社会化和议题重要性也包含在制度现实主义对决策结果的解释中。

为了对理事会的协商结果进行预测，这里还需要正确选择理论模型。本书首先对程序模型和协商模型的解释力进行了回顾，选择了预测中表现更好且符合本书研究假定的协商模型，进而在协商模型中的挑战模型、交换模型和妥协模型中，基于本书研究重点和可获得数据等原因，选择了简洁的妥协模型，而普遍认为它和制度现实主义最好结合，是最接近纳什协商解的模型。

在妥协模型的基础上，本研究讨论了基于前面研究假设的对理事会对外决策结果进行帕累托最优解预测的公式，这些变量和这一公式也成为案例研究中定量研究的基础。接下来将分析如何将所讨论的投票权力、政策偏好及其重要程度转化为可测量的指数。

第三章

变量的测量：欧盟理事会内的权力、偏好及议题重要性

本书研究的是通过对华政策的制定过程来探析理事会的对外决策机制，具体分析在这一过程中有哪些行为体和因素通过何种方式起着怎样的作用。根据上一章构建的以制度现实主义理论为基础的妥协模型，可以通过所设定的变量及变量间关系对这一过程进行解释性分析，但涉及描述性的问题，"谁在何时以及如何得到什么"，单纯用定性分析难以获得突破性进展，而且分析结果仅能实现验证（证实或证伪）先前提出理论模型的目的，无法对理论的薄弱环节进行定位进而改善。因此，本研究通过对华政策的决策过程的案例分析，综合运用定性和定量研究方法，以对理事会对外决策进行整体性把握，提升提出的解释性理论的解释力。

这里首先介绍定量分析的研究方法，用定量的方法来分析在什么情况下以及哪些因素推动了欧盟对华的共同立场或共同政策的形成和制定。定量分析在这里有三个目的：第一，对理事会决定中的影响因素的程度进行描述；第二，构成对现有理论思想的评估，定量研究获得的解释性的数据分析将构成本研究主要的确认性部分；第三，描述性和解释性定量分析的结果可以为之后的定性分析提供进一步阐释的空间和范围。根据本研究的解释性目的，定量分析的意义在于其能获得透明的推理过程和更普遍的结论，而据此进行的分析，可以确保结论不是根据偏颇的理论或不完整的视角而得出的。

第一节　定量研究前准备

本书对所选取具体案例的定量和定性分析是先后进行的，由于国内现有研究对从博弈论出发进行的决策研究探讨不多，本章将着重介绍定量研究的数据准备和测量方法这类技术上的问题。国外学者在这方面的研究主要讨论

的是欧共体决策，也就是采用"共同体方法"制定出的政策，对欧盟对外决策的这方面研究也不多，而且西方学者的关注点包括部长理事会、理事会内部运行和欧洲议会等。本书对欧盟部长理事会对外决策机制的定量研究，将部分借鉴西方现有研究成果，但大多数的研究数据都将对外政策排除在外，因此本研究没有专门的数据库支持。① 与自然科学相比，对社会科学中概念测量的最大困难来自测量对象缺乏明确定义，主观性强，不同人会有不同界定，加上这些对象大多无法进行直接的观察和测量，只能通过辅助的可测的指标进行界定，此外，由于测量工具和研究内容的保密性，更增加了在社会科学中进行科学规范研究的困难。但根据前面提出的接近纳什均衡解的理论模型，还是可以就具体案例中的欧盟对华政策所涉及的相关可知数据，对相关变量进行量化研究。

基于本研究的实证分析所涉及的三个变量，这里将讨论对投票权力、偏好分歧和议题重要性三个概念的界定和测量。对数据的衡量或测量，在国际关系中指的是根据一定的规则对概念或符号赋予可以表达具体概念的指标，从而使国际现象实现数量化或类型化②。因为定性研究是在对现实高度抽象基础上对结果的计算，所以一定的误差也是必然存在的，是定性研究不可控的风险，基于误差是不可避免的考虑，本研究还将涉及对运算结果的误差界定，通过对误差的界定找到理论薄弱环节，再在此基础上，进行定性分析，这不仅是对定量分析结果的检验，还能界定不同的解释性因素是否以及如何互动，进而诠释理事会的对外决策是受到哪些因素多大程度影响，还可以达到改善先前理论模型的目的。

用模型对现实情境进行描述是一种简化思维，虽然不是对现实情况的完全反映，但能够通过对关键变量的把握，突出欧盟决策中的影响因素，为欧盟对外决策研究提供新的思路。因此，在用博弈对案例进行分析时，简要是必要且必需的手段。本研究在进行定量分析前，首先预设：（1）将欧盟理事会内的成员国和其他欧盟机构，如委员会、欧洲议会都视为单一行为体，以便于对其偏好和议题重要性的量化研究；（2）各行为体在博弈过程中是处于

---

① 目前西方主流的关于欧盟决策研究数据库包括 Prelex（http：//ec. europa. eu/prelex/apc-net. cfm? CL = en）、DEU（https：//easy. dans. knaw. nl/ui/datasets/id/easy - dataset：31896）、EUPOL（http：//frankhaege. eu/data/eupol）。

② 阎学通，孙学峰. 国际关系研究实用方法 [M]. 2 版. 北京：人民出版社，2007：92；袁方. 社会研究方法教程 [M]. 北京：北京大学出版社，1997：165.

完全理性状态下的，获得的信息完整，足以做出理性判断。尽管这是一个理想化的条件，和欧盟现实政治差距甚远，但这并不会影响定量分析的结果和这些变量的解释力。

做了这些理论上的准备后，便可以开始对研究数据的测量方法和结果进行讨论。

第二节　对理事会权力的测量

一、权力的概念

要对理事会权力进行测量，首先要弄清"权力"的内涵。卢克斯（Steven Lukes）① 总结权力主要包括三个维度：第一个维度，是马克斯·韦伯（Max Weber）所认为的，权力是 A 迫使 B 去做 B 若不受强迫就不会去行动的能力，罗伯特·达尔（Robert Dahl）基于对权力的多元主义观点，进一步认为权力是指"A 使 B 去做 B 本来不会做的事的能力"②，也就是说，权力主要体现在公开的冲突中，A 通过其权力的行使，可以改变 B 最初的偏好，使之顺从 A 的政策。在国际关系和欧盟研究中，这一视角主要被运用于去中心化环境中的政府间协商的研究③。但是这一维度是假设权力关系包含了冲突和对抗的，帕森斯（Talcott Parsons）认为，这忽略了互惠权力关系的可能性，权力可以对 A 和 B 双方实现各自目标都有利④。这在欧盟对外决策中体现得尤为明显，尽管成员国根据各自利益的不同，决策过程中冲突时有发生，但其制定和实施共同政策本身就是在寻求共同利益，其目的是通过互惠政策使决策参与各方的国家利益都得到一定程度的实现。同时即使是没有决定（non-decisions）产生，权力在这一过程中同样发挥重要作用，因此权力定义的第二个维度就增加了程序性因素。

---

① LUKES S. Power：A Radical View ［M］. London：MacMillan Press, 1974：30-43.

② DAHL R. The Concept of Power ［J］. in Behavioral Science, 1957, 2（3）：201-215.

③ MORAVSIK A, NICOLAIDIS K. Explaining the Treaty of Amsterdam：Interests, Influence, Institutions ［J］. Journal of Common Market Studies, 1999, 37（1）：59-85.

④ ［英］罗德里克·马丁. 权力社会学 ［M］. 丰子仪, 张宁, 译. 上海：上海三联书店, 48.

制度化规则可以通过避免在存有利益冲突的议题上通过决定的方法，限制决策范围，但同时也"调动了偏见"①。不过，在缺乏权力机制的情况下，仍有行为体不会去做不符合其他行为体利益的事，这被称为制度权力的影响。制度权力之所以能够产生作用，是因为行为体在推动其他所有行为体都服从和接受其制定的一系列行为体规范的执行过程中，形成了集体共识：利益遭受损失的行为体会在其他领域得到补偿，同时违抗这些规范的行为体将遭受惩罚。这一观点在立法协商的研究中特别普遍，这类研究在欧盟的情境下主要是分析不同议程设置规则如何影响欧盟委员会、理事会或者议会相对权力这样的问题②。

第三个维度分析了规范和说服过程在塑造行为体认知、认识和偏好上发挥的作用，这能够使行为体在共识的环境下接受其角色，这一权力被理解为社会力量。"权力的运用可以让 A 影响、塑造 B 的需求，从而以这种方式对 B 施加影响力"③，也就是让 B 产生趋同于 A 但不一定对 B 有利的利益追求愿望和动力。这一视角认识到权力的行使可以通过思想和意图的操控或影响来实现。这在欧盟理事会的对外政策的形成过程中的体现是，最后通过的政策是一致同意的表决结果并不意味着所有成员国都有同样的自主意愿，其中仍旧存在更积极主张的国家通过各种权力的行使促进其利益实现的过程。欧盟机构也会通过宣扬"欧洲一体化"等政治目标来协调成员国间的观点冲突，使之为了共同的政治目标让步或妥协，这也是本书前面提出的研究假设中"社会化"这一变量的内涵。该视角认为行为体偏好是外生于这些力量的，这是建构主义研究的核心，建构主义也在过去十几年间成为欧盟研究的重要方法④。

制度现实主义也认为，是政策行为体的"制度性权力"在决定着立法结果，因而对理事会权力进行测量时，必须认识到成员国实际的权力大小可以

① LANDWEHR C. Political Conflict and Political Preferences：Communicative Interaction Between Facts, Norms and Interests [M]. Essex：ECPR Press, 2009：223.

② CHECKEL J. International Institutions and Socialization in Europe：Introduction and Framework [J]. International Organization, 2005, 59 (4)：801–826.

③ LUKES S. Power：A Radical View [M]. London：Macmillan, 1974：25.

④ RISSE T, KLEINE M. Deliberation in negotiations [J]. Journal of European Public Policy, 2010, 17 (5)：708–726.

成为行为体决策过程中的背景和制度因素，在谈判中发挥作用①。同时，制度现实主义不只强调法律程序，还增加了对在政策形成过程中社会和政府组织间的协商互动的关注。在理事会的制度环境中，行为体影响集体决策的正式权力是由投票比重和决策规则决定的，而非正式权力则是更模糊的概念，模糊的程度取决于这些权力是外部决定还是内部决定的。在定量研究中，这里关注的是便于测量的参与行为体的正式权力，包括成员国政府和欧洲议会。

二、正式投票权：彭罗斯、班茨哈夫和沙普利-舒比克指数

（一）投票权力指数

顾名思义，投票权力指数分析的是行为体的投票权力，这是依据制度化决策规则在不同投票规则下赋予每个政府特定的票数，来对理事会内成员国各自正式投票权的预测进行判断，根据欧盟的投票规则设定，这基本是和国家的人口数量以及经济实力相对应的。投票权力指数的计算是将这些具体的投票票数按一定数学公式进行计算后，转化为具体的数值，这一数据可以认为是影响理事会决策的政府正式权力。投票权力指数的研究指出：在一定的决策环境中，每个行为体基于投票规则被赋予的投票权重（voting weight）并不一定是和其相对影响力对等的，也就是说投票权重不一定等于投票权力②。

当然，理论界对这一将成员国在理事会对外决策中的权力理解为决策过程的投票权的观点也存在争议。有学者提出，投票权力指数并不能反映理事会内成员国真实合作情况的有效运作，并进一步认为仅仅靠投票行为体是不能构成权力的，还需要加入其他能够决定成员国影响决策程序的能力，例如，政府对将要投票的议题是否有关键立场；③ 还有学者认为这只在欧盟的制度背景下才成立，混淆了权力和政策偏好，因此理论基础薄弱④。但最根本的批评

① MUTHOO A. Bargaining Theory with Applications [M]. Cambridge：Cambridge University Press, 1999：9；相关理论可见：SCHELLING T. The Strategy of Conflict [M]. Massachusetts：Harvard University Press, 1960.

② BANZHAF J. Weighted voting doesn't work：A mathematical analysis [J]. Rutgers Law Review, 1965, 19：317-343.

③ GARRETT G, TSEBELIS G. Why Resist the Temptation of Power Indices in the EU [J]. Journal of Theoretical Politics, 1999, 12（3）：291-308.

④ BRAHAM M, HOLLER M. The impossibility of a preference-based power index [J]. Journal of Theoretical Politics, 2005, 17：145.

来自对权力属性的界定，批判者认为投票权力指数将权力视为外生的是错误的，这样对投票权力的分析忽视了从行为体社会化和背景因素演进而来的实际的权力分配情况①，但支持者反驳道，投票权力是从可以决策规则得出的，而决策规则是受权力影响决定的，这些因素在实际的投票权力的研究中并没有被忽视，反而处在举足轻重的位置②。

对于权力指数应用的可行性问题还有其他诸多讨论，但是和很多政治学科的辩论一样，各主张依旧没达成共识，因而在投票指数模型上存在一些理论问题和概念模糊的情况，这一不足也将限制该测量方法的推广。然而这些概念性批评并没有专门涉及欧盟理事会的研究，同时，对不同权力的预测性测量能力的评估表明：投票权力指数是最适合研究影响谈判的权力的③。因此在承认其局限性的前提下，鉴于其预测的准确性，这里还是采用投票权力指数来对理事会成员国的权力进行测量。这里需要额外指出的是，在欧盟那些投票规则为成员国一致通过的领域，一致同意也就是一票否决制，那么投票规则赋予的权力也是一样的，因而这里讨论的投票权力指数只适用于绝对多数表决制的情况。

接下来的问题就是对不同的权力指数分析方法的选择。前面提到，理事会立法前在欧盟内部的机构中有一个广泛的准备阶段，也就是两阶段决策的第一阶段。通常提案首先在成员国官员和理事会下属的特别工作小组中进行讨论，这些提案在准备机构就其进行讨论之后，逐步向上传递，直到接近理事会层次。最重要的准备机构，如常驻委员会，由各成员国的长期代表组成，在理事会的对外决策中，很多决定事实上都是在常驻委员会中制定的，尽管从技术上说，理事会仍然需要对所有立法提案进行表决才能通过。在常驻委员会准备之后，提案便进入理事会工作议程，此事提案被分类为 A 类（A-

① BRAHAM M, HOLLER M. Power and preferences again: a reply to Napel and Widgren [J]. Journal of Theoretical Politics, 2005, 17: 389-395.

② SHAPLEY L, SHUBIK M. A Method for Evaluating the Distribution of Power in a Committee System [J]. American Political Science Review, 1954, 48: 787-792.

③ 做出类似结论的文献如：BILBAO J, et al. Voting power in the European Union enlargement [J]. European Journal of Operational Research, 2002, 143: 181-196; GARRETT G, TSE-BELIS G. Even more reasons to resist the temptation of power indices in the EU [J]. Journal of Theoretical Politics, 2001, 13 (1): 99-105; NAPEL S, WIDGREN M. Strategic vs. Non-strategic Voting Power in the EU Council of Ministers: The Consultation Procedure [J]. Social Choice and Welfare, 2011, 37: 511-541.

points）和 B 类（B-points）：A 是已经由常驻委员会制定并讨论的决定，因此不需要理事会讨论就能为所有成员国接受，B 是常驻委员会中尚不能达成一致的提案，则需要部长们讨论并投票表决。经验研究显示理事会超过一半的决定都是由 A 类发展而来的。这样，正如前面章节的分析所表明的：理事会的决策过程没有统一的顺序，正式规则和非正式规则交错着发挥作用，准备阶段有时起着比正式决策过程更关键的作用，因此，那些假设是在有顺序的博弈下进行的权力计算方法显然不能适用于本研究，本研究不需要采用强调时序性特征的模型，鉴于讨价还价的过程是在合作大前提下展开的，这里采用强调合作投票权力指数进行解释。

本研究对投票权力指数分析的核心在于，假设影响协商的权力并不是简单由行为体的相对投票权决定的，权力可以是行为体通过其投票权影响投票活动结果的能力，行为体的权力是用其决定投票活动的能力，也就是用其投票权将失败转化为成功的相对次数来定义的。因此这里主要分析"纯"投票权力指数①。

（二）彭罗斯指数②

彭罗斯（Lionel Penrose）是科学投票权理论的奠基人，他要解决的是在人口构成比例或其他方面差距悬殊的地区之间进行选举，每个地区的投票强度应如何计算。是统一规定相等比重还是按人口比例区分？如果是后者，具体比重占多少？彭罗斯建议给每一个地区赋予和其人口平方根成正比例的投票强度，这一说法的统计理论根据是基于在一组随机投票的人群中，任一代表其选区且有一定意向的投票者，都具备一定的"投票能力"，彭罗斯将这一"投票能力"认为是代表其他个别投票者对投票结果施加影响可能性的程度。那么在一个无限大且选举区数是 n 的环境下，个人的"投票能力"和人口的平方根相关。这表明，为了确保不论其所属的选区差异，每个投票人所代表的投票能力是一样的，每个投票人的投票强度应该同 $\sqrt{n}$ 成正比。这也被称为"平方根选举制"。

他在关于投票权力上的观点是：行为体所拥有的权力越大，那么其在投

----

① 其他的投票权力指数还包括 Deegan-Packel Index，Johnston-Index，Holler-Packel Index 等，但因为其与理事会决策无关，因此本书不对其进行介绍。

② PENROSE L. The Elementary Statistics of Majority Voting［J］. Journal of the Royal Statistical Society，1946，109（1）：53-57.

票活动中获得的决定权也就越多，也就是说，用其投票权将失败转化为成功的可能性 r 会随着权力的增加而增加。因为幸运可以随意估计，即使是 r=1/2 也表明有 50%的可能性会赢①。

（三）班茨哈夫权力指数

班茨哈夫（John Banzhaf）权力指数认为权力有三个特点：以群体为表现场合，以决断为表现形式，以输赢为表现结果。班茨哈夫和彭罗斯的理论基本一致，但他提出一个另外对投票进行测量的方法，这一方法不将行为体的权力看作绝对的权力，而只是相对的。运用权力的目的就是愿望的达成，个体或联盟的重要性也体现在其制胜的能力上。因而对权力的衡量应该取决于权力持有者在投票表决中获胜的频率，也就是说，权力的大小是和投票结果是否对投票者的输赢情况产生变化相关的，出现结果逆转的总数量，就是班茨哈夫权力指数（BI)②。

具体计算是基于如下假设：在一个投票联盟中，如果存在某一个投票者决定的改变会带来投票结果的逆转，那么就表示此投票人在该联盟中是关键性的。因此，要计算一个投票者的权力指标，应该首先列出所有投票结果为正（也就是胜利）的组合，然后计算出目标投票人在联盟中处于关键性地位的数目 a，同时求出联盟中所有关键性的投票者总数 r。a/r 便是该投票者的班茨哈夫指标。

（四）沙普利-舒比克权力指数

沙普利-舒比克（Lloyd Shapley and Martin Shubik）绝对权力指数是基于沙普利值（Shapley Value）来提出的③。沙普利是合作博弈的创始人，基于纳什的非合作博弈理论，提出了合作博弈的公理化体系，这也被称作沙普利值，它提供了如何在合作过程中公平地对每个利益主体进行分配的方法，出发点是每个利益主体对联盟的边际贡献分配联盟的总收益，通过计算贡献率的方

---

① 展开介绍参见：GELMAN A, KATZ J. The Mathematics and Statistics of Voting Power [J]. Statistical Science, 2002, 17 (4): 420-435.

② BANZHAF J. Weighted voting doesn't work: A mathematical analysis [J]. Rutgers Law Review, 1965, 19 (2): 317-343.

③ SHAPLEY L, SHUBIK M. A Method for Evaluating the Distribution of Power in a Committee System [J]. American Political Science Review, 1954, 48: 787-792.

法，保证分配的公平性。具体来说，假设不劳者无所获、报酬仅与工作绩效有关、报酬具有可加性，这三个条件是公平分配所必需的，那么在任何一个合作博弈中，同时满足这三个条件的唯一分配方法，就是沙普利值。也就是说，沙普利值是指在"公平""合理"等公理约束下进行的合作博弈中存在的唯一效用分配方案，是对合作博弈理论中行为体参与报酬的测量①，也就是行为体对联盟的边际贡献之和除以可能联盟的组合数。

从更广义上理解，沙普利值表示的是在合作博弈中行为体的期望贡献，也就是该行为体的加入增加联盟收益的值，这也会增加联盟获胜的可能性，因而该值可以反映行为体在投票过程中的影响程度，或作为能影响成败的关键行为体次数的比例。具体来说，这是根据各行为体给联盟带来的增值进行计算，其核心假定是，任何一个排列形成的可能性是等同的，之所以能形成联盟，是因为博弈中任何行为体的单独投票权都不可能超过50%，各方无法以一己之力通过某项提案，因而联盟的形成成为获胜的关键。同时要注意到，在这一假设的获胜联盟中，每个行为体都是具有投票权的，这也让联盟的形成有了可能。在这个意义上，沙普利值就反映了投票者的"权力"。沙普利本人进一步运用了该方法进行研究，1954年，他与舒比克共同发表的著名论文《委员会制度下的权力分配评价方法》中将沙普利值引入投票机制，评价了委员会制度的权力分配体系，并提出了后来被称为"沙普利-舒比克权力指数"（Shapley Shubik Index，以下简称SSI）的观点：将沙普利值运用到投票行为体的分析中，所得到的投票行为体的沙普利值就是沙普利-舒比克权力指数。

作为单一权力指数，SSI已经被成功用于检测理事会的协商模型，并被证明其预测力高于其他指数，SSI还被认为是最适合用于研究行为体都为寻求共识的协商环境的权力指数②。当然对这些投票指数的适用范围，仍存在一些批评，例如，认为由于欧盟立法过程的程序性限制，以上三种模型都不适用于对理事会内成员国投票权的预估，在任何条约法律的规定下，欧盟委员会都是议程设置者，欧洲议会在共同决策程序下还将充当额外的阻挡力量，因此

---

① FELSENTHAL D, MACHOVER M. The Measurement of Voting Power：Theory and Practice, Problems and Paradoxes ［M］. Cheltenham：Edward Elgar, 1998. 及其书评：SUTTER M. Dan S. Felsenthal and Moshé Machover, The Measurement of Voting Power：Theory and Prac-tice, Problems and Paradoxes ［J］. Public Choice, 2000, 102 (3-4)：373-376.

② LARUELLE A, VALENCIANO F, Quaternary dichotomous voting rules ［J］. Social Choice and Welfare, 2012, 38 (3)：431-454.

对权力指数的运用需要能够在不转换理事会成员相对实力的前提下考虑到额外行为体，但 SSI 将理事会决策中的委员会和欧洲议会纳入考虑时，会改变国家的相对权力，提高了阻挡门槛，相反其他两个模型就没有这样的影响①。然而，本研究的研究对象只关注理事会内行为体的权力指数，这一批评并不关键。因此本书将采用沙普利-舒比克指数来衡量采用绝对多数投票表决制案例中部长理事会内成员国权力大小。

沙普利-舒比克指数把欧盟内投票规则都纳入考虑。本研究借其分析的就是在绝对多数投票规则下通过决定的各国 SSI 值。因为本书研究的案例主要是2012 年，当时欧盟共有 27 个成员国，按 SSI 统计，这里可以直接采用的现有文献中就有对欧盟东扩后 27 国的 SSI 值的电脑运算结果②，这里将直接引用SSI14 国的结果，也就是在权重票数大于 255，成员国多于 14 个，人口比例超过 62% 的要求下的各国权力指数。而各行为体投票权重则参考欧盟官方网站公布的信息③，这是在绝对多数投票制下的情况，而在安全决策中，本研究假设各成员国无论大小和经济实力，权力指数均为 1。

表 2　部长理事会成员国在绝对多数投票制的投票权重和权力指数 SSI④

行为体	投票权重	人口数（×1000）	投票比（%）	SSI 14 国（%）
德国	29	81843.8	8.4	14.60
英国	29	65397.9	8.4	11.10
法国	29	62989.6	8.4	10.60

① GIANNATALE P, PASSARELLI F. Voting chances instead of voting weights [J]. Mathematical Social Sciences, 2013, 65 (3): 164-173.

② PRESSACCO F. Power Indices in the European Union [J]. Transition Studies Review, 2004, 11 (3): 95-113; NAPEL S, WIDGRENZ M, MAYER A. Strategic A Priori Power in the European Union's Codecision Procedure Recalculated for EU28 [J]. Homo Oeconomicus, 2009, 26 (3-4): 297-316.

③ 参见：http://www.consilium.europa.eu/council/voting-system-at-the-council? tab=Voting-calculator&lang=en.

④ PRESSACCO F. Power Indices in the European Union [J]. Transition Studies Review, 2004, 11 (3): 95-113; NAPEL S, WIDGRENZ M, MAYER A. Strategic A Priori Power in the European Union's Codecision Procedure Recalculated for EU28 [J]. Homo Oeconomicus, 2009, 26 (3-4): 297-316.

续表

行为体	投票权重	人口数（×1000）	投票比（%）	SSI 14 国（%）
意大利	29	60850.8	8.4	10.20
西班牙	27	46196.3	7.8	0.75
波兰	27	38208.6	7.8	6.38
罗马尼亚	14	21355.8	4.1	3.97
荷兰	13	16730.3	3.8	3.24
比利时	12	11290.8	3.5	2.42
葡萄牙	12	11041.3	3.5	2.38
希腊	12	10541.8	3.5	2.31
匈牙利	12	10504.2	3.5	2.22
捷克	12	9962.0	3.5	2.15
瑞典	10	9482.9	2.9	2.00
奥地利	10	8443.0	2.9	1.84
保加利亚	10	7327.2	2.9	1.59
丹麦	7	5580.5	2.0	1.57
芬兰	7	5404.3	2.0	1.57
爱尔兰	7	5401.3	2.0	1.44
斯洛伐克	7	4495.4	2.0	1.43
立陶宛	7	4412.1	2.0	1.25
拉脱维亚	4	2055.5	1.2	1.09
斯洛文尼亚	4	2042.4	1.2	1.09
爱沙尼亚	4	1339.7	1.2	0.99
塞浦路斯	4	862.0	1.2	0.93

续表

行为体	投票权重	人口数（×1000）	投票比（%）	SSI 14 国（%）
卢森堡	4	524.9	1.2	0.88
马耳他	3	420.1	0.9	0.87
合计	345		100.2	

三、议会的权力

仅关注正式投票权不足以代表对政府能力的有效评估，非正式因素如协商者的资历和经验、社会化程度、非正式会议的频率、走廊游说以及集团内外的机制都影响了政府在理事会决策中的权力①。然而，对这些"软权力"的定量分析尚不足，现有的有影响力的是网络能力指数的研究，通过对大量理事会工作小组成员的采访获得数据，采访主要内容是围绕受访者最经常和哪样的政府官员达成一致意见，这些回答被用来建构一个能代表欧盟国家网络能力的范围，这一范围内也包括补充性或是替代性的权力指数②。但这一方法存在的逻辑问题是：网络能力本身可以被认为是理事会协商的结果，内部变量导致了错误的模型描述。根据前一章的介绍，本书的定量研究不涉及社会化因素的影响，这将放在定性研究中作为补充。

这里主要讨论的是基于欧盟决策规则，议会的加入对投票权的影响。欧洲议会的前身是于 1952 年成立的欧洲煤钢共同体议会，由法国、联邦德国、意大利、荷兰、比利时和卢森堡六个成员国的 78 名议员构成，其成立是为了能更好地对共同体进行咨询和监督，在 1962 年改名为欧洲议会。尽管《巴黎条约》已就各国代表的产生方式做出了规定：议会代表通过内部指派或普选产生。但直到 1979 年，欧洲议会才真正实现了第一次普选，此后欧洲议会的权能也开始不断扩大。最初是通过欧洲法院的裁定，宣告理事会任何违反咨

---

① PIJNENBURG B. EU lobbying by ad hoc coalitions：an exploratory case study ［J］. Jounrnal of European Public Policy，1998，5（2）：303-321；CIANCIARA A. Polish Business Lobbying in the EU 2004-2009：Examining the Patterns of Influence ［J］. Perspectives on European Politics and Society，2013，4（1）：63-79.

② NAURIN D，LINDAHL R. East，North，South. Coalition-Building in the Council before and after Enlargement ［M］// NAURIN D，WALLACE H. Unveiling the Council of the European Union：Games Governments Play in Brussels. London：Palgrave Macmillan，2008：59-82.

询程序的立法和决策都是无效的，这表明议会可以在欧盟的对外经济决策上运用咨询权，并以咨询的方式实现其监督功能。在 1987 年《单一欧洲法案》生效后，欧洲政治合作得以制度化，正式成为与对外经济政策并行的另一支柱。在政治领域，欧洲议会获得了知情权，但必须承认，在政治一体化的起步阶段，议会所能发挥的作用非常有限。在对外经济政策领域，《单一欧洲法案》还通过"合作程序"和"同意程序"的引入，赋予了议会参与立法的权力。和之前的咨询程序相比，合作程序是"两读"的，在议题提出后议会首先进行一读，随后理事会通知议会其立场，议会再进行二读，如果议会拒绝理事会立场，那么即使在共同体政策领域，理事会也必须以一致同意的方式来通过提案，合作程序运用在欧盟大多数的对外经济决策中，而同意程序则主要适用于发展联系政策，规定在和第三国签订协议等活动中，必须获得议会的同意，这表明，议会获得了在发展联系政策上的否决权。

于 1993 年生效的《马斯特里赫特条约》在全新的欧盟组织结构下扩大了议会在对外决策方面的权能。当然，最突出的仍旧在对外经济政策领域，条约不仅扩大了合作程序和议会同意权的范围，议会因此拥有对欧盟东扩这一欧盟最重要的对外政策问题上的否决权，同时还增加了"共同决策程序"，即在原有合作程序基础上，发展"三读"环节，部长理事会不再拥有通过一致通过方式否决议会提案的权力，议会将拥有最终的否决权，至此，欧洲议会和部长理事会正式成为可以"并列"的立法机构，尽管最开始这一权力的适用范围仅限于欧盟内部市场的相关政策，但通过《阿姆斯特丹条约》《尼斯条约》的修订，适用于共同决策程序的政策领域已占欧盟内部决策的 75%①。而在共同外交与安全政策领域，条约仍旧规定决策权属于代表各成员国政府的部长理事会，采用政府间主义方法，关于欧洲议会的权能，条约仅表明其是该领域一个咨询主体，"轮值主席就共同外交与安全政策的问题和欧洲议会进行磋商……"，议会并不享有决策权，"欧洲议会可向理事会提出问题或意见"。

而《里斯本条约》在对外决策上所进行的改革，正如前面几章所提到的，是在欧盟机构和制度上的又一次发展，进一步推动了欧洲一体化进程。而欧洲议会也在这样的背景下，正式成为在对外经济政策领域内能与部长理事会

---

① DE CLERCK-SACHSSE J, KACZYNSKI P M. The European Parliament, more powerful, less legitimate? [J]. CEPS Working Document, 2009 (314).

比肩的决策机构。这是基于《里斯本条约》扩展了议会在对外经济政策的立法框架内的影响，通过立法程序，将否决权同时赋予了理事会和议会两大机构，这不可避免地会增加对外经济决策的时间消耗，但这一牺牲效率增加民主的做法却促成了欧洲议会的立法权的扩张。但在共同外交与安全政策领域，由于共同外交与安全政策仍旧被视为"特殊程序"而被置于《欧洲联盟条约》中，并规定由理事会按照特定的决策规则和程序开展立法活动，对外经济政策和外交安全政策之间依然存在隐形支柱的划分，这也意味着，欧洲议会在这一领域仍不能进入决策中心，延续着条约改革前的权能。尽管议会可以通过咨询权来对理事会决议进行质询，以及通过其所享有的部分预算权来间接影响联盟的对外决策，但关键的是，由于欧盟在共同外交与安全政策领域还是延续着理事会内成员国一致通过的表决程序，议会的这些权力是次要且间接的，此处难以进行量化研究，加上本书所研究的决策主体是欧盟理事会，对议会权能的考虑只应出现在议会权力的行使对理事会决策产生直接影响的方面，因而，本书在共同外交与安全政策的决策定量分析上，将不考虑欧洲议会的影响，欧洲议会在欧盟对外决策上的影响主要还是体现在采用共同体方法进行决策的领域。

基于此，本研究对"议会的加入"这一变量的分析，将只运用到之后的贸易投资方面的案例中，具体来说，这里主要指的是在对华贸易或对华投资等共同体领域的政策，在这些领域，由于欧洲议会通过共同决策程序和同意程序获得否决权，加上其在对华问题上一贯表现出对意识形态问题的看重，其影响不可小觑。在这一问题上，为了便于研究，这里将议会的加入视为一个两分变量：议会对其否决权的利用是否对决议进行了任何修改。因此，对这一变量的测量不仅包括议会在相关决策程序下的正式权力，还要考虑议会是否真的使用了这些权力，也就是议会利用其权力对理事会决议赞成或反对是否对决策结果进行了或多或少的变动。

欧洲议会共 766 个席位，但它并不参与到理事会内的投票过程，因而投票权重是 0，但它能通过联合立法对最终结果施加影响，按托马森和斯多曼①的算法，议会权力指数为 52。

---

① THOMSON R, STOCKMAN F, Research Design：Measur ing Actors. Positions, Saliencies and Capabilities ［M］// THOMSON R, STOKMAN F, ACHEN C, et al. The European Union Decides. Cambridge：Cambridge University Press, 2006：50.

第三节 对成员国偏好立场测量

一、已有研究方法

对政策立场数据进行收集和分析的有效且可靠的方法主要是空间模型，在这方面西方研究得比较多，包括对专家采访、专家调查、投票行为分析、公众调查和政治文稿的分析等①。当前的政治科学定量研究的趋势是依靠电脑帮助进行文本分析②和专家调查③，其中对专家的调查极大地依靠专家知识案例，因此数据的质量就取决于专家的知识及其配合程度，这一方法的优势在于开销小并且通常有效性高。

运用从文书中提取政策立场方法最广泛的是比较纲领项目（Comparative Manifesto Project，CMP）④，这一研究项目对二战后超过 3000 次政党选举纲领进行了编码，并发展出了 56 个议题分类。数据涵盖了 1948—2003 年间差不多 50 个国家的数百个政党的信息，这一数据被 800 多个第三方出版社发行⑤。CMP 编码项目是基于"议题显现程度"理论的，其假设是政党并不直接基于议题反对对方，而是将这些期待通过其纲领展现，以此来彰显与他者的不同，通过这种间接的方法与其他政党竞争⑥。该项目将文本转换为定量研究的直接数据的方法：编码员将纲领文本解析为包含政治陈述的"准句子"和语义性单元，准句子表明并不需要是完整的句子，但需要是有单一论点的文本单元，

① BENOIT K, LAVER M. Party Policy in Modern Democracies [M]. London：Routledge, 2006.

② HOPKINS D, KING G. ReadMe：Software for Automated Content Analysis [J]. American Journal of Political Science, 2010, 54 (1)：229-247.

③ MCELROY G, BENOIT K. Policy Positioning in the European Parliament [J]. European Union Politics, 2012, 13 (1)：150-167.

④ VOLKENS A, et al. The Manifesto Data Collection. Manifesto Project. Version 2013 [M]. Berlin：Wissenschaftszentrum Berlin für Sozialforschung (WZB), 2013.

⑤ KLINGEMANNET H D, et al., Mapping Policy Preferences II：Parties, Electorates and Governments in Eastern Europe and the OECD 1990 - 2003, Oxford：Oxford University Press, 2006：89.

⑥ BUDGE I, FARLIE D. Explaining and Predicting Elections：Issue Effects and Party Strategies in Twenty-three Democracies [M]. Crows Nest：Allen & Unwin, 1983.

论点是政治主张或议题的直接表达。将这些数据收集起来进行编码分类然后转换为数值，通常将这些值按百分比输出，最终重新整理从而构建出从 0~100 的政策偏好指数。其中最著名的指数，也是到目前为止最为广泛运用的，是左右政策指数（RILE）。

包括比较纲领项目等其他众多项目得出了大量数据库。然而，由于本研究是对特定的欧盟对外决策的案例进行研究，这种大规模的专家调查所收集的数据库并不适合本研究。本书需要的是从对华决策的具体案例中，找到影响偏好的因素并对其相对权重进行估值。

二、偏好测量的理论基础

不论是个人还是集体的行为都可视为决策的结果，偏好则是对决策的制约。在决策研究中，偏好（preference）指的是决策者在拥有几个备选方案的情况下，对其中某一方法有更倾向的选择。偏好更大程度上是一种主观态度对决策行为的影响。

冯·纽曼（Von Neumann）和摩根斯坦（Oskar Morgenstern）提出用期望效用函数理论①（expected utility theory）来对偏好在决策中的运用进行论述。该理论综合运用了决策和数学工具，对在不确定条件下理性行为体的选择建立了分析性框架，框架包含三个方面：首先，偏好具有完整性，也就是理性行为体有明确偏好，在备选方案的两两比较中，能够区分优劣，形成关于方案取舍的次序，即优于、等同于、劣于；其次，偏好也具有传递性，假设有任意三种备选方案 A、B、C 中，如果认为 A 优于 B，B 优于 C，那么可以肯定地认为 A 优于 C；最后，偏好体现了效用最大化公理，也就是理性行为体会选择对其而言效用最大的方案②。

1971 年，卡尼曼（Daniel Kahneman）和沃特斯基（Amos Tversky）提出的前景理论（prospect theory）对现代决策偏好的研究有较大影响③。前景理论强调认知的有限性，以及个体的习惯和特点都会对认知能力产生影响，因

---

① VON NEUMANN J, MORGENSTERN D. Theory of Games and Economic Behavior ［M］. Princeton：Princeton University Press，1953. 之后发展见：FISHBURN P. Utility Theory for Decision Making ［M］. Huntington：Robert Krieger Publishing Co，1970.

② 常光伟，等. 决策偏好研究述评 ［J］. 心理研究，2011 （4）：10.

③ KAHNEMAN D，TVERSKY A. Prospect Theory：An Analysis of Decision under Risk ［J］. Econometrica，1979，47 （2）：263-291.

而经常会有非理性决策行为体的产生。前景理论将决策过程视为人的心理过程，偏好只是对决策过程的反映，会随问题的变化而不同，不存在明确的偏好。在决策过程中，个体会首先对信息进行处理和编辑，随后依赖价值函数和主观概率权重函数对前面收集的信息进行分析。价值函数表明决策时个体在可能获得收益时都倾向于规避风险，而在可能遭遇损失时都会寻求风险，对损失的敏感度高于获得，前景理论中偏好的位置取决于参照点，如果结果是收益则决策者偏好是规避风险，反之则是偏好风险。因此，前景理论解释了因背景和描述不同带来的偏好区别。

欧盟对外政策的决策是在不能获得完全信息的情况下进行的，那么前景理论则能运用到那些理性选择决策理论无法解释的对外决策案例中的偏好。和新自由主义认为国际合作产生的必要条件是合作收益大于不合作收益不同，前景理论则强调决策者对现状政策的判断会对行为体对国际合作的态度产生影响，未来收益前景不是决定国际合作政策的唯一条件，如果国家处理收益框架，那基于规避风险考虑，不一定会以承担风险的代价追求高收益，反之，如果在损失框架内，那么国家愿意以接受风险的代价力图减少其损失，这增大了国家进行合作的可能。

基于前景理论则可以根据欧盟成员国在具体案例中所处的决策框架是收益还是损失，再加上对其对华具体政策的可能收益上，对成员国的偏好立场进行估算，这样的估计难以有一个绝对精准的数据，但考虑了前景理论和理性选择两大流派的分析，这样估算的数据是可以进行研究的。

第四节　对议题重要性的测量

上一节分析了在欧盟对外决策中如何有效和可靠地对成员国偏好立场进行估算的问题，接下来就是对政府就这些立场的重视程度的分析。在国内政治中，议题重要性被用来解释政党间如何竞争，而本书对欧盟对外集体决策的分析中，则将议题重要性用来分析政府如何进行妥协，从而让之后进行互投赞成票和选票交换变为可能的过程。

一、议题重要性在决策中的体现

议题重要性这一变量的引入必然使理事会决策情形变得更复杂，但也更能反映决策现实。这里首先涉及的问题是参与决策的行为体在对外决策中是如何将其对议题重要性的判断转化为对决策最终结果的影响的。本部分将分析成员国通过何种方式让议题重要性这一变量参与到博弈中，也就是说成员国通过哪些谈判技巧的运用使其更为关注的议题得到很好的展现。

（一）结盟

和有同样想法的国家结成同盟几乎是所有决策过程的基本战略，决定是否结盟很大程度上所依据的是对议题重要性的权衡。根据"集体行动的逻辑"①，理性行为体在具有共同利益时不一定会选择用集体行动的方式来合作，只有当某项议题对于其具有特别重要的意义或特别敏感的时候，该行为体才会起到组织者的作用，利用其政策资源拉拢有相似主张的其他行为体共同争取其偏好的主张，这是积极的结盟，以达成偏好政策为目的；还有一种情况就是以反对对其不利的政策的通过为目的的情况，即有强烈相关度的行为体参与到阻断少数中，避免政策的通过。在结盟的情况下，无论大国和小国，都可以利用其相关影响力争取到接近自己偏好的政策结果。②

（二）说服和美化

说服和调整表达方式是通过给出论据进行游说和对提案进行模糊美化表现的，以此来增加其言论对反对者而言的吸引力。在各行为体就同一议题有偏好不同的情况下，都会出现一个行为体试图说服另一个行为体，让后者接受（或反对）一个提案的行为，其前提是前者的议题重要性更高。这一技巧在提案的具体影响还不甚清晰的时候特别有效，也就是说通常发生在决策行为体正式讨论开展之前。但在相关行为体对该议题都特别看重时，说服的难度就会加大，这样就会出现用美化的方法模糊框架。

说服技巧中最重要的特点是，它以其反对者的角度来考虑，也就是说反对者是基于自身利益应该改变想法来进行合作的，并非平白无故。而模糊框架的方法不仅在欧盟层面的协商中很重要，在接下来的在成员国间的协商通过中也是。每一个条约的调整都需要得到各成员国的通过，即使在不需要正

---

① OLSON M. The Logic of Collective Action: Public Goods and the Theory of Groups [M]. Massachusetts: Harvard University Press, 2002.

② HäGE F. Coalition-Building and Consensus in the Council of the European Union [J]. British Journal of Political Science, 2013, 43 (3): 481-504.

式通过的情况下，成员国领导也需要确认他们并不会因此而失去国内选民的支持。在这样的情况下，成员国的协商者就不仅需要关注其他成员国的需求，还要考虑他们"回家"后选民的接受情况，因此对协商结构进行模糊和美化是非常重要的①。例如，在法国和荷兰于 2005 年相继否决了宪法条约后，对新条约的协商（也就是《里斯本条约》）开始了。荷兰担心将国家主权移交给这"欧洲超国家"，这也是其否决宪法条约的重要因素，因此，荷兰政府试图将新条约中所有可能象征欧盟"国家"的符号都删除，例如，欧盟旗、欧盟歌、将外交事务和安全政策高级代表任命为"外交部部长"等。尽管欧盟在《里斯本条约》下欧盟的实质能力和工作并没有和之前被否决的《宪法条约》有实质区别，但象征符号的改变使其能够更容易地在荷兰通过。具体到本书第二章第二节对协商过程的描述，对条约内容的模糊和美化可以扩大协商区域或者创造其实并不存在的新的协商区域，从而找到可以共同接受的结果。

（三）妥协

当不同行为体对相同议题都非常重视但其偏好不同时，就可能出现双方都相互退让进行妥协的情况，因为避免出现双方都不愿意看到的政策停滞，是各方基本共识。其办法简单来说就是将行为体的不同立场或利益从中间分开，也就是双方各让一步，这样每一方都能获得一些好处但不是全部，这也是大多数人认为的真正"妥协"。这是一个达到双方可接受结果的好办法，只要最后的妥协结果是在涉及多方的协定领域内。

但是双方各让一步的方法并不经常是像它看起来那样明了，每个成员国"真正的"偏好如何并不清晰，正如国家利益是很难量化的概念一样。因此，成员国就可能夸大其需求，这样，如果不同立场的退让点是从中间划分的，那么最后的结果可能会比较接近这个成员国开始真正的偏好。同时，各方对其都非常关注也会导致妥协难度加大，决策进程拖长的情况。

（四）威胁

挑战对手是另一个在协商中追求满意结果的方法，但这在某种意义上，

---

① ARREGUI J, THOMSON R. States' bargaining success in the European Union [J]. Journal of European Public Policy, 2009, 16（5）：655-676.

和秉承"追求一致"的欧盟决策理念不和，因为对威胁技巧的运用是成员国通过"推向悬崖"（call its bluff）来测试其他成员国态度的强硬度。这种情况具体来说就是，当有成员国为了追求某些局部问题的解决更接近其偏好的政策，将拒绝整体提案的通过时，那些对该议题有很高关注度或敏感度的国家除了运用说服或交易的方法之外，在确定提案整体在拒绝方的可接受区域内后，可能会要求拒绝通过方要么放弃其反对，要么接受整个大的协定达成失败来对其实施威胁。如果提出的协定事实确实是在反对成员国可接受范围内，反对方便很有可能不希望只因一个或几个细小问题反对整个协定。在那样的情况下，反对方就会屈服，而威胁方就会胜利。

威胁是一个很微妙的策略，因为威胁方依赖的是其对手解决问题能力弱的这一不确定的假设。如果反过来对手很强硬，那么威胁方法的运用就会导致政策停滞。成员国可能会为了减少威胁可能带来的不确定情况，而公开其对主张的坚持，如果政府公开且明确地对其国内公民表达其主张，那就表明政府不会放弃，因为这会导致其无法面对国内选民并失去选民支持（从另一面来说，这可能就是政府很少会做出公开表态的原因），但成员国通过这一在国内宣扬其坚持的方法使其很难再进行让步，这样也就表明该成员国向其他成员国政府发出信号表示不希望妥协，也就是减少了该成员国的可接受政策范围，增加了协商结果接近其最希望结果的可能性。但这一技巧的缺点（这也是微妙的地方）就是，如果成员国自身的可接受区域减少了，协定区域就会变得更小，然而，如果协定区域偏离到几乎要消失的程度，协商就不再可能发生，也就是导致政策的停滞。这可能也是该成员国不愿意看到的。

（五）议题交易

最后一个可以达成一致的战略是在议题间进行交易，这在不同行为体对不同议题有不同的重视程度时起作用。交易可以表现为议题联系（issue linkage）和边际支付（side payment）等方式。前者是成员国能够通过对不同议题进行联系，用一方放弃或弱化其在不太重要议题上主张的方法换取其他方会在其特别关注议题上的支持。通过这一技巧的运用，即使每一个单独议题都不存在协定区域，协定区域仍旧可以通过两个或更多的议题集合的联系来找到。

议题交易的另一个方式是边际支付。当成员国不愿意同意某一提案时，更迫切的国家就会提供财政支持的方法来"支付"另一方的"损失"，从而达成协议。这在1992年对《马斯特里赫特条约》讨论时可以看到，在对共同货币政策（即欧元）的引入和欧盟协同基金的创立进行协商时，欧盟中经济较为落后的国家获得了财政补贴，对希腊、爱尔兰、葡萄牙和西班牙来说，协同基金的创立是其同意建立共同货币的前提。换句话说，创造协同基金是欧盟富裕国家让这几个经济不发达国家引入共同货币所支付的边际成本。

二、已有研究和本研究的测量方法

现有的文献对议题重要性的测量主要是通过专家访问、文本分析和媒体报道，不同的测量方法得出的值也不一样。专家采访是最灵活的信息收集方法，因为它能分析不同层次的议题的重要性，同时也可用来针对行为体创建具体数据。例如，"欧盟决策项目"中就通过专家采访收集了1999—2000年间70余个提案的议题重要性数据，以当时的15个欧盟成员国、委员会和欧洲议会专家为调查采访对象①。这类方法的缺点是财力和时间成本过高，同时也严重依赖成员国在欧盟的常驻代表对所有参与行为体（包括议会和委员会）的判断，而因为欧盟法律规定，真正参与到立法活动的人又不能接受采访；加上在特定议题上，专家（例如，政党领袖或普通官员）因其所属党派或职位的不同，对其所附属组织（政党或部长）带来的重要性影响也就不同，所以使用率不高。除了直接采访，关于专家看法的资料可以通过二手文献获得，这就省去了费时费力地对相关议题的采访。和对偏好的测量类似，这里对包含特定立法记录，例如，季刊或法律摘要的文献可以用来对重要性进行测量，当然这些测量相对比较粗糙，因为法律摘要和相似的二手文献所能反映的只是之前而不是现在的重要性。

除了专家采访，文本分析也可以用来测量行为体在不同政策领域的相对议题重要性。通过比较在政党纲领中对不同议题所描述的语句多少来获得对政治重要性的判断，还能进一步通过对不同政党组成内阁的划分来增加政府的层次，这提供了对单独成员国议题重要性的测量。但是，这一方法的限制在于只能关注到政策领域，不能对不同的议题进行区分。另一个替代是可以利用成员国在理事会上记录的陈述来估算，但这一测量被批评更多的是关于

---

① THOMSON R, STOCKMAN F, Research Design：Measur ing Actors. Positions, Saliencies and Capabilities [M] // THOMSON R, STOKMAN F, ACHEN C, et al. The European Union Decides. Cambridge：Cambridge University Press, 2006.

立场观点的，而不是议题重要性①。还有方法是根据各国立法提案本身来对议题重要性进行计算，在很多情况下，立法提案的介绍部分是通过一系列阐明为什么这个议题需要立法展开的，也就是引言部分，这一系列介绍被看作可以用来表明这个提案的重要性，引言的篇幅"可以对议题在整个欧洲法制秩序下的重要性有很好的估计"②。然而，引言也能花费大量笔墨在界定提案的范围、复杂性方面，那么这就只和议题的数量有关，而不是重要性程度了。此外，引言的篇幅也被认为是政治争议的指数反映：争议越大，引言就越多③。当然最主要的是，对本研究而言，该方法测量的是一个行为体在不同议题间的重视度不同，而本研究所需要的是不同行为体在同一议题上的不同重视度数据，显然该方法难以提供这一行为体间的横向比较数据。

在利用公众调查对议题的重要性进行的测量④中，存在一个重要问题是缺乏中立的价值判断，凡是经常在民意调查中被提起的议题就已经被预先认为是重要的了。相似的问题还存在基于媒体对相关议题进行报道的篇幅来对议题重要性进行测量的方法中，这是以将媒体报道作为重要性指数为前提的，和公众调查一样，其结果也是基于给定议题的所需信息的，这可能反映的是议题的复杂性或其引起的争议，而不仅是重要性。"欧盟决策项目"将媒体报道作为界定争议提案的选择标准⑤就常遭到这样的批评。此外，这些测量可能会根据目标观众的不同而失之偏颇，因此可能不能完全代表立法行为体和大众的整体看法。

欧盟的立法程序也可能被用来测量政策领域或立法议题的重要性。有学者以利用议会参与立法活动中涉及议题委员会的数量为基础对议题的政治重

① HAGEMANN S. Voting, statements and coalition‐building in the Council from 1999‐2006 [M] // NAURIN D, WALLACE H. Unveiling the Council of the European Union: Games Governments Play in Brussels. London: Palgrave Macmillan, 2008: 36‐64.

② HäGE F. Committee Decision‐Making in the Council of the European Union [J]. European Union Politics, 2007, 8 (3): 315.

③ STEUNENBERG B, KAEDING M. As time goes by: Explaining the transposition of maritime [J]. European Journal of Political Research, 2009, 48 (3): 435.

④ STIMSON J. Public opinion in America: Moods, cycles, and swings [M]. Boulder: Westview Press: 120‐143.

⑤ THOMSON R, STOCKMAN F, Research Design: Measur ing Actors. Positions, Saliencies and Capabilities [M] // THOMSON R, STOKMAN F, ACHEN C, et al. The European Union Decides. Cambridge: Cambridge University Press, 2006: 28.

要性进行计算①，成员国所耗费在对提案的辩论上的时间、听证会的数量或立法阶段以及立法活动的类型（例如质疑或修正）和数量都是对议题重要性测算的参考，争议议题可能会带来更多的关注。这一方法可能根据立法设置存在不同，因此可以用来把握特定行为体对议题重要性的看法。本研究对议题重要性的测量将参考这选取重要性测量指数的方法进行估算（尽管不是立法活动时间这一项），因为这首先符合本研究限定议题来分析不同行为体对其重要性看法的前提设定，其次，已有数据库项目资料都没有涉及特定对华决策案例，因而基于现有材料，通过特定指数对议题重要性测算进行参考是比较可行的方法。尽管得出数据可能较为粗糙，但其他涉及的因素会在定性分析中再进行讨论，以此弥补定量研究的不足。具体的参考指数的选取和测量将在后面的案例研究中进行介绍。

同时还需要强调的是，在本研究中，成员国的政策立场和其对议题重要性的看法和在理论上和实践上都不是相关概念：政府可能对某一政策主张极端立场，但只是重视该政策的程度一般。尽管这一假设看起来似乎存在悖论，但已有学者证明：理事会政治的极端立场和议题重要性之间的正相关非常微弱，在具体的案例研究中，甚至还出现了政府极端立场和其议题重要性之间的负相关。②

第五节 误差：对结果的分析

对合作博弈模型一个重要的批评就是：基于简化假设的理论进行的预测结果和对不恰当规则所进行的经验分析结论之间的差距③，但博弈模型的支持者认为，可以通过普遍性或者数学简化的模型来进行相应的补充，对模型效用的估算高度依赖于其对经验预测的准确性，可以通过将这些模型实际运用

① RASMUSSEN A. The EU Conciliation Committee：One or Several Principals？［J］. European Union Politics，2008，9（1）：87-113.

② THOMSON R，HOSLI M. Explaining legislative decision-making in the European Union［J］. THOMSON R，et al. The European Union Decides. Cambridge：Cambridge University Press，2006：3.

③ SHAPIRO I，GREEN D. Pathologies of Rational Choice Theory：a critique of applications in political science［M］. New Haven：Yale University Press，1996.

到对现实的解释中来对其预测能力进行比较评价。托马森等人对现有的研究欧盟政治的正式模型进行了综述，并就其可靠性和对真实情况的反映程度进行了经验测试，包括了对程序、协商和混合模型的测试①。作为"欧盟决策项目"研究的产物，其分析借鉴专家对 177 个冲突议题的行为体立场和重要性的分析的统一数据库，从中选取了 66 个欧盟在 1996—2002 年之间讨论的立法提案。尽管因为所涉及的具体研究模型不同，这些模型的不同表现无法为其他研究提供参考，也不能对其所涉及的结果或数据收集方法推广，但在这份综述性的研究中，作者提到了对经验研究的准确性的测量。

诚然，作为对现实的抽象和简化，模型研究只是为认识复杂决策情形提供了新的视角，其对决策具体过程和结果的预测并不是最真实和精确的。托马森在通过绝对误差平均值（Mean Absolute Error，MAE）对模型进行测试后，也表示没有任何模型可以完全准确地预测现实政策，"我们对政治决策的认识更像是一个将严密详尽理论和同样严密经验测试结合的过程"②。因此，在承认模型可以对研究提供可定量研究的数据和框架的前提下，要充分认识到这些模型的解释力的有限性，但这些有限性可以在很大程度上依靠定量和定性研究的结合来克服③。

理论提出的最终目的是服务于现实的，不断通过现实的检验，进行试错，进而完善理论才是进行科学研究的终极追求。本研究希望能够通过对包含权力、偏好及议题重要性三个变量的博弈模型来阐释欧盟对外决策是如何做出的这一过程，因而，在对本研究的解释理论和研究模型进行介绍和分析后，接下来的研究重点就是通过对欧盟决策的演进过程的案例分析来检验前面提出的研究假设和模型。这里选取的是欧盟对华政策。

---

①　THOMSON R, HOSLI M. Who Has Power in the EU? The Commission, Council and Parliament in Legislative Decision-making [J]. Journal of Common Market Studies, 2006, 44 (2): 391-417.

②　DE MESQUITA B. Forecasting Policy Futures [M]. Ohio: Ohio State University Press, 2004: 126.

③　LEINAWEAVER J, THOMSON R. Testing models of legislative decision-making with measurement error: The robust predictive power of bargaining models over procedural models [J]. European Union Politics, 2014, 15 (1): 43-58.

本章小结

本章以对现有的关于欧盟决策定性研究的研究程度和已有数据库进行介绍为基础，展开了对欧盟理事会内的对外政策领域的决策活动的分析。根据第二章建构的理论模型，本研究的定性部分主要涉及三个变量：权力指数、偏好立场和议题重视度。

本章首先是对成员国权力指数的测量，这一变量包含各成员国的投票权力和欧洲议会基于决策制度所获得的权力。对成员国在理事会的投票权力的测量是决策中必不可少的要素，投票权力指数是测量政府在影响决策结果上的权力，通过对彭罗斯指数、班茨哈夫指数和沙普利-舒比克指数的比较分析，基于沙普利-舒比克指数能反映行为体在投票过程中的影响程度，且已被广泛证明适用于检测共识环境下的理事会的协商模型，因此本研究选择采用该指数值来计算欧盟成员国在理事会内投票中所占的权重。而对议会权力加入的测量，在回顾了议会权力发展过程后，同样选择了现有研究中沙普利-舒比克指数对议会在合作博弈环境下的计算的值。

随后是对成员国政府在决策中偏好立场的测量，在回顾了已有研究后，因为本研究是具体个案研究，大型数据库显得不适用，因而选取了基于偏好决策理论中的前景理论，对理事会内各行为体在对华决策中的偏好值进行估算。同样，在对议题重要性的测量方法的介绍中，首先对议题重要性在决策中是如何体现的进行了论述，行为体会采用包括结盟、说服和美化、妥协、威胁、议题交易等方法，在其权力既定且偏好不被广泛支持的前提下，帮助其最大限度实现其最佳偏好。而对议题重要性的测量也将是基于具体案例，选取相关可测量的指数，估算出各行为体的重视度。

最后是进行科学研究必不可少的一步：对误差的计算和分析，认识到误差的存在进而改进理论，才是本研究的最终目的。因而，本章也就完成了对本研究定量研究数据概念化部分，在介绍了研究设计的运行、测量以及主要的理论和方法论后，接下来将是对具体研究案例的讨论和分析。

第四章

设定研究情境：欧盟对华政策

研究情境主要界定的是研究对象所运行的环境和背景，研究对象行动的意义是由情境脉络所架构出来的①。其根据是，行为体正在做什么样的事和什么时候、在什么地方做这样的事，是与当时所处的情境相关的。

欧盟作为一个在行为主体、政治组织层次和一体化发展程度等方面都呈现多元特色的行为体，其外交决策过程更是具有多层次、多中心、多重行为体等特点。同时考虑到《里斯本条约》废除了《马斯特里赫特条约》建立的支柱结构，将"所有的欧盟外交政策和对外关系置于新的'对外行动'标题之下"，其对外政策含义变得更加广泛。欧盟的对外决策，因其多方面的制度和复杂的决策程序，成为学术探索中一个棘手的研究对象，要弄清其决策过程，首先需要界定特定的研究情境（context）和研究对象，进而发展可以以小窥大的解释性理论模型。

本研究选择的案例关注欧盟对中国——欧盟宣称的"战略伙伴"以及在国际舞台上日益重要的行为体的外交决策。由于中欧关系的历史因素以及中国在经济、政治和安全问题上对欧盟带来的机会和挑战，分析欧盟对华政策可以提供一个分析理事会决策如何发展的脉络，从而界定在欧盟地理接近之外的区域，哪些因素对欧盟决策有最重要的影响。

因而本研究将对欧盟理事会内部决策过程的研究情境设定在欧盟对华政策决策上，分析在欧盟理事会的对华政策决策。希望能够超越传统的关注欧盟周边国家（对巴尔干地区的扩大政策、欧洲邻居政策）和国际危机任务的欧盟对外政策研究，这不仅会充实现有研究欧盟决策的文献，还有助于对欧盟更全面对外行动能力构建努力方向的认识。

---

① ERICKSON F. Qualitative methods in research on teaching ［M］// WITTROCK M. Handbook of research on teaching. New York：MacMillan：119-161.

第一节　欧盟对华政策文件

欧盟对华政策的调整伴随着国际体系变迁和中欧互动的过程，构成双方关系的战略基础。本节将结合欧盟在对外政策方面的特性，在中欧互动的框架内，从背景动机、决策过程和实施影响等方面，分析各时期的欧盟对华政策。

中国是世界上最大的发展中国家，而欧盟现已成为世界上最大的发达国家集团，中欧关系对于中国和欧盟而言，都有非常重要的地位。然而，中欧关系的发展并不是一帆风顺的，中欧地理距离遥远，双方之所以进行接触和交往，是因为中欧之间存在互补性。首先，中国作为不断崛起的发展中国家，在经济高速发展的全球化时代，最大的国家利益在于国内建设，国内建设最重要的基础就是经济的持续稳定发展①，而中国的经济发展又急需市场、资金、管理、科技等，欧盟作为发达国家的联合体，经过不断扩大，其总人口超过5亿，市场庞大，资金雄厚，管理经验丰富，科技发达，因此中欧在经济上存在很大的互补性，这直接促成了双方的交往。此外，中国和欧盟同时反对美国式的单边主义霸权政治，双方共同主张世界的多极化和全球治理的合作。中国坚持和平共处五项原则，平等对待各国，尊重每个国家的意愿和发展道路，认为多极化发展有利于世界和平。而欧盟虽然是地区性的国家联合组织，但其影响力远远超越欧洲的地理范畴。欧盟在进行自身一体化建设的同时，更积极地参与国际事务，在国际舞台发出欧盟的声音。作为一支规范性力量，欧盟在国际关系中强调国际法、国际规则、国际组织的作用，主张用多边主义的方法来解决全球问题。这同中国关于国际秩序的理念有诸多相似之处：双方都赞成运用和平的方法来解决国际冲突，通过进行国际合作来应对全球问题。这也成为中欧开展合作的保障②。

在这样的因素的推动下，中国和欧盟开始了最初的接触。冷战后初期，

① 田德文. 中欧伙伴关系与观念因素［M］//周弘. 中欧伙伴关系：差异与共性. 北京：中国社会科学出版社，2004：226.

② VICHITSORATSATRA N. The EU and China in the context of inter-regionalism［M］// WIESSALA G, et al. The European Union and China：Interests and Dilemmas. Amsterdam：Rodopi：65-78.

国际和地区形势都发生了翻天覆地的变化，中欧关系在经历了一定的波折后逐渐正常化，由"派生性"关系发展为独立性关系①。从欧洲方面来说，作为当今世界一体化程度最高的国家间组织，欧盟在一体化进程不断深化和扩大的同时，也没有忽视对华关系的发展。特别是 20 世纪 90 年代中期以来，欧盟对华态度渐渐好转，接连发表多个对华政策文件，用于指导对中国的关系。以 1995 年欧盟委员会发布的首个对华政策文件作为起点，欧盟的对华政策不再是制裁和冷战，转而开始关注同中国的长期合作关系的发展。

一、1995：《欧盟-中国关系长期政策》和 1996：《欧盟对华合作新战略》

欧共体于 1990 年 10 月决定逐步重建欧中双边关系，并在 1992 年实现双边关系基本恢复正常。在 1995 年，欧盟发布了《欧盟-中国关系长期政策》②，这是欧盟成立以来制定的首个对华全面政策文件，强调了中国对于欧盟的重要作用，提出要与"中国建立长期合作关系"，希望与中国建立一种长期的并能反映出中国的全球性经济和政治影响的关系。

具体来说，该文件在政治、经贸关系等方面对中欧关系的未来发展提出了新的期待。在政治上，欧盟希望能推动中国融入国际社会的步伐，保持与中国的"建设性接触"，加强政治对话，增加双方在重大国际问题和地区争端上的合作，敦促中国参与到裁军和军控、防核扩散、人权等问题的长期政治对话中，并鼓励中国全面融入国际社会；在经贸问题上，欧盟是中国加入世界贸易组织的坚定支持者，希望以此来推动双边的经贸合作全面发展；此外，欧盟还提出了与中国的优先合作领域，以促进中国经济的发展和改革的深入；同时，为扩大欧盟自身及其政策在华的影响，适应不断变化的中国国内形势，欧盟还希望能够加强双方的信息交流。

总之，作为欧盟第一份对中国的政策，该文件的最重要意义就是对欧盟同中国的关系进行了重新界定，并明确表示要长期不动摇地坚持发展欧中关系。该文件首次把加强同中国的对话与合作列入欧盟对华政策的长期目标并加以确定，标志着以"建设性接触"为核心的对华战略框架的初步形成。

1996 年 11 月，欧盟委员会又发表了《欧盟对华合作新战略》③，该文件

---

① 戴维·香博. 中国与欧洲：从派生性关系向独立关系的发展 [M] //宋新宁，张小劲.走向 21 世纪的中国与欧洲. 香港：香港社会科学出版社，1997：33.

② European Commission. A Long Term Policy for China-EU Relations [Z]. Brussels, 1995.

③ European Commission. EU-China Co-operation：A New Strategy [Z]. Brussels, 1996.

将欧盟之前提出的长期对华政策进行具体化，强调要"进一步落实欧盟对华长期政策，重申对华政策的全面性、独立性和长期性"，并表示要促进并加强欧中双方在经贸、援助、科技等领域的交流和合作。

二、1998：《与中国建立全面伙伴关系》

伴随国际局势的深刻变化，经济全球化和政治多极化的趋势逐渐明显，而欧盟于 1997 年签署的《阿姆斯特丹条约》标志着欧洲一体化发展进入新阶段，欧盟提出了发展经济和货币联盟、进行东扩及应对更多国际挑战等目标，同时中国国内经济的发展和国际地位的不断提高使其继续成为欧盟对外政策关注焦点。在之前的对华政策文件指导下，欧盟的对华关系发展迅速，不仅经贸关系不断深入合作，政治对话与合作也明显增多，在社会和文化方面的交流互动也日益活跃。

在这样的背景下，欧盟在 1998 年采取了能进一步改善对华关系的措施：不再在联合国的人权会议上提出或联署针对中国的提案，对反倾销条例进行修改等，最具突破意义的是该年 3 月 25 日欧盟所通过的《与中国建立全面伙伴关系》① 政策文件，提出要把欧中双边的政治关系提升至与欧美、欧日同等的水平上，同时深化双方在各领域的交流与合作，并支持中国加入世界贸易组织。这一年，欧盟和中国建立了领导人首脑会晤机制，双方领导人在伦敦举行了首次会晤。

新颁布的政策文件具体包括五个部分：深化在国际社会中与中国的接触；支持中国向开放型社会的转型；基于法制和对人权的尊重让中国进一步融入世界经济；扩展欧盟援助范围；提升欧盟在中国的形象。新的政策文件的要点主要包括政治和人权两个方面的"全面接触"（comprehensive engagement）：在政治关系层面，欧盟对中国实施更加积极的全面接触，包括提升欧中政治对话级别，强调政治对话的重要性，稳固亚欧会议机制使之成为欧中对话的另一渠道，敦促中国全面、负责地参与到全球事务的对话与合作中，开展双方在亚洲的地区性问题上的交流活动等；此外，欧盟"全面接触"中国的战略也体现在对华人权政策上，新文件明确提出欧盟对中国向开放型社会转型的支持，其中欧盟对华人权政策特点是"对话优于对抗"，以"坦诚、公开和

---

① European Commission. Building a Comprehensive Partnership with China [Z]. Brussels, 1998.

相互尊重的对话方式处理分歧"。这不同于美国式逻辑，更符合中国国情，也更易于为中国政府和社会所接受。

而在促进中国经济进一步融入世界经济的目标下，欧盟则希望中国能融入世界贸易体系，具体举措包括支持中国加入世贸组织，促进双边投资，确定贸易议程，发展双边协议，以实现金融自由化等，同时支持中国的经济和社会改革。新的政策文件还认为，要使欧盟对华的援助更深入和有效，需要增强欧盟机构与成员国之间的协调。欧盟为提升其在中国的形象，明确提出要制定欧中信息战略，加强双方信息交流，扩大欧盟在华影响。

《与中国建立全面伙伴关系》政策文件明确且鲜明地宣示了欧盟对华实行"全面接触"战略的政策考虑。这不仅包括提升双方政治对话级别，更表明要对双方这种对话进行制度化，双方的经贸合作也不再仅以不断深入为目标，而是要以更积极有效的方式对合作领域进行扩展，建立面向 21 世纪的长期稳定的欧中全面伙伴关系。与之前的文件相比，新的政策文件所涉及的内容更为具体全面且明确，在一定程度上反映了欧盟对华重视程度的进一步提高。

三、2001：《欧盟对华战略：1998 年文件执行情况和促进欧盟政策更为有效的未来步骤》

在《与中国建立全面伙伴关系》的指导下，欧盟同中国于 2000 年就中国加入世界贸易组织达成协议。2001 年 5 月 15 日，欧盟委员会再发表《欧盟对华战略：1998 年文件执行情况和促进欧盟政策更为有效的未来步骤》[1] 文件，强调鉴于近期国际形势发生了重大变化，欧盟在未来应该进一步深化和扩大同中国在所有领域的合作关系。该新战略文件首先对欧盟自 1998 年以来的对华政策进行全面回顾和总结，进而提出了具体务实的中短期目标及行动要点。

新的战略文件以 1998 年的《与中国建立全面伙伴关系》文件和理事会在 1998 年 6 月 29 日通过的结论声明为基础，肯定了以往文件所界定的对华关系的长期目标和全球目标，但进入 21 世纪以来，无论是欧盟还是中国的形势都发生了巨大变化，欧中关系的发展也亟须适应新环境。因而欧盟认为需要通过扩大同中国的对话与合作，同时对现有政策工具进行调整和完善，从而提升欧盟对华政策的有效性和长期性。

---

[1]　European Commission. EU Strategy towards China: Implementation of the 1998 Communication and Future Steps for a More Effective EU Policy [Z]. Brussels, 2001.

概括来说，2001 年通过的欧盟对华新战略文件有以下三个突出特点：首先，文件明确表示这是对欧盟对华战略新的调整，但欧盟为确保其对华政策的连续性和稳定性，新战略的基本宗旨仍延续了对华的长期政策目标和政策框架。也就是说，是在对 1998 年以来的对华政策实施情况进行回顾和评估的基础上进行的调整，以使未来政策更有效。例如，在对华政策长期目标这一内容上，新战略基本上完全肯定了之前文件所确立的五大目标，只是在措辞上进行了细微调整，将"扩展欧盟援助范围"调整为"更好运用欧盟既有资源"等。其次，该文件突出强调了具体行动应有较强的可操作性，也就是说，欧盟对华政策不再是概括性展望和期待，而是开始着重到具体的落实上。具体来说，新文件在"制定使欧盟政策更为有效的行动要点"部分内设定的五大目标中，都是在简明扼要阐述政策实施背景和发展情况的基础上详细列出了具体行动的条目和要点，不仅包括政策范围，还提出了具体的实施机制。可以说，新的战略立足于欧盟现有政策，但更为具体和明确，可操作性也更强。最后，在新的政策文件中对欧中具体的合作领域进行了进一步扩展和深化，这为欧盟能够实施更为有效的对华接触战略打下了坚实基础，也为欧中关系更为务实全面的发展提供了保障。

可以说，欧盟于 2001 年所通过的这份《欧盟对华战略：1998 年文件执行情况和促进欧盟政策更为有效的未来步骤》文件是 20 世纪 90 年代中期以来，经过几次文件的调整和补充，最终形成的较为完善的欧盟对华战略框架。

四、2003：《走向成熟的伙伴关系——欧中关系中的共同利益和挑战》

在 1998—2003 年这段时期内，欧盟和中国都经历了重大的变革，也面临着发展中的挑战。对欧盟来说，2002 年成功引入欧元，并制定了史上规模最大的东扩计划，同时致力于进行以制宪为基础的机构体制改革。在一系列深化一体化改革和欧盟不断东扩的举措下，特别在欧盟共同外交与安全政策和欧洲安全与防务政策不断加强和发展后，欧盟在冲突预防和危机管理方面正在国际舞台发挥日益重要的作用，因此，国际社会对欧盟所应发挥的作用也有了新的更高的期待。与此同时，中国也于 2001 年加入了世界贸易组织，并以此为契机，大力发展了国内经济，中国逐渐成为地区和全球经济增长的发动机，外交战略和方针也日益积极和负责。由于中国的发展和稳定一直是欧盟对华政策的重要关注点，伴随中国的日益崛起，欧盟对华政策也应有相应调整。此外，2001 年的"9·11"事件引发的全球安全形势的深刻变化，导致反对国际恐怖主义和大规模杀伤性武器成了国际安全的新关注点，国际形势的这一变化也为欧盟强化同中国的战略合作提供了契机，欧盟需要同中国进行充分的合作。这一时期双边关系的基本特点是：欧中双方在国际形势发生重大变化（包括 2003 年伊拉克战争所引发的国际格局动荡）的背景下，在面对同一个国际问题时所展现出的越来越多的共识和共同利益表明，欧中既有进一步合作的可能，也有深化合作的必要。

欧盟先是在 2002 年发表了针对中国的《国家战略报告 2002—2006》①，为今后 5 年的欧盟对华合作提供了整体框架，用以支持其对华战略的长期目标。在该文件中，欧盟进一步重申了 1998 年和 2001 年欧盟对华战略文件中所确立的对华目标，在此基础上确定了同中国合作的三大重点领域：支持改革、协助可持续发展以及鼓励善治、法治和民权。进而，在 2003 年 6 月欧盟发布战略文件《更美好世界中的欧洲安全——欧盟安全战略》② 中就明确表示，中国是国际事务中不可或缺的一极，也是欧盟的主要战略伙伴之一。双方应强化在气候变化、国际公共卫生、国际犯罪等非传统安全领域的合作。

在这些战略文件的基础上，欧盟委员会在 2003 年 9 月 10 日公布了新的对华政策文件，题为《走向成熟的伙伴关系——欧中关系中的共同利益和挑战》③。在这份文件中，欧盟从战略高度对欧中关系进行了重新审视，将欧中关系放到了史上空前的重要位置，强调双方应在新的"成熟伙伴关系"的基础上积极寻找共同利益，面对共同挑战。这一转变是欧盟和中国的关系不断调整和良性互动的结果，表明在欧中关系中，政治和战略目的已成为主要考虑和重要基石。新的战略文件主要包括三个部分：新的成熟的欧洲关系、欧盟 2003 年以后的行动路线规划、对欧洲关系中各类机制的完善。其中中间部分涉及欧盟今后几年内的行动规划，是该文件中最重要且所占篇幅最大的部分。

新时期下欧盟对华战略规划有以下四个重点：一、明确了对华战略应保持相对稳定性和持续性。如前所述，该文件是以 1998 年和 2001 年的政策文件为基础，对之前确立的目标进行了再确认，这也体现在新的对华文件的副

---

① European Commission. China: Country Strategy Paper 2002–2006 [Z]. Brussels, 2002.

② European Council. A Secure Europe in a Better World–European Security Strategy [Z]. Brussels, 2003.

③ European Commission. A maturing partnership: Shared interests and Challenges in EU–China Relations [Z]. Brussels, 2003.

标题"更新欧盟委员会关于欧中关系的 1998 年和 2001 年文件"，这一更新表明是对原有原则和基调的修正和完善，以维持欧中关系的持续和稳定发展。二、欧盟对华战略构想更加明确，强调成熟伙关系的重要性。文件注意到了过去十年欧中关系的活力发展，这体现在双边各领域政策上的密切协调，也展现出新的成熟伙伴关系特征。在新的国际环境下，经历重大变化的欧盟和中国都需要借助彼此的力量，展开更紧密更频繁的多层次对话合作来应对全球问题和地区问题带来的挑战，这明显符合双方的共同战略利益。欧盟认为，建立一个充满活力、平等互利且长期持续的关系是欧盟对华战略在未来几年内的主要目标。三、欧盟对华新战略通过新的行动要点的补充，进一步增强了计划的可操作性和前瞻性。2003 年的对华政策文件是在 2001 年文件可操作性行动基础上展开的，对欧盟今后的行动路线进行了补充。例如，提出了"提高政治对话效率""欧盟的优先对话领域"等具体的行动要点，这也展现了欧盟在处理对华关系上的务实性特点。四、为使欧中关系的发展具有制度性保障，欧盟新的对华战略对欧中关系发展的机制框架进行了新的规划。尽管之前的对华文件也对机制问题有所涉及，但在 2003 年的政策文件中显现得最为明显，新文件正文的最后一部分正是以"完善双边关系机制"为题的。文件认为当前欧中关系的不断发展需要对其机制机构进行合理规划，特别强调了对话和会议的数量和质量，这将有助于维护和发展欧盟在同中国的全面伙伴关系中的协调和一致。

同年 10 月 13 日，中国政府首次提出了针对欧盟的《中国对欧洲政策文件》。该文件对中国对欧的政策目标进行了具体阐释，标志着中国对欧盟政策的正式确立。这是中国政府首次就一个国际组织提出对外政策文件，这凸显了欧盟在中国外交战略中的重要地位。2003 年欧盟和中国相继发布对彼此的政策文件，在此基础上，在同年 11 月举行的中欧第六次领导人峰会上，双方决定建立完全自主性的中欧全面战略伙伴关系，这是中欧关系发展史上重要的一步。从"成熟伙伴关系"提升到"战略伙伴关系"，标志着中欧全面战略伙伴关系的建立。中欧已建构出一个全方位、多领域、各层级的合作框架，同时确立了多个政策机制来保障双边、多边的对话合作，涉及政治、经济、科技、能源、卫生等领域。

五、2006：《欧盟与中国：更紧密的伙伴，更多的责任》

在经历了全面战略伙伴关系建成后初期中欧关系密切深入发展的"蜜月

期"后，自 2006 年开始，由于国际形势的变化，欧盟同中国的关系开始变化，欧委会发表的《欧盟与中国：更紧密的伙伴，更多的责任》① 可被视为这些变化的综合体现。在这份新的政策文件中，虽然欧盟题为"更紧密的伙伴"，但落脚点在要中国承担"更多的责任"，文件指出，"欧盟必须有效且积极地应对中国的崛起。同时为应对来自自身的挑战，欧盟必须充分挖掘同中国的伙伴关系的潜力"，将中国视为崛起的大国，强调中国应该承担更多国际责任。这份政策文件是巴罗佐（José Manuel Barroso）任欧委会主席以来发布的第一份对华政策文件。文件主要涉及的内容是支持中国的政治经济改革和可持续发展战略，欧盟愿意同中国一道应对环境、气候和发展不均衡等问题。强调双方"随着战略伙伴关系更加密切，互相的责任也在增长"，继续维持接触与发展伙伴关系的战略。

与欧盟对华政策文件同时发布的还有《竞争与伙伴关系：欧盟-中国贸易与投资政策》②，这份长达 15 页的文件是欧盟发表的首个关于对华贸易与投资的政策文件，反映了欧盟对中国经济的高度重视和欧中经贸关系发展的良好态势，指出"无论是中国还是欧盟，都从中国的经济崛起中获益"。文件明确提出"中国是欧盟对外贸易政策的一个最重大挑战"，其主要内容是对日益密切的欧中贸易关系给欧盟带来的挑战进行了详细概述，这虽然反映了双方伴随紧密贸易交往带来的经贸摩擦不断增加的事实，强调双方的平等互利，欧盟比以往更多地注重对自身经济利益的维护和保障，进而对中国提出一系列不乏苛刻的要求，也就是要求中国在国际社会承担更多的政治、经济乃至环境责任。文件从政治、经济战略以及竞争合作的视角评估和展望了欧盟同中国的关系，虽然主基调仍然是建设性的，但明显反映出欧盟对待中国的语气和方式发生了变化。该文件为欧盟未来的对华贸易和投资政策提供了原则上的指导。

可以说，欧盟在 2006 年先后颁布的这两份对华政策文件比以往更具批评性而非建设性，对欧中关系继续发展提出了严肃的前提条件，反映了欧盟对中国崛起所存在的疑虑。突出体现在欧盟对华经济政策的变化上，欧盟开始在双边的贸易问题上采取强硬姿态，指责中国进行"不公平竞争"，敦促中国

---

① European Commission. Europe in the World –Some Practical Proposals for Greater Coherence Effectiveness and Visibility ［Z］. Brussels, 2006.

② European Commission. Global Europe：EU –China Trade and Investment –Competition and Partnership ［Z］. Strasbourg, 2006.

进一步开放市场，并威胁可能采取更多的反倾销措施等。这表明欧盟不仅是将中国视为"战略伙伴"，更是作为潜在的竞争对手和崛起中的强国来对待的。欧盟这一态度的变化还反映出双方实力对比的变化。在中欧建交后最初的一段时期内，中国在经济上欠发达，在国际舞台上话语权不足，导致欧盟在各方面对于中国来说都处于领先地位，中国更多的是学习和跟从，而欧盟也在这一形势下形成了对华政策。但随着中国经济的高速发展，欧盟日益感受到来自中国的"威胁"，因而开始强调对自身权益的维护，并要求中国承担更多的国际责任和义务。

这反映出双方关系在"蜜月期"后进入调适和转型期，欧盟和中国作为两个发展水平和制度差异都较大的国际行为体，在存在相互合作需求的基础上，欧中关系在发展中所经历的复杂性和曲折性，双方的交往方式需要不断调适和转型。但这里需要指出的是，虽然 2006 年的欧盟对华政策文件中反映出欧盟在处理同中国关系上的态度更为谨慎，但双方仍然彼此认同"全面战略伙伴关系"的定位，欧盟领导人也强调发展对华关系是欧盟的战略目标，欧盟是中国值得信赖的伙伴。这也反映出双方都认识到共同利益和相互依赖程度远远大于出现的问题和分歧。

尽管在 2006 年之后，欧盟单方面没有专门就中国问题发表战略层次的文件，但双方的经贸往来和政治文化交往依然密切。在国际形势和欧盟、中国都发生变化的情况下，欧中关系和欧盟对华政策也进行着一定程度上的调整。由于本书对欧盟对华决策过程分析所选取的案例是在 2012 年之后，欧盟没有出台对华政策文件，但从具体的对华政策和双方共同发表的声明中了解欧中关系的最新发展态势走向及其原因也是很有必要的，这将在后文中根据具体案例再进行介绍。

总的来说，经过多次对华政策文件的调整和适应，欧盟对华战略整体呈现出明显的务实性、合作性、协调性和连续性等特点。而这些总体上的特性也使得欧盟的对华政策主调上是积极和建设性的，不断推动着中欧关系的稳步发展。

第二节 中欧关系发展的影响因素

这一系列对华战略文件表明了欧盟对欧中关系的重视，将对华关系列为其对外关系的战略重点。中国对欧盟来说不再是地理距离上相距遥远的东方国家，而是其经济贸易和全球事务上的合作伙伴。正如欧盟对外政策本身一样，中欧关系的发展也在很大程度上受到了冷战时期超级大国的影响，中欧关系长期被认为是"次等关系"（secondary relationship）。在 20 世纪 70 年代以前，中国还是一个经济落后的发展中国家，而欧盟的对外政策则在不断加强，伴随着中国的改革开放，欧盟同中国的关系在不断改善，双方都日益认识到双边合作的好处只能通过发展更紧密的关系来实现。随着欧洲一体化对经济议题的关注，中欧互动最初以贸易为主导，两个实体间的遥远距离反而增强了双边贸易合作的必要性。

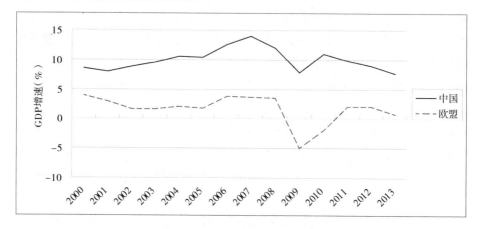

图 11　中欧 GDP 增速对比①

推动中欧关系向前发展的最初动力是经济。从图 11 对 2000 年至 2013 年间中欧 GDP 增长的对比也可以看出，自 2005 年起，双方经济增长呈现一定正向相关性。中国经济的快速崛起举世瞩目，1978 年改革开放以来，中国经济年增长率超过 9%，最高时达 13%，现已成为世界第二大经济体。在 2013 年，中国货物进出口额高达 4.16 万亿美元，增长 7.6%②，成为世界第一货物贸易大国，第二大外币储蓄国。尽管中国的消费市场萌芽时间不长，但其扩张之迅速、潜力之巨大让中国已成为一个难以被忽视的经济大国。欧盟受惠于中国市场的开放，并因此希望能够推动其进一步深化。

　　然而，中欧经济合作并不是在真空中进行的，政治考虑也构成双边关系的重要组成部分，并有可能对经济联系起到一定的阻碍作用。如果欧盟想要

---

① 中国 GDP 数据来源：中国经济信息网；欧盟 GDP 数据来自：欧盟统计网站 Eurostat.

② 2013 年中国对外贸易发展情况［EB/OL］.商务部网站.2014-05-04.

进一步分享中国市场开放带来的好处，那么就必须同中国建立更紧密的关系，制定更多更深入的对华政策，这对内部还难以达成一致意见的欧盟来说是有一定难度的。因此，中欧关系的发展也一直是在政治现实的阻碍和经济发展的促进双重作用影响下展开的，这些政治和经济因素构成中欧关系发展的背后力量，也是分析欧盟对华决策不可忽视的背景因素。因为本书的研究对象是理事会的欧盟对华政策决策，所以在接下来对具体因素的探讨中，将侧重以欧盟为研究主体，分析其对华政策的特点及原因。

一、政治挑战

本书认为，从欧盟方面看，对中欧关系发展的政治限制源自两个因素，一个是制度限制，这植根于发展相对不完善的欧盟对外机制，使得欧盟难以形成有效且持续的对外政策；另一个是内部成员国的限制，也就是单独成员国之间相互竞争以希望获得同中国最佳的经济合作，但这一过程影响了欧盟集体政策的形成。虽然这两个因素之间存在一定联系，难以完全区分，但这里还是分开论述其具体影响。

（一）政治制度限制

欧盟政治上的限制主要体现在其自身经济、政治一体化程度的不平衡上。由于其"不完全行为体"特性①，相较于经济能力，欧盟政治上的决策能力和权限受到很大限制。如前所述，建立一个协调对外政策的努力缘起于 20 世纪 70 年代的欧洲政治合作，但直到 1987 年《单一欧洲法案》的签订才将对外政策合作纳入欧盟条约中。《单一欧洲法案》成为共同外交与安全政策制度安排的最显著开端：首次设立了永久秘书处，并且授予了委员会在安全的政治和经济方面的角色，标志着欧盟在经济一体化达到一定阶段后，进行政治一体化的开端。经过近三十年的发展，欧盟的共同安全和外交政策近些年不断发展，当前成员国间对外政策的协调比以往更深入。

共同外交与安全政策此后迅速发展，在《里斯本条约》中已表明其完全融入欧盟的对外行动中，只是其制度上存在的问题依旧不可忽视，欧盟对共同外交与安全政策进行了诸多设计和制度安排，但正如有学者所说，"制度的

① 相关论述参见：陈志敏. 新多极伙伴世界中的中欧关系 [J]. 欧洲研究, 2010 (1)：9；陈志敏. 欧盟的有限战略行为主体特性与中欧战略伙伴关系：以解除对华军售禁令为例 [J]. 国际观察, 2006 (5)：1.

复杂性本身是不会带来政策的"①，甚至还会导致决策过程的失败。欧盟在对外政策上尽管已经脱离了"支柱型架构"，但仍不具备一致性和统一性，欧盟内不充分且不明确的制度安排限制了欧盟国际形象的塑造，使欧盟难以在外部世界发挥与其经济实力相适应的政治影响力，这将对欧盟形成一致且高效的对外政策的能力造成负面影响。

欧盟的共同安全和外交政策仍存在重要缺陷，在制度设计上的具体体现是，共同外交与安全政策内的决策以政府间为主，经常遇到因为少数国家的反对而遭遇政策停滞的情况，即使引入了绝对多数表决制，这一现象仍难以有实质改善。这是因为绝对多数表决制的使用需要全体成员国的一致同意，只要有少数国家反对，政策就无法推行。例如，联合行动可以采用绝对多数表决制进行表决，但同时也允许"紧急制动"（Emergency Brake）的存在，这表明当成员国认为某行动涉及其核心国家利益时，还是可以要求实施一致同意的投票制，从而通过投反对票否决该行动。同样，欧盟条约中对"加强合作"使用的扩展也有限制，它不能被运用在对军事或防御问题有影响的事务中，成员国必须接受理事会的优先授权。也就是说，即使有欧盟政府愿意采取集体的决策，并像在经济领域那样对某些议题进行"主权汇集"，也有成员国对在涉及国家安全的领域这样做非常敏感，还是希望能继续在其国家核心利益的防御问题上拥有单独行动的权力。这也在成员国不愿意用其军事力量来支持欧盟的外交和经济动议时体现得非常明显②。

共同外交与安全政策在第三国的运用上尤其混乱，单一权威声音的缺乏，导致欧盟对外代表性的困难。尽管创建了高级代表和为其服务的对外行动署，可以界定为欧盟对外行动过程的主要参与者，但欧盟理事会主席被赋予欧盟法人和对外代表欧盟的权能，因而两者之间依旧存在职能重合。此外，虽然《里斯本条约》后，学者纷纷认为高级代表一职的设置为欧盟提供了一个"电话号码"，但在此通电话接通后，高级代表仍旧只拥有接线员的能力，具体到对外事务，仍需要庞大的内部行为体进行决策和回应。欧盟在海外的部署主要是由 127 个委员会代表网络构成，以及在犯罪领域的特别代表，这一庞大的海外网络的管理和调动都不是一件易事。此外，欧盟制度的混乱还体现在

---

① SMITH K. European Union foreign policy in a changing world［M］. Cambridge：Polity Press，2008：565.

② France and Germany call for closer EU military cooperation［EB/OL］. Telegraph，2013-07-26.

欧洲议会的参与，议会在《马斯特里赫特条约》下被授予了咨询权以及在预算财政上的权力，这也表明议会希望能发出其声音，并通过其已有权力间接在共同外交与安全政策上施加影响。总体来看，议会在安全和防御以及人权议题上表现积极，并经常介入海外实地调查。欧洲议会采纳的立场，特别是在人权领域，比其他欧盟机构都更为偏激，并且突出了机构的层级划分。

伴随着欧债危机的爆发，以及欧盟在利比亚军事行动的失败，欧洲一体化进程中的诸多矛盾和问题进一步凸显出来，而建立在经济共同体基础上的共同外交与安全政策的未来则似乎越来越不被看好。共同外交与安全政策的制度框架目前看来定位模糊、碎片化且权限受限，政府间属性尽管满足了成员国要求但也导致其发展不足，难以适应全球化时代国际社会对欧盟行动能力的高期待。尽管这些年对其做出了诸多改革，但欧盟仍难以在对外行动上被描述为一个单一行为体，也没有在这一领域的独立决策身份。当然在考虑到欧盟目前已有 27 个成员国时是可以理解的，因为每一个成员国都希望维护自身国家利益和保卫自身主权，但也可以认为在这样的环境下，欧盟在外交和安全事务上形成持续有效政策的能力确实非常有限。

（二）成员国间矛盾

另一个限制欧盟对外政策形成的因素是成员国间为各自国家利益（主要是经济利益）而展开的竞争。这一方面和欧盟自身制度设计有关，欧盟层次的机构掌握经贸政策方面的决策权，而在对外援助、外交及军事等领域，政策资源还是大多集中在成员国手中；另一方面，伴随欧盟成员国数量的增加，欧盟对外政策机制决策能力相对低效，也突出地表现在同对外行为体的关系上难以呈现一致性。对欧盟对外政策来说，一致性不仅是指法律意义上的条约间不存在矛盾与冲突，还包括在欧盟政策的不同组成部分间积极密切的联系或统一整体的建构，对外交行动中积极的协同合作和对附加价值的追求①。

这种不一致性在对中国的案例中尤其明显，因为成员国政府很可能为了获得个体的、欧盟整体得不到的经济利益而对华采取单独行动。尽管成员国表面上看来都支持欧盟政策，并表现出统一行动的决心，但经济诱惑对每个成员国都存在，利己行为体的假设在这里展现得格外突出。欧洲学者认为中

---

① REYNAERT V. The European Union s Foreign Policy since the Treaty of Lisbon The Difficult Quest for More Consistency and Coherence ［J］. The Hague Journal of Diplomacy , 2012（7）: 207.

国政府也注意到了这一事实，因而积极利用成员国间的内部竞争①。这些分裂也突出体现在具体对华案例中，例如，对华武器禁运的协商和对中国在联合国人权理事会（UNHCR）上人权记录的协商等。这里以对华武器禁运问题为例进行分析，以展现成员国间的意见分歧是如何影响欧盟对外决策能力提升的。

武器禁运问题在 21 世纪初成为中欧双方一个主要讨论点。中国对欧盟将其和缅甸等国家列为武器禁运对象国表示强烈不满，并明确警告只有在解除禁令后才能与欧盟开展更广泛的双边合作②，解除武器禁运一度成为中国对欧政策的首要议程。尽管中国政府和欧盟就武器禁运问题协商已久，但直到 2003 年才开始真正提上议程。在那年的欧盟理事会会议上，联盟内部达成协议，表示至少会对禁运问题进行再评估，但欧盟方面没有为此设立特定的程序和时间表。不过不久之后欧盟委员会主席就宣布中国要求解禁武器禁运问题上已经取得重大成功的表态③让人看到了问题解决的曙光。

尽管表达了积极的态度，但正是因为成员国之间分裂立场的存在，解禁的道路一直艰难。希望解禁的国家包括欧洲一体化主要的推动国德国和法国。德国一贯同中国在贸易和对内投资以及科技合作上有紧密的经济联系④，因此对德国政府在中国问题上保持良好的政治关系也不难理解。当时任德国总理施罗德（Gerhard Schroeder）在 2004 年表达了对武器禁运进行修改的意愿和可能性⑤，释放了解禁信号，尽管这在德国媒体上被认为是机会主义尝试，"为德国企业在经济停滞时期找到了有利可图的中国合同"⑥。与德国类似，

---

① WONG R. Forging Common EU Policies on China ［M］// The EC/EU: a world security actor? An assessment after 50 years of the external actions of the EC/EU, 2006.

② Council of the European Union. 7th EU-China Summit 8th December 2004 Joint Statement ［Z］. Brussels, 2004.

③ KREUTZ J. Reviewing the EU arms embargo on China: the clash between value and rationale in the European Security Strategy ［J］. Perspectives: The Central European Review of International Affairs, 2004, 22: 43-58.

④ SANDSCHNEIDER E. China's Diplomatic Relations with the States of Europe ［J］. The China Quarterly, 2002, 169: 44.

⑤ KREUTZ J. Reviewing the EU arms embargo on China: the clash between value and rationale in the European Security Strategy ［J］. Perspectives: The Central European Review of International Affairs, 2004, 22: 43-58.

⑥ Europe Goes Cold on Lifting China Arms Embargo ［EB/OL］. Spiegel Online International, 2005-03-22.

法国也希望能加强同中国的联系，还为此做了诸多事实上的努力，以试图分享德国从中国获取的经济收益①。法国政府将扭转经济颓势的愿望同改善与中国的政治关系紧密联系在一起。在时任中国国家主席胡锦涛访问巴黎时，法国总统希拉克确保了胡主席受到完全的礼仪待遇：埃菲尔铁塔点亮的红灯，香榭丽舍大道的欢迎游行，以及"每一个可以表达法国总统喜爱的事物都被召集起来"②。但这些细节还是不足以向希拉克陈述关于武器禁运对中国政府的重要，他简明扼要地说，武器禁运将"不再存在与当代世界的现实中"③。

法国和德国政府所采取的立场是基于武器禁运可能带来的明显经济利益，两国政府都希望能确保其国内选民能够从中国经济的高速增长中获得红利。这里值得注意的是，法国和德国同为较早和中国实现关系正常化的国家，和那些主张对中国实行援助、借贷限制的国家存在行为动机和目标利益上的区别。从法国的角度看，法国还可能从中欧联盟的加强中获得其他政治优势：法国渴望多极世界秩序，希望能够借助中国和欧盟双方的力量来平衡美国，法国对增强中欧、中法双边紧密联系的意图更强烈。而中欧合作，对中国和欧盟来说都是在寻找可以同美国抗衡的力量④。

而在欧盟内部，对解禁持强烈反对意见的国家主要来自斯堪的纳维亚半岛和低地国家，其人权主张非常强硬。这些国家坚持认为中国需要在人权领域取得足够进步才可以考虑解禁一事。而持中间立场的是英国，因为英国一方面考虑到如果恢复了和中国的武器贸易后美国的反应，因为美国要求欧盟得一直维持禁令，不容许任何放松。在对美国国会的陈述上，伯纳斯（Nicholas Burns）对美国立场进行了清楚的陈述，"我们给欧洲政府的每一个机会都是明确且持续的，解除对华武器禁运是对美国核心利益的直接挑战"⑤。另一方面，作为欧盟内大国，英国和德国、法国一样，在中国有一定

① WONG R. The Europeanisation of Foreign Policy ［M］// Hill C，SMITH M. International Relations and the European Union. Oxford：Oxford University Press，2005：134-153.

② WONG R. The Europeanization of French Foreign Policy：France and the EU in East Asia ［M］. Basingstoke：Palgrave Macmillan，2005：39.

③ WACHER G. Lifting the EU arms embargo against China U. S. and EU position ［Z］. TFPD working group，Washington DC，2005.

④ SHAMBOUGH D. China Engages Asia：Reshaping the Regional Order ［J］. International Security，2004，29（3）：71.

⑤ SHAMBAUGH D，SANDSCHNEIDER E，ZHOU H. The China-Europe Relationship：Perceptions，Policies and Prospects ［M］. London：Routledge，2007：284.

的经济利益，这也是其反对态度不甚鲜明的主要原因。但是，在全国人民代表大会通过《反分裂国家法》以应对台湾问题，不承诺排除武力解决台湾问题后，法国和德国的政府立场变得不再那么引人关注，或者说经济关注被置于相对次要的位置，因为这激化了其他成员国国内选举人的反对和对加强禁运的主张。

　　然而，从实质上说，各方都认识到关于解禁的辩论更多的是象征意义层面的，而这也突出了欧盟成员国间在涉及禁运影响问题上实用派（反对禁运）和原则派（支持禁运）之间的态度分歧，加上武器禁运条令并未明确规定禁止贸易的货物类别，也没有纳入欧盟法律，因此，对禁运范围和程度的理解见仁见智，一些国家将禁运解释为所有的武器贸易被禁止，还有国家则认为只有那些最具杀伤性的武器是受限制的。尽管欧盟官方一直少有对其内部成员国所进行的对华武器贸易进行宣传报道，但还是可以找到相关销售数据，数据表明欧盟给中国的武器销售许可从2002年的2.1亿欧元上升到2003年的4.16亿欧元，图12详细列出了大多数的增长来自法国、英国和意大利。

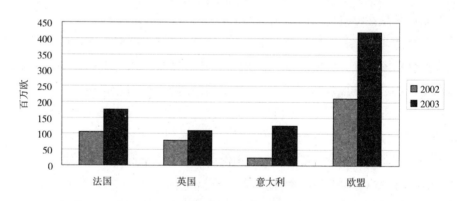

图 12　欧盟及相关成员国对华武器销售额（2002—2003 年）

资料来源：数据来自斯德哥尔摩和平研究所网站①

　　在这一信息公开后，英国《卫报》评论道，"在尚有禁令的同时实行大规模的武器销售，可见欧盟军工企业早已迫不及待地要进入中国市场"②。最后谈判几经周折解禁一事不了了之，也反映了欧盟内部成员国间的不一致导致协商漫长和可协定区域形成之难，加上美国的反对，欧盟尽管开展了决策过

---

① Arms Transfers Database https：//armstransfers. sipri. org

② WATTS J, WATT N. Rice tells EU：don't lift China arms ban ［EB/OL］. Theguardian, 2005-03-20.

程，但最终的结果是政策停滞、没有决定（non-decision），这表明在各国的不可退让的政策观点也就是"核"因为各国利益分歧而过大时，维持现状是最好的选择。

在本例中，成员国之间因同中国关系的发展程度各异和有不同的利益关注点，而产生了在对华政策上的分歧，因而欧盟整体的立场受到削弱。可以说，就欧盟自身来说，其难以在涉及中国的重大国际问题上达成统一立场，导致欧盟难以同中国开展有实质意义的战略对话，战略合作也是难上加难，这也进一步导致中欧合作的政治基础不断受到损害。

二、经济机会

中欧之间面临诸多政治挑战，特别是由于欧盟不能形成统一的外交政策立场，以及成员国间国内经济利益矛盾。基于存在这些政治限制，从逻辑上可以推测欧盟和中国之间的经济往来也受到影响，但事实不是这样。

中欧双方早年贸易层次相对较低，到了 20 世纪 90 年代中期迅速扩张。最初的扩张是伴随委员会对华第一次全面政策文件的，这是在 1995 年颁布的，这将在本章第二节中详细展开。还有一个增长点发生在 1997 年联合国人权委员会讨论后，图 13 列出了欧盟对中国在 2003—2013 年内的进口值和出口值。可以看出双方贸易额在波动中增长，欧盟对华出口额维持稳定增长，而进口额在 2009 年和 2013 年出现小幅下滑，但双边贸易还是维持在较高水平。这从中国已连续十年成为欧盟第二大贸易伙伴、欧盟连续九年为中国最大贸易伙伴中也能看出。

欧盟和中国双向的对外投资数额也呈现显著增长态势。图 14 显示了近年来双方的直接投资数量，尽管欧盟对华直接投资在 2012 年呈现一定幅度的下滑，但中国对欧盟的投资额一直是迅猛增长，2012 年，双方的投资额差距已经缩小到 20 亿欧。

本书将研究的是欧盟理事会内的对华决策，理事会中各成员国是主导，因而这里需要具体到成员国之间的对华贸易情况。欧盟内对华贸易增长源来自德国，德国和中国的经济联系可以追溯到 1955 年，德国首次在北京建立了贸易办公室，其对华政策多被描述为务实性的，旨在推动德国同中国关系的

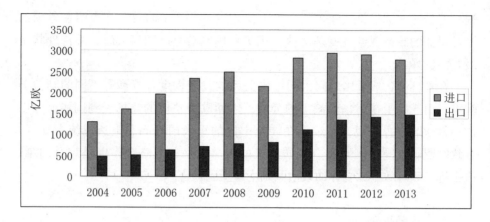

图 13 欧盟对华进口、出口额（2003—2013 年）

资料来源：欧盟委员会贸易司网站①

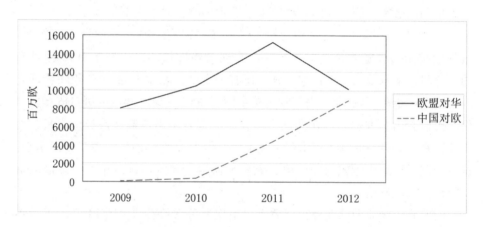

图 14 欧盟和中国双向直接投资（FDI）额（2009—2012 年）

资料来源：欧盟统计局网站②

政治化互动并促进经济收益。图 15 表明这一方法非常成功，特别在最近几年。德国对中国的出口呈现持续高增长态势。这一经济联系也受到德国希望提供对华弹性借贷和对在华企业提供补贴的影响③。

---

① http：//trade. ec. europa. eu/doclib/docs/2006/september/tradoc_ 113366. pdf.

② http：//epp. eurostat. ec. europa. eu/cache/ITY_ PUBLIC/6-19112013-BP/EN/6-19112013-BP-EN. PDF.

③ TAUBE M. Economic Relations between the PRC and the States of Europe ［J］. The China Quarterly，2002，169：78-107.

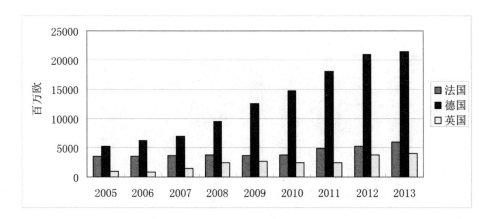

图15 法德英三国对华出口额（2005—2013年）

资源来源：国际货币基金组织①

相反，英国和中国的关系、法国和中国的关系则以摩擦居多。对英国来说，症结仍在香港问题。虽然双方在1997年将香港主权顺利移交，但移交前中英对民主化、殖民问题进行了激烈辩论，由于这些争执，英国公司失去了公众合同的竞标资格，英国对中国的出口出现了很大一段时期的停滞②。法国和中国关系紧张的根本原因是法国在20世纪90年代不顾中国阻挠，坚持对台出售军舰，尽管之后法国政府努力改善同中国的关系，并在一定程度上取得了成效，但若将法国和德国同一时期对中国的出口进行比较，还是能发现法国方面依旧存在提升空间。

以上数据均表明，在最近10年，欧盟和中国的经济互动在出口和投资上都迅速增长，这在欧盟层面和成员国层面都有体现。不断增加的经贸投资联系也为中国提供了在欧洲新的经济机会。欧盟现在在对华贸易中经历着世界其他国家同样的烦恼：同中国的严重的贸易不平衡（见图16），因为中国经济的高速发展和较为低廉的价格且非常庞大的数量，欧盟从中国的进口额呈现井喷式增长，尽管欧盟对中国的出口额也在增长，但还是不足以和从华进口额相提并论。

基于欧盟在对华贸易中严重的逆差数据考虑，也就能够理解为什么欧盟

---

① Data and Statistics：http：//www. imf. org/external/data. htm.

② TAUBE M. Economic Relations between the PRC and the States of Europe［J］. The China Quarterly，2002，169：78-107.

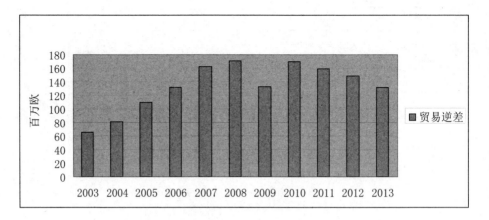

图 16 欧盟对华贸易逆差（2003—2013 年）

资料来源：欧盟委员会贸易司网站①

一直支持中国加入世界贸易组织（以下简称 WTO）了。如果成为 WTO 的成员国，那中国就必须将其在进口和投资上的限制全部改为自由化，欧盟认为这可以帮助欧洲公司减少贸易逆差。但中国加入 WTO 的总体影响并没有欧盟所预期的那样积极，尽管中国的关税在加入世贸后迅速降低，但中国企业还是在初级工业品上，也就是对欧盟来说很重要的纺织、皮革、套磁、钢铁和汽车等部门对欧盟维持着很高的出口率。因为结构性问题，欧盟对华的贸易逆差在中国"入世"后反而进一步加大了，随着人民币汇率和中国银行系统的高储蓄率，问题变得更加难以解决，民众的习惯和安全感的缺乏直接影响到跨国贸易，减少了国内需求并增加了出口的相对压力②。欧盟明确对中欧之间不断增加的贸易逆差表示了不满，并希望中国政府完成开放其市场的义务，并威胁在必要的情况下可能采用 WTO 的制裁方案来解决冲突，这也就发展为欧盟对华"双反"（反倾销、反补贴）调查。欧盟强烈地表达了希望中国完全融入国际贸易体系的愿望，但欧盟对中国融入国际贸易体系后所能给其带来的收益的预期过于乐观。

　　尽管存在一些问题的限制，双方的贸易不断增长的数值也表明欧盟并不允许意识形态或其他问题阻碍其自身经济利益的实现。这在个体成员国中表

① http：//trade. ec. europa. eu/doclib/docs/2006/september/tradoc_ 113366. pdf.

② ELSIG M. Principal - agent theory and the World Trade Organization：Complex agency and "missing delegation" ［J］. European Journal of International Relations，2011，17（3）：495-517.

现最为明显，如德国和法国。但这也需要从集体的层次看，欧盟的"建设性接触"（constructive engagement）政策表明其希望深化同中国的经济关系，但也需要中国政府做出相应回应。

第三节　欧盟对华决策机制

第一章提到，欧盟是一个独特的国际行为体，其对外政策的决策过程与主权国家和一般意义上的国际组织存在很大区别，影响决策的行为体不仅涉及欧盟机构，还有欧盟各成员国的态度，这也就是欧盟外交决策的"双轨制"。欧盟内的决策过程是一个框架，两个机制，这当然也运用到了外交政策的决策上：低级政治领域①的超国家机制，也就是准联邦进程，在决策机制上主要体现在绝对多数投票的使用，另一个是在高级政治领域，政策和决定的通过是由政府间进程做出的，大多只能通过一致同意的方式。为了鼓励欧盟对外政策能够更具一致性，《里斯本条约》创造了单一的制度框架，取消之前的支柱划分，将决策权统一划分给理事会和委员会。本书研究的是新条约后的欧盟理事会内的对华决策过程，理事会作为欧盟各机构和各成员国共同博弈的"舞台"，② 想要了解各行为体在理事会上的作为及其原因，首先要弄清在对华政策上欧盟的决策机制，包括参与决策的具体机构以及谈判协商过程。

在中欧关系的不同政策领域，正如上面所提到的，欧盟的对华贸易和发展政策属于超国家范畴，而安全和政治问题，例如，同中国的人权对话则是在政府间讨论的，成员国首脑和理事会主席是决策中心，而委员会则更像是一个观察者和助理的形象。接下来将通过对政策维度的概述、条约法律基础和相应政策中涉及中国的制度安排、欧盟可利用的资源等来描述在欧盟对华政策不同领域内的决策过程。但作为最重要的立法机构，欧盟所有的政策的制定都是在理事会的环境内进行表决，进而由理事会（有些情况和欧洲议会

---

① 戴高乐在20世纪60年代就提到过"高级政治"和"低级政治"的区别，美国学者斯坦利·霍夫曼（Stanley Hoffmann）在1966年对其也进行了划分，高级政治处理民族国家的根本界定、身份、安全和主权问题，低级政治处理的是不会威胁到民族国家生存力的问题，如管制政治、欧盟经济一体化等。

② WOOLCOCK S. The Treaty of Lisbon and the European Union as an actor in international trade [R]. ECIPE Working paper, Brussels, Belgium, Jan, 2010.

一起）进行通过或不通过。

一、对中国的贸易、发展援助政策决策

欧盟在世界舞台上能发挥重要的作用，主要归功于依靠统一的市场和货币所形成的经济实体在国际贸易和发展领域的影响力。欧盟作为全球最大的贸易实体和最大的发展援助捐助国，其低级政治领域的对外政策在对中国的推行上，大致可以分为两类：共同贸易政策和发展援助政策。共同贸易政策是欧盟对外政策的核心构成部分，而发展援助政策则主要是针对广大发展中国家，目的是支持这些国家的发展以维系并增强欧盟在这些地区的影响①。

（一）对华贸易政策

"贸易政策可能是欧共体成立以来对主权汇集成效最好的广告"，前欧盟贸易委员长布里坦爵士在 1996 年这样认为。作为欧盟不断繁荣的基础，单一的欧洲市场也让欧盟成为世界范围内最大的贸易实体和国际事务中有影响的力量——至少是在贸易领域。当然，欧盟的不断东扩也为其增加了在国际市场中所占的份额，同时，欧盟也位于国际商品和服务贸易的前列：在 2013 年，欧盟占有世界商品贸易的 15%（不包括欧盟内部贸易），紧随其后的是中国 13.7% 和美国 12.9%。而在世界商品和服务贸易中，欧盟更是以 16.4% 遥遥领先于美国的 13.4% 和中国的 12.6%②。具体来说，欧盟在制造业部门的对外出口产品主要是有一定科技含量机器、化学制品，由于日用品的缺乏，欧盟在原材料（矿物、燃料、初级原料、石油等）方面是纯进口方，而在工业制成品上是净出口市场。

中国之所以能在欧盟对外贸易政策中扮演关键角色，很大程度上是因为双方的进出口产品之间存在很大的互补性：中国在原材料和能源方面能给欧盟提供充分补给，而欧盟在机械、工业上的制成品正是中国所需要的，中国已经超过美国成为欧盟第一大进口国③，从上节的图表 13 中可以看出，中国

---

① MOLD A. EU Development Policy in a Changing World: Challenges for the 21st Century ［M］. Amsterdam: Amsterdam University Press, 2007.

② European Commission, EU in the World, http: //trade. ec. europa. eu/doclib/docs/2006/september/tradoc_ 122532. pdf

③ European Commission, European Union, Trade in goods with China, http: //trade. ec. europa. eu/doclib/docs/2006/september/tradoc_ 113366. pdf.

对欧盟的出口额，在 2003 到 2012 年十年间增长了两倍，这就使得欧盟在对华贸易上存在双向贸易赤字。自从双方于 1978 年签订《中欧贸易协定》，双方贸易总额增长了六倍，而赤字也在不断增长。可以说，中国已成为欧盟在世界贸易中主要的国际行为体、伙伴和竞争者。

1. 贸易政策制度规定

欧盟的共同贸易政策（也称共同商业政策 Common Commercial Policy, CCP）是基于《马斯特里赫特条约》131～134 条款①发展而来的，这让欧盟拥有单一的对外贸易政策，也就是共同贸易政策。《马斯特里赫特条约》中强调共同商业政策的目标是"推动世界贸易的和谐发展，积极废除在国际贸易上的限制并见底贸易壁垒"（条约第 131 条款）。第 133 条款赋予了欧盟在商业政策上的专属权力。尽管最开始认为该条款是一份"糟糕的草稿"②，并且认为对共同商业政策会在发展程度的成员国间产生不同的理解，这会导致欧盟在开辟新领域的商业政策时辩论激烈，但《尼斯条约》重新确认了委员会在新的商业领域，例如，服务和知识产品领域内拥有的权限，从而保障了共同商业政策的共同体特性。

而《里斯本条约》对欧盟共同贸易政策做了一体化启动以来最为重大的改革：不仅大幅扩展了欧盟机构职能，强化其共同体特性，共同贸易政策现已基本涵盖所有的贸易政策领域，包括货物和服务贸易、知识产权贸易以及投资活动等，将这些政策领域明确纳入欧盟机构管辖，成为欧盟独享权力的范围，也就解决了欧盟与成员国之间在贸易问题上的权责不清问题，同时共同贸易政策还被赋予外交使命，首次成为欧盟对外行动的政策工具之一。

基于《马斯特里赫特条约》第 133 条款建立的"133 委员会"，在《里斯本条约》实施后变为"207 委员会"，条约将其更名为"贸易政策委员会"（Trade Policy Committee），尽管依据条约和名称有所变化，但这仍是所有理事会下属委员会中最有权力也最积极的，代表理事会监督委员会的谈判情况，同时还能便利理事会和委员会之间的沟通。贸易政策委员会由成员国在贸易问题上的专家和政府官员构成，他们定期在布鲁塞尔举行会面来为理事会在

---

① 在《罗马条约》中，关于共同贸易政策规定的是第 113 条款。但在 1997 年通过的《阿姆斯特丹条约》对条约序号进行了重新编排，相关条款序号变为了 131～134。

② DEVUYST Y. The US Assessment of European Economic Integration：Fears of Fortress Europe in a Historical Perspective ［N］. paper presented at the 18th Annual Conference of the Society for Historians of American Foreign Relations, Vassar College, 1992（6）：18-21.

对外贸易政策方面的政策进行决策。尽管其是一个对共同贸易政策进行日常讨论的委员会，在法律上仅相当于一个咨询机构，但它作为欧盟理事会下属的工作委员会，需要在欧盟进行的每次对外贸易谈判前审查欧委会的政策倡议，并且用一致同意的方式对其进行改动。此外，贸易政策委员会还能在谈判进行中随时向欧盟理事会汇报谈判的进展，并对理事会决策进行建议，因此贸易政策委员会能够在一定程度上掌握欧盟委员会的运行，成为共同贸易政策实际上的决策中心①。

但随着《里斯本条约》对议会决策权的扩大，此前欧委会在代表欧盟和第三国进行贸易谈判时，只需要向当时的"133 条款委员会"报告进展，但随着《里斯本条约》的实施，欧盟委员会有义务向欧洲议会的国际贸易委员会（International Trade Committee）报告谈判的进展情况。议会内的国际贸易委员会因此也获得了在贸易方面关于提案以及与欧盟委员会和理事会进行沟通的权力。此外，《里斯本条约》带来的更重要的改变是直接赋予议会在贸易方面的实权——立法权，条约207（2）条规定欧盟在贸易政策领域实行"普通立法程序"，也就是欧洲议会和理事会在立法决策中地位平等，共同参与决策，为欧盟贸易制定规则，如反倾销等问题，这些政策上的改变都需要得到欧洲议会的同意。议会因此更直接且更明确地参与对外贸易政策的制定过程。

此外，《里斯本条约》第 217（4）条则进一步规范了共同贸易政策领域的对外协定缔结程序。条约赋予了欧盟在对同第三国进行的贸易和经济合作协定中选择优先贸易关系，特别是在具有很高政治重要性的领域。第 217（4）条第一款规定对外协定应在理事会内以绝对多数表决制进行，但随后则列出例外的情况，基于"平行说原则"，首先，在涉及服务贸易、文化产权或外商直接投资的协定时，如果协定涉及议题在内部决策时以一致通过表决，那在对外协定的谈判中也应一致同意；其次，在服务贸易的敏感领域，也就是文化视听服务、社会教育、讲课服务等政策上，也需要以一致同意的方式进行表决。同时条约第 218（6）条规定，欧盟所有同第三方的贸易协定，包括自贸区协定，都需要得到议会批准，这进一步将欧盟议会的决策权扩展到了和第三国的协定上。

---

① LEAL-ARCAS R. The EU Decision-Making Process in EC Trade Policy: The Three Internal Tensions [J]. European Integration online Papers, 2004, 14 (2): 1-43.

2. 贸易政策工具

欧盟的共同贸易政策的实施具体来说包含一系列的工具，主要有四个主要的保护政策工具，还有其他次要贸易防御手段。首先，保护性政策工具包括：共同对外关税、进口配额限制、反倾销措施和资源出口限制（Voluntary Export Restraints，VERs）。其中，中欧之间在 2005 年前后爆发的纺织品争端便是就进口配额展开的。"单一市场"要求欧盟成员国用欧盟范围内对特定产品的进口限制，代替单独成员国的配额限制，当前的进口配额包括了广泛的领域；而中国因其低廉量多的商品对欧盟出口，也成为委员会开展反倾销调查的主要对象国，委员会拥有决定反倾销数量和最低价格的权力，如果出口方对欧盟销售商品的价格存在差别对待，同时如有可能伤害欧盟内成员国的国内制造商，欧盟就会对其采取反倾销措施；而自愿出口限制是在进口方和出口方之间达成的协定，出口方同意自愿限制销售给进口方的商品数量，通常自愿出口限制是政治压力的结果，例如，受反倾销手段的威胁，而通过限制产品总数量来固定和平衡价格则是以消费者利益为代价的。本书第五章将详细介绍欧盟在对华光伏双反案中是如何运用这些政策工具以及这些工具的实施效果。

除了这些主要的贸易保护措施，欧盟还有大量次要的贸易保护的工具，包括基于联合国安理会方案的政治驱动而带来的贸易制裁、补贴、保护条款，以及推动出口的措施。后者允许 WTO 成员方暂缓对普遍规则的运用来保护关键利益，这曾在中欧纺织品争端中发挥过主要作用。

3. 贸易政策决策

在《里斯本条约》赋予欧洲议会重要的同等于理事会的决策权后，理事会、委员会和欧洲议会成为欧盟对外贸易决策中的决策行为体。此外欧盟和对外贸易相关的企业、利益集团发出的"公共声音"也有一定影响。

首先，委员会在对外贸易政策中独享立法倡议权，并负责共同商业政策的执行，因而是中心角色。作为欧盟对外贸易的代表，委员会在欧盟独享权限的领域，对涉及商品、服务和国际知识产权的对外贸易协定进行协商，还享有行政意义上的执行调查和实行反倾销等其他进口限制的权力，这些之后会由理事会再进行修订。因此可以说，委员会扮演的是法官和律师，而理事会是陪审团①。

　　理事会作为欧盟最主要的立法机构，采用绝对多数表决制对委员会所进行的协商进行决策，也会用绝对多数的方法通过由委员会协商的协议，但联合协定则仍需要和议会一致通过。这赋予了理事会重要的决策权，因为理事会可以决定"带走还是留下"这些协定，每个成员国必须对整个协商的成果进行投票。同时在贸易政策委员会的帮助下，理事会能够对立法倡议进行审查，并监督委员会的行动，为了在同第三方协定达成之前实施干预，贸易政策委员会的活动日益积极。需要指出的是，贸易政策条款委员会只能在技术性问题上调整欧盟委员会的协商手段，对政治或敏感问题则没有发言权。而在这些情况里，议题还是要上传到常驻代表委员会，并且如果有需要的话，还要上传给总务理事会。因此，欧盟贸易政策越政治化，贸易政策委员会对议题的控制力就越低。这里也就存在决策过程中，贸易政策委员会和常驻代表委员会之间的制度性权力之争问题②。

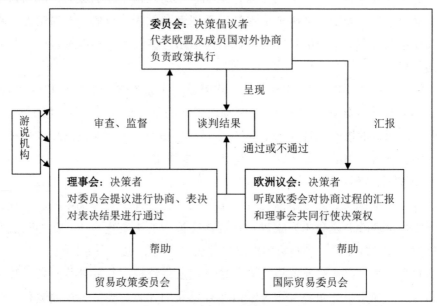

图 17　欧盟对外贸易政策决策过程

①　PETERSON J, BOMBERG E. Decision-Making in the European Union［M］. Basingstoke：Palgrave Macmillan, 1999：105-106.

②　ELSIG M. European Union trade policy after enlargement：larger crowds, shifting priorities and informal decision-making［J］. in Journal of European Public Policy, 2010, 6（17）：781-798.

而欧洲议会之前在共同贸易政策的立法活动中没有正式角色，仅在联合决策程序所要求的情况下，多边或单边贸易协定的通过需要议会的简单多数同意。而正如前面所述，《里斯本条约》强化了议会的决策权，在贸易协定过程中，赋予了议会和理事会同等的权力，不仅可以在很大程度上解决欧盟的"民主赤字"问题，还为决策结果的预计增加了需要额外考虑的因素。因为欧洲议会的议员是直选的，代表最广泛的欧洲民意，不仅能用吸引公共压力的方法来对特定议题施加影响，现在更能直接参与到决策过程中。考虑到欧洲议会对中国的态度一直比较具有批判性，因而议会介入贸易政策决策中，也为中欧未来的经贸谈判带来了更多不确定因素。

此外，欧洲游说机构，如商业欧洲（Business Europe），欧洲商务（Euro Commerce），或其他特定议题的组织也发挥着重要作用。由于讨论的议题的计数复杂度日益增加，这些协会能为决策者在所讨论议题上提供必要信息，但正因如此，理事会的对外决策过程中常受到来自外界的影响。

总之，欧盟理事会和委员会是欧盟对外贸易政策决策中的主要行为体，理事会和欧洲议会最终决定政策的通过与否。

（二）对华发展和人道援助政策

发展援助是欧盟对外政策的低级政治中另一个主要的政策工具。欧盟作为世界范围内最大的发展援助提供者，欧盟和欧盟成员国累计的援助额占全球的一半以上，平均来说，欧盟成员国会将其国内生产总值的 0.4% 用于对外援助，其中丹麦和瑞典是比例最高的，达到 GDP 的 1%，此外，欧盟预算中的 3% 也是用于发展援助的，主要对象是非洲、加勒比海及太平洋地区（ACP）国家[①]。欧盟所有的成员国都是经合组织（OECD）发展援助委员会（Development Assistance Committee，DAC）成员，这样就实现了对各国的援助和发展政策的协调。和对外贸易政策相对应，成员国已经将该政策领域的权限授予了委员会，委员会参与到发展援助活动中，并负责协调欧盟成员国的立场。委员会内的相关机构包括欧洲援助合作办公室，成立于 2001 年，是委员会中负责实施所有对外援助而非人道援助的部门。作为对外援助的补充，联盟还有人道援助政策，这是由委员会的欧共体人道援助办公室（European

---

① KITT F. The EU Aid Architecture: Recent Trends and Policy Directions [J]. The World Bank Group, 2010.

Community Humanitarian Aid Office，ECHO）执行的。欧盟的政策、项目和措施都关注水、食物、健康、教育、发展、自由和安全等关键领域。欧盟对外援助的一个主要方面是"严禁武器（Everything But Arms）"，旨在确保在很长一段时期内，所有欧盟从49个不发达国家进口的产品（除了武器和军火），都没有任何数量上的限制①。

对中国来说，欧盟及其成员国官方发展援助（Official Development Aid，ODA）的最大份额分配给了中国。和1995、1998、2001年的欧盟对华政策文件相呼应，欧盟对华的发展援助现在也超越了传统范畴，转而进入了法制和司法援助、社会改革、教育、环境和经济发展等社会发展领域。发展援助项目的目标是希望能促进中国和世界经济、贸易体系的一体化，支持中国向基于法制和尊重人权的方向转变。欧盟对外援助项目实施的重点是通过提高欧盟援助和成员国双边援助之间的协调来确保对欧洲资源的更好运用，从而增加欧洲在中国的影响力。

欧盟委员会同中国的合作框架包括了130个共计25.5千万欧元的项目。此外，在欧盟人权和民主工具（European Instrument for Human Rights and De-mocracy，EIDHR）下有4个面向中国的项目，其余8个是通过共同体的非政府组织的合作自主项目。同时，欧盟人道援助办公室拥有开展紧急援助的权力。具体到成员国层面，德国实施的援助项目主要关注包括能源、农业治理和健康问题的环境方面，英国的32个项目则强调教育和卫生，也关注水资源等环境问题，法国同样对环境问题给予了很高关注，包括能源利用率，但也强调政府治理和卫生。成员国的不同关注重点一方面是基于各自战略考虑和经济交往的，另一方面也是因为中国在经济迅速发展的同时，付出了一定的环境代价，欧盟成员国可以利用其环境科技帮助解决这些问题，欧盟对政府治理和法制的投资也促进了中国的改革，还提升了欧盟在中国的商业环境。总之，欧盟及其成员国的对华援助项目强调的是对华战略的有形行为，用具体的援助行动支持其整体战略的达成②。

从发展援助政策的实施效果角度来看，可以认为欧盟对中国的发展援助已经成为构建欧盟对外政策处理实际问题的主要工具。欧盟对中国的发展援

---

① HURT S. Understanding EU Development Policy：history，global context and self-interest？［J］. Third World Quarterly，2010，31（1）：159-168.

② European Commission. Regional Policy in China and the EU：A comparative perspective［J］. European Union Regional Policy，2011：7-8.

助项目已经超越了传统的旨在通过善治推动的可持续发展范围，同时，对中国在特定领域的发展援助方法也能让欧洲企业收益，因为这为欧洲工业核心技术的发展提供了新的市场。

欧盟能力的扩散和委员会项目的发展都需要进行跨总司的交流和协调，和中国有关的互动主要发生在对外关系总司（Directorate General for External Political Affairs，DG RELEX）、贸易总司和人道援助总司以及欧洲发展合作办公室。委员会设在北京代表中超过 50% 的工作人员处理的是能促进欧盟在中国形象的发展合作项目，但只有一位代表是处理政治问题的。此外，欧盟商业办公室也在收集欧洲商业相关信息中发挥重要作用①。这里需要特别强调的是对外关系总司，尤其是对外关系总司中国科（H 处 2 科）已成为委员会在对华政策制定过程中的核心机构。另外，对外关系总司内还设有专门负责共同外交与安全政策和多边关系的 1 司（DGA-1）以及专门处理东亚相关事务的 C 处（DG/C），这些部门帮助委员会在欧盟对华政策决策中进行提案和相关调查工作。

总之，可以认为欧盟对外贸易政策和发展援助政策的发展表明欧盟在这些领域已经成为不可忽视的国际行为体并能在国际事务中施加重要影响②。欧盟对外政策的最终决策单元是理事会，而委员会和理事会制度间的协商，以及在共同贸易政策中欧洲议会的决策权，共同塑造了决策过程。

二、对华共同外交与安全政策决策

在共同安全与外交政策领域，欧盟仍是一个正在形成的行为体，主要还是由成员国主导，欧盟仅起着补充的作用。这也就导致了欧盟对外行动资源分散、决策困难和辐射面有限等问题。

《欧洲安全战略》宣示了欧盟的对外安全政策将遵循联合国宪章原则，目的在于通过维护世界的和平和安全，来促进国际社会的有效运行，促进地区一体化，加快发展和增加民主、法制和人权以及基本自由，并共同应对国际

① ALGIERI F. It's the system that matters [M]. In SHAMBAUGH D (eds)：China-Europe Relations, New York：Routledge, 2008：65-68.

② DEARDON S. EU Development Policy：Delivering Aid Effectiveness [J]. Perspectives on European Politics and Society, 2008, 9 (2)：114-127.

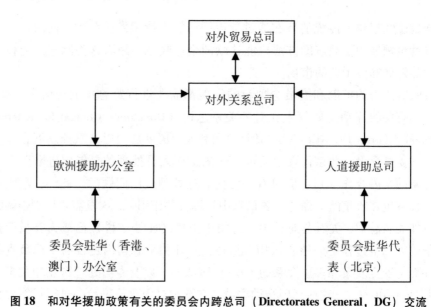

图 18 和对华援助政策有关的委员会内跨总司 （Directorates General，DG） 交流

资料来源：May‐Britt U. Stumbaum, The EU and China：Decision‐Making in EU Foreign and Security Policy toward the People's Republic of China, Nomos：Baden‐Baden, 2009：115.

挑战，如能源、环境和卫生①。《里斯本条约》也指出：共同外交与安全政策的原则和目标包括保卫欧盟共同价值观、基本利益、联盟的独立和完整；共同价值包括对民主、人权、法制和基本自由的尊重，经济、社会和环境的可持续发展以及全球资源的可持续利益；提升双边和多边合作水平以及全球善治等。条约也强调了这些价值是欧盟对外政策的底线。

（一）对华共同外交与安全政策定位

对中国的共同安全与外交政策领域主要包括涉及安全政策的合作、对人权的推动以及在联合国等国际组织上的互动等。具体来说，双边安全和外交事务合作，包括欧盟以及欧盟成员国两个层面上对中国的安全政策以及同中国的安全政策合作；在人权等特定领域，作为欧盟对外政策的核心驱动价值，理事会内部的人权对话在众多外交和安全对话框架中显得最为突出，并在对华政策中产生重要影响；欧盟及其主要成员国同中国在国际组织的互动也是

---

① European Council. A Secure Europe in a Better World：European Security Strategy ［R］. 12 December 2003.

高级政治领域中双边关系的重要构成，例如，在 WTO 中，欧盟委员会代表成员国同中国进行协商，而在其他国际组织，主要是在联合国安全理事会内部，中国处理的是同欧盟成员国的双边关系。

时任欧盟高级代表索拉纳在 2003 年欧洲安全战略的政策文件中提出："作为有 25 个国家、超过 4 亿人口且创造世界国民生产总值四分之一的组织，欧盟，不管你喜欢与否，都是一个重要的国际行为体。"其中，"不管你喜欢与否"的表述也反映了欧盟及其成员国在增加国际影响力上遇到了诸多挑战，也担负着在国际舞台上发挥应有作用的外部期待。《欧洲联盟条约》第二款定义了共同外交与安全政策是：表明欧盟在国际舞台的身份，特别是通过执行共同外交与安全政策，同时带来共同防御政策。欧盟外交政策和安全行为体身份的发展是受后冷战时期国际局势发展推动的，但成员国对完全向布鲁塞尔交出主权感到犹豫，因为主权是民族国家权力和合法性的核心，特别是安全方面。因而共同外交与安全政策的艰难发展过程就一直伴随着成员国间关于如何最好地保护自身安全认识的争论①。欧盟的外交政策已从最开始的欧洲政治合作发展到在《马斯特里赫特条约》下成为欧盟三大支柱之一的共同外交与安全政策，并进一步包括了欧洲安全和防御政策、政治安全委员会、欧洲军事工作组（EUMS）、欧洲战斗小组等。在《里斯本条约》后，欧盟还成立了共同的欧洲对外行动署辅佐权能更大的高级代表的工作，尽管共同外交与安全政策日益呈现"布鲁塞尔化"②，但其本质上在很大程度上仍是国家主导。欧盟外交和安全政策因此更多的表现是一个过程而非政策，有学者批评为"程序的政治"③，成员国部长和欧盟机构之间的争论一直在进行。

欧盟发展战略要求其必须对国际社会的迅速发展做出回应，包括全球化的影响，同时也需要履行欧盟对外所宣称的目标，因此中国在经济上的迅速崛起为欧盟的对外决策设置了一大难题，作为崛起中的地区力量，中国已拥有对亚洲国家强大的经济吸引力，这在一定程度上影响着欧洲的发展和繁荣。同时作为崛起中的国际力量，中国对国际体系规范和制度的态度将对系统本

---

① HILL C. The Capability-Expectations Gap, or Conceptualising Europe's International Role ［J］. Journal of Common Market Studies, 1993, 31（3）：305-328.

② 陈志瑞. 试论欧盟共同外交与安全政策的"布鲁塞尔化"［J］. 欧洲, 2001（6）：55-65.

③ HOFMANN S. European Security in NATO's Shadow：Party Ideologies and Institution Building ［M］. Cambridge：Cambridge University Press, 2013：114.

身有效性产生很大影响。例如，在全球治理问题上，随着非传统安全的增多，如恐怖主义、失败国家、能源安全，中国的合作态度将对应对这些问题至关重要。全球性的流行性疾病 SARS、禽流感和近期的埃博拉爆发后，中国表现出愿意同国际机构以及其他国家进行合作的意愿，这对应对这些非传统安全威胁格外重要，因为中国不仅有合作意愿，还能提供财政和人员支持等。

因此，中国是欧盟对外高级政治领域的天然目标，是欧盟安全战略不可忽视的对象。欧洲安全战略将中国列为需要发展战略伙伴的国际行为体之一①，欧盟在其邻居政策中，向巴尔干地区、索马里、刚果等国家和地区都推行了很好的共同外交与安全政策，而对中国政策将可以检验欧盟在全球范围内外交政策的决策效率。可以说，中国是对欧盟共同外交与安全政策工具和决策程序进行进一步检验的理想案例②。

（二）对华安全决策

前面提到，欧盟在共同安全与外交政策领域内所能运用的政策工具包括共同战略、共同立场和联合行动。但在对华政策整体上，欧盟可利用的工具远不止这些，其经济能力同样能够起到很大作用。"中欧对话"是基于日常的政策文件、在对华战略文件中列出的项目内容、双边官员的广泛个人交往以及超国家同政府间决策过程区别而展开的。除了物质方面，欧盟成员国中，法德和解、德国与波兰之间的和解以及欧盟内部的政治和经济一体化这些特定的经历，也给包括中国在内的东亚国家在制度上和规范上产生很大的吸引力。尽管考虑到重大的历史和地理差异，鉴于东亚地区的历史问题一直破坏着其安全局势的稳定③，欧洲的一些经验并不能为东亚地区一体化提供案例。因此，总的来说，欧盟同中国的外交和安全交往是高度制度化交流和碎片化决策过程并存的过程。

---

① 参见：European Council. A Secure Europe in a Better World：European Security Strategy ［R］. Brussels, 12 December 2003. 及 European Council. Report of the Implementation of the European Security Strategy：Providing Security in a Changing World ［R］. Brussels, 11 December 2008.

② STUMBAUM M. The European Union and China：Decision-Making in EU Foreign and Security Policy Towards the People's Republic of China ［M］. Nomos：Baden-Baden, 2009：117.

③ TANCA A. Towards a comprehensive China strategy ［M］. ZABOROWSKI M（ed），Facing China's rise：Guidelines for an EU strategy, Paris：European Union Institutefor Security Studies, 2006：120-121.

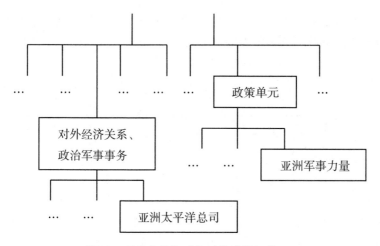

图 19　理事会结构（与对华决策相关）

资料来源：Franco Algieri, It's the system that matters, In David Shambaugh（eds）：
China-Europe Relations, New York：Routledge, 2008：68.①

共同安全与外交政策的中心决策单元独属于理事会。《里斯本条约》并没有对共同安全与外交政策领域内决策程序进行根本性变革，在涉及安全政策的决议仍在欧盟理事会内以一致同意的方式进行表决。委员会和欧洲议会被排除在决策范围之外。理事会负责确保对华安全决策是和整体的共同安全与外交政策指导原则一致的，也就是垂直一致性，还要确保"联盟行动的同意、一致和有效"，这是水平的一致性。理事会内的普遍事务和对外关系理事会（GAERC）协助欧盟理事会的工作。同时，欧盟理事会还得到高级代表支持，除了在形成、准备和实施政策决定的过程中提供支持外，《里斯本条约》还赋予了高级代表在共同外交与安全政策领域内代表欧盟的权力。条约第 13A 条规定：高级代表在共同外交与安全政策的问题上对外代表欧盟，这可以提高欧盟在该领域的超国家形象。同时条约还赋予了高级代表在国际组织和国际会议上代表欧盟同第三方进行政治对话、表达欧盟立场的权力。第 19 条（2）还进一步规定：在欧盟就联合国安理会议程中的某一议题形成了共同立场后，欧盟成员国中的安理会常任理事国就应当请求允许欧盟高级代表联盟陈述欧盟立场。此外，政策单元还能进一步支持高级代表职能，在理事会秘书处设立的计划且早期预警的单元，受高级代表领导。相应地，理事会秘书处中有

---

① STUMBAUM M. The European Union and China：Decision-Making in EU Foreign and Security Policy Towards the People's Republic of China［M］. Nomos：Baden-Baden, 2009：123.

两个单元处理同中国的关系，理事会的对外经济关系和政治军事事务总司下的亚洲太平洋总司，以及亚洲军事力量政策单元。

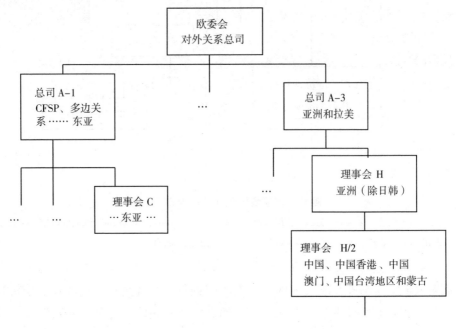

图 20　委员会结构（与对华决策相关）

资料来源：Franco Algieri, It's the system that matters, In David Shambaugh（eds）：China-Europe Relations, New York：Routledge, 2008：67. ①

　　相对而言，欧盟委员会在共同外交与安全政策中的角色相对于其在贸易政策中是边缘化的。条约仅赋予了其将政策倡议汇集并提交提议到理事会中的职能。因为高级代表的存在，委员会没有正式的排他性的提案权。但委员会和共同外交与安全政策的工作之间还是存在一定的相关性，委员会负责一些理事会外交政策决策的执行，如涉及欧洲预算的政策。正如在低级政治决策中提到的，委员会内设有的对外关系总司（RELEX），在该总司内的很多部门都是和中国政策相关的。中心单元是总司 A-3（亚洲和拉美），以及理事会 H，负责亚洲（除了日本和韩国）的事务，理事会下级的次单元 H/2 负责中国和蒙古国事务，这些构成了委员会对华政策的核心。这方面相关的是理事

---

① STUMBAUM M. The European Union and China：Decision-Making in EU Foreign and Security Policy Towards the People's Republic of China ［M］. Nomos：Baden-Baden, 2009：125.

会 C 负责在总司 A-1 中处理东亚事务（包括共同外交与安全政策、多边关系和东亚安全等）。因为中欧关系中政治安全同经济贸易间的紧密关系，所以涉及贸易或发展事务的外交决策时，还有其他相关总司的参与，尽管如此，也可从图 20 看出，这里所列举的这些众多的参与行为体仍旧表明这些繁杂且交叉的政策单元的运行需要更多的委员会内部的协调。因此在对外关系总司内关于中国问题的讨论大多是跨机构、跨单元协调的议题。

欧洲议会在共同外交与安全政策上没有正式角色。议会更多的是起到"公众良心"（public conscience）的作用，因而议会的态度能一定程度上代表欧洲"公众意见"。议会在决策过程中的地位主要体现在：理事会主席需要在共同外交与安全政策的主要方面咨询议会以确保将议会的观点纳入考虑，此外在某些特定问题的通过（如"加强合作"条款）还需要得到议会的同意。同时，议会内的外交事务安全和防御政策委员会（The Committee on Foreign Affairs, AFET）每年同轮值主席的政治理事会有四次特别会晤。尽管在决策中议会并没有否决权，但它还是努力通过对所谓公众意见的宣扬来在欧盟对华政策中施加其影响，例如议会一直对中国的人权和涉藏问题十分关切。

因外部世界的发展，例如欧盟周边失败国家的出现或中国力量崛起的推动，让欧盟理事会不再只是一个负责制定和实施共同外交与安全政策以反映联盟集体利益的机构，更是"调节成员国国内利益的外交会议"①。但是由于欧盟共同外交与安全政策的决策涉及众多欧盟行为体，而决策中心理事会又是政府间组织，其主要成员是欧盟成员国，它们基于各自的国家利益也有不同考虑，尽管欧洲一体化已逐渐进入政治领域，但共同外交与安全政策的决策过程仍然存在根本的认同、利益和机构问题，这些问题在短时间内难以通过自上而下的力量推动去解决②。因此在决策中，最主要的难点已不再是如何解决对外安全问题，而是如何让成员国对外能保持统一立场和姿态③。基于此，本书认为欧盟对华外交与安全决策本身的实质通过是理事会作为最终决策单元来实现成员国偏好的过程。

---

① ADEBAHR C. Think National Interest, Act European [J]. Life after the Crisis, 2009（Summer）: 22.

② HILL C. The National Interest in Question: Foreign Policy in Multicultural Societies [M]. Oxford: Oxford University, 2013: 214-242.

③ 参见：European Union External Action. EEAS Review [R]. 2013. http://www.eeas.europa.eu/library/publications/2013/3/2013_eeas_review_en.pdf

本章小结

　　欧盟拥有制度和复杂的决策程序的对外决策过程，要求对其深入研究首先需要界定特定的研究情境，这是对理论进行验证的基础。由于中欧关系的历史因素以及中国在经济、政治和安全问题上对欧盟带来的机会和挑战，分析欧盟对华政策可以提供一条分析理事会决策如何发展的脉络，从而界定在欧盟地理接近之外的区域，哪些因素对欧盟决策有最重要的影响。

　　欧盟对华政策的实施和调整伴随着国际体系变迁和中欧互动的过程，对各时期的欧盟对华政策的纵向分析表明，经过多次调整和适应，欧盟对华战略整体呈现出明显的务实性、合作性、协调性和连续性等特点，不断推动着中欧关系的稳步发展。在对中欧关系的分析上，首先要认识到经济关系和政治交往的共生性，中欧关系的发展一直是在政治现实的阻碍和经济发展的促进的双重作用下展开的。欧盟受惠于中国市场的开放，并因此希望能够推动其进一步深化，但中欧经济合作并不是在真空中进行的，政治考虑有可能对经济联系起阻碍作用。从欧盟方面看，对中欧关系发展的政治限制源自相对发展不完善，难以制定有效和持续对外政策的欧盟对外机制，以及成员国间基于不同的经济利益考虑形成了相互竞争的关系，限制了欧盟合力的施展，损害了欧盟的集体政策。欧盟的"建设性接触"政策表明其希望深化同中国的经济关系。

　　要了解各行为体在理事会决策过程中的作为及其原因，还需要弄清在对华政策上欧盟的决策机制，包括参与决策的具体机构以及决策过程。在中欧关系的不同政策领域，欧盟的对华贸易和发展政策属于超国家范畴，而安全和政治问题，例如对中国的安全政策，则是在政府间讨论的。欧盟对外经济贸易政策的最终决策单元是理事会和欧洲议会，而委员会和理事会制度间的协商，共同塑造了决策过程。共同安全与外交政策的中心决策单元独属于理事会，相对而言，欧盟委员会在共同外交与安全政策中的角色相对于其在贸易政策中是边缘化的，欧洲议会在共同外交与安全政策上没有正式角色，议会更多的是起到公众良心的作用。欧盟对华外交与安全决策本身的实质通过是理事会作为最终决策单元来实现成员国偏好的过程。

　　因中国力量崛起的推动，欧盟理事会不仅是一个负责制定和实施共同贸易政策和发展援助政策、共同外交与安全政策以反映和推动联盟集体利益的机构，更是"调节成员国国内利益的外交会议"。但作为最重要的立法机构，欧盟所有的政策的制定都是在理事会的制度环境内进行表决，进而由理事会（有些情况会和欧洲议会一起）进行决策：通过或不通过。

第五章

欧盟经济决策案例：对华光伏"双反"案

民事霸权？经济巨人？政治矮子？围绕欧盟的国际行为体特点的辩论不绝于耳①。毫无疑问，欧盟是当今世界主要的经济体，贸易政策成为欧共体成立以来，联盟内部主权汇集成果的"最好广告"。联盟占全球贸易总额的40%以上，尽管其中超过一半的欧盟贸易是在内部市场进行的内部"贸易"②，但欧盟仍是当今世界最大的贸易实体。

前面提到，在欧盟对外贸易、发展援助政策中的决策问题上，欧盟理事会是最终的决策单元，理事会和委员会、欧洲议会都是主要行为体。而在具体的问题上，决策是由少数主要的技术行为体主导的，这也推动了对外经济政策的日益政治化：不同国家主导的决策过程之间差异巨大，欧盟贸易协商有着"成员国之间的协商有时会比和第三国的协商更激烈"③的特点。但是，一旦欧盟在其成员国内部有共同的立场主张，国际协定就会变得更有效率，因为联盟便利了内部不同类型的"边际支付"。因而，欧盟在国际舞台上的经济协定的谈判过程需要根据具体案例，才能分析各行为体和制度因素都分别以何种方式起怎样的作用。

欧盟作为中国最大的贸易伙伴，2013年双边贸易总额达到45464.8亿美元，中国也成为欧盟首要进口来源国和仅次于美国的全球第二大贸易伙伴，是欧盟出口增长最快的市场之一。本章将从欧盟对华光伏"双反"（反倾销、反补贴）案件来看欧盟对外经贸决策，从欧盟成员国的权力、偏好、议会加入、社会化和立场显现程度对欧盟在该案件中决策过程的影响来验证之前提

---

① 参见 PETERSON J, SJURSEN H（eds）. A Common Foreign Policy for Europe?: Competing Visions of the CFSP [M]. London: Routledge, 1998.

② European Commission. EU in the World [R]. http://trade.ec.europa.eu/doclib/docs/2006/september/tradoc_ 122532. pdf

③ Paemen and Bensch 1995: 95

出的妥协模型的纳什均衡解的解释力。

第一节　案例介绍

根据中国商务部的统计，在 2009—2013 年的时间里，中国共遭受的贸易救济调查就多达 328 起，涉案金额 534 亿美元，中欧贸易政治化特征显著，而且多重救济措施并用。其中，欧盟就中国光伏产品发起的"双反"调查就涉及 204 亿美元。[①] 在我国的产业结构调整逐步从劳动密集型向资本和技术密集型演进的过程中，国外对中国的反倾销调查领域也逐步从 2005 年左右的纺织品发展到机电、五矿等行业。以 2012 年的对华光伏产品"双反"案为例。

一、光伏争端缘起

（一）大时代和行业背景

2009 年初爆发的欧债危机成为中欧关系的一大转折点。从冰岛主权债务危机开始，希腊债务问题逐渐凸显，最后蔓延至意大利、西班牙、葡萄牙和爱尔兰，形成了被称为"欧猪五国"（PIGs）的危机形势。欧盟采取了一系列措施来处理和缓解欧债危机，而此次危机的爆发也让欧盟对华的态度和立场有所改变。一方面，债务危机导致欧洲国家贸易保护主义再次抬头，欧盟将其在中欧双边贸易中所处的逆差地位归咎于中国的商品输出，并以此来强硬要求中国对人民币升值，并开放政府采购和服务市场；另一方面，欧盟为了解决自身的债务危机，不可能忽视同中国这一正在日益崛起的经济实体的合作，因而欧盟和中国都努力增加相互之间的理解和协调，以进一步充实双方战略伙伴关系的内涵。因此可以说欧盟内部的主权债务危机给双边关系不仅带来了新的贸易争端，也可以被视为进一步深化合作发展的契机。这是本章接下来要分析的欧盟就中国光伏产品开展"双反"调查及后面协商和决策的大的时代背景。

在双方贸易上，尽管中欧互为彼此主要的贸易伙伴，但争端和冲突仍不

---

① 商务部新闻办公室. 中国对外贸易形势报告（2014 年春季）［R/OL］. 中华人民共和国商务部，2014-05-04.

断。自 1995 年至今，欧盟对我国已发起上百起反倾销调查，截至 2013 年，中国已连续 18 年成为全球遭受反倾销调查最多的国家。① 欧盟对我国发起反倾销调查的相关领域包括自行车、铜纸板、数据卡、有机涂层钢板、太阳能玻璃和包括晶体硅光伏组件在内的光伏产品。

这里要讨论中欧贸易争端就是针对中国的光伏（Photovoltaic，PV）产业。光伏产业主要是为太阳能技术服务的，所谓光伏技术，就是将太阳光光能直接转换为电能的发电技术，是光电伏特技术的简称，其主要工艺是通过将晶体硅（包括单晶硅和多晶硅）和硅锭加工成太阳能的电池板，再制作成太阳能发电模块，最后通过转换器、逆变器等设备组装并实现联网作业。

中国的光伏产业发展于 1958 年，在 20 世纪 70 年代正式投入运用，直到 20 世纪 80 年代中期两个晶体硅太阳能电池板生产线的引进才真正实现产业化经营，光伏产品的大规模运用也是从那时开始。自 1993 年起，国内晶体硅太阳能电池板产出的年均增长量达到 20% 至 30%②。由于 2004 年之后欧盟国家，特别是德国，对光伏产品需求迅猛增长，中国的光伏产业经历了高速发展阶段，欧盟也成为我国巨大的太阳能生产的国内供应链之首。在"十一五"期间，光伏装机容量比以往增加了一倍，并连续五年位于世界第一，晶体硅产量也增长了 95% 以上③。2007 年，中国成为世界上生产太阳能光伏装机容量最多的国家，总产量超过 1 吉瓦（1 吉瓦＝1000 万千瓦）④。有数据显示，在 2009 年至 2011 年三年间，中国的光伏组件产能增长了五倍，到 2012 年，中国的光伏装机容量达 25 吉瓦，占世界的 60% 以上，处于遥遥领先位置，并预计到 2020 年，装机容量可达 50 吉瓦⑤。2012 年，中国的太阳能面板的出口额达到 227.6 亿美元，占国际光伏交易市场的 60%，晶体硅的产量也处在稳定增长阶段，2011 年达到 84000M/T，同样位于世界之首。全球生产光伏模块的前 15 个制造商中，有 9 个是中国公司，占了世界 30% 的份额⑥。和不断

---

① 中国连续 18 年成遭反倾销调查最多的国家［EB/OL］．中新网，2019-01-30.

② HONG Y, HE W, et al. Status of photovoltaic industry in China［J］. Energy Policy, 2003 (31)：703-707.

③ 太阳能光伏产业"十二五"发展规划［EB/OL］．中国政府网，2012-02-24.

④ China's Solar Future：A Recommended China PV Policy Roadmap 2.0. PV Group, SEM, CPIA.

⑤ 李克强：太阳能发电装机 2020 年达 50 吉瓦［N］．东方早报，2012-12-14.

⑥ XU C, WANG L. National survey report on PV power application in China［EB/OL］. IEA website, 2011-05-30.

增加的产出相对应，晶体硅、硅锭、膜片和模具这些光伏组件的价格也在稳步下降，中国的光伏产业技术和太阳能面板质量同样在逐年提升，特别是转换效率实现了突破性的发展。

表3 光伏产业链和技术过程、特点及中国发展

产业链	技术过程	特点	中国发展
上游：多晶硅，硅锭，膜片	对硅进行堆存，转化为硅锭，最后切片形成膜片	资本和能源密集型	中国在2006年进入市场，但发展缓慢
下游：太阳能电池板和太阳能模块	将膜片组装成电池板，进而制成模块	能源和劳动力密集型	中国企业进入较早，现已占主导地位
安装运用：光伏系统组件	对模块进行组装并实现联网作业	资本和劳动力密集型	中国企业在2010年之后进入，得到政府有力支持

资料来源：作者自制①

反观欧洲，截止到2012年年底，欧盟光伏发电累计装机容量为68.6吉瓦，其中2012年欧盟新增装机容量17.3吉瓦。此外，就欧盟总体来说，仍旧处在整个光伏产业链的上游，因为在整个光伏组件及其关键零部件的生产制造过程中，技术含量最高、工艺最为复杂的就是晶体硅的提纯，在这一领域，欧盟掌握核心技术。同时，欧盟也是世界上主要的光伏产品消费市场，欧洲的光伏市场份额占全球的55%。可以说，中国的光伏产品的发展需要从欧盟进口原料，光伏产品的销售也主要针对欧盟，因此我国的光伏产业发展对欧盟有很强的依赖性。

（二）争端的爆发

由于中国光伏产业强烈依赖欧盟的原料和市场，加上中国新能源政策的扶持，近几年中国光伏产业出现了巨大的产能过剩，这也让欧盟有底气和口实对中国光伏产业进行责难。《全球新能源发展报告2014》虽然显示2013年，我国超越德国成为全球最大的光伏市场，但光伏产能量远超需求量，《可再生

① LIU J，GOLDSTEIN D. Understanding China's renewable energy technology exports［J］. Energy Policy，2013（52）：417-428.

能源发展"十二五"规划》预计 2015 年我国太阳能发电达到 2100 万千瓦，但欧洲光伏工业协会（EPIA）《2013-2017 年光伏预测报告》① 显示，中国的光伏产品严重依赖欧洲市场，对欧出口的光伏总量占中国自身总产量的 70% 以上。中国产品具有低成本且产量大的优势，极度挤压了欧盟太阳能企业的生存和利益空间，这是这些生产商向欧盟提起反倾销、反补贴诉讼的直接原因。

同时，正因前面提到的时代背景，欧盟至今仍旧深陷欧债危机泥潭，一直以来的债务危机直接拖累了欧盟的经济发展速度，使得各成员国不得不减少了之前对某些产业的扶持和补贴，其中在 2012 年前后，以德国为代表的成员国取消或部分取消了对光伏组件和相关产品的补贴，欧洲的光伏产业因此失去政府的大力财政支持，其发展受到严重影响，特别是那些和中国光伏制造业同样处在产业链中下游的欧洲企业，在同中国的光伏产品竞争中处于劣势，欧盟对华贸易逆差也进一步加重。加上中国的光伏产业虽具有规模效应和成本优势，但缺乏创新能力和核心技术，同时过分依赖国际市场，特别是欧洲市场，这成为中国光伏产业发展的隐患，是欧盟对华光伏产品进行反倾销和反补贴调查的深层次原因。

此次反倾销反补贴调查最初的申请者是德国的一家名为太阳能世界（Solar World）的公司，由于欧盟要求提出诉讼请求的公司必须能"代表行业至少 25% 的企业"，太阳能世界公司发起并成立了由 25 家欧洲光伏企业组成的行业组织欧洲光伏制造商联盟（EU ProSun）。这些太阳能面板和组件生产商联合于 2012 年 7 月 25 日向欧盟委员会提起对华进行反倾销和反补贴调查申请，认为中国生产并出口至欧盟国家的晶体硅光伏组件等存在倾销行为。同年 9 月 6 日，欧盟委员会对中国出口的光伏组件及重要零部件正式立案，发起反倾销调查，并在 11 月 8 日，开展对中国光伏产品的反补贴调查。

2011 年，中国向欧盟出口的太阳能面板和相关组件价值就高达 210 亿欧元，交易额占中国对欧盟出口总额的 2937 亿欧元中的 7% 左右②，因此这起双反调查成为中欧历史上范围最大、全球内涉案金额最高的贸易摩擦和争端。欧盟之所以受理光伏制造商联盟的双反调查申请，究其原因，主要可以从以

---

① EPIA："Global market outlook for photovoltaics 2014-2018," http：//www.epia.org/news/publications/global-market-outlook-for-photovoltaics-2014-2018/

② European Commission. China EU bilateral trade and trade with the world, Brussels, 2011-07-05, 2.

下三个方面进行分析。一、在政治上，欧盟此举的目的一方面是在主权国家债务危机的影响下导致的欧盟自身在成员国之间影响力和控制力逐渐下降的情况下，欧盟可借由处理贸易争端一事，恢复自身影响力，在同成员国的权力竞争中重夺主动权；另一方面，在中国经济快速增长、国际影响力日益增强的环境下，此举可遏制中国过快的市场发展，并在国际舞台树立欧盟维护所谓良好贸易秩序的形象。二、从经济发展的角度分析，由于深陷欧债危机泥潭，欧盟国家经济增长乏力，成员国失业率居高不下，欧盟需要增加内部贸易往来和对外的商品出口来重振联盟经济，而欧洲的光伏市场主要为中国公司所占领，这对欧盟来说，不仅加大贸易逆差，还挤压了欧盟企业，中国的光伏产业必然在欧盟经济复苏过程中成为首当其冲的"替罪羊"。三、从深层次的战略考虑看，欧盟可将对华光伏双反调查同其他中欧协商内容，如中欧投资协定、中欧自贸区协定进行捆绑，以威胁对中国的太阳能面板和光伏组件征税来增加自身谈判筹码，迫使中国开放更多市场并遵守欧盟的规定。

二、争端发展过程及解决

（一）调查阶段

在宣布对华光伏产品进行反倾销和反补贴调查后，欧盟委员会先后披露了 100 多家欧盟认为会对其自身发展带来损害的中国光伏企业，认为中国的光伏产品倾销行为给欧盟相关产业造成了伤害。在 2009—2011 三年间，中国有超过 500 家企业向欧盟出口光伏产品，欧盟此次对其中 134 家企业进行抽样调查，为其中 6 家强制应诉企业分别计算其倾销幅度及税率，其余 128 家的反倾销税率则依据欧盟反倾销条例的第 6 条来计算加权评价反倾销率。在具体的计算过程中，欧盟暂不承认中国的市场经济地位，因而需要选用第三方国家的数据来对中国光伏出口产品是否为倾销行为进行裁定。欧盟最初选择了美国标准来计算中国光伏产品的正常价值，随后各相关利益行为体就可替代国是否恰当提交意见，在中国对此提出强烈抗议后，欧盟选择了印度的一家公司的相关数据来计算倾销幅度。

之后欧盟官员表示，欧盟委员会会在企业申请的基础上，依照法律程序进行反倾销案件的调查，但中方则始终认为"贸易战"没有赢家，坚持通过对话和协商来解决争端。在欧盟反倾销调查期间，中国一直同欧盟以及成员国进行协商，争取能够以对话的方式来解决贸易争端。在欧洲光伏制造商联盟提出对华进行光伏反倾销调查申请后一天，中国四大光伏企业英利、尚德、天合和阿特斯就代表中国光伏行业和光伏发电促进联盟发表声明，呼吁欧盟谨慎考虑反倾销调查，力阻欧盟立案。半月后中国企业向商务部提交了《关于欧盟对华光伏产品实施反倾销调查将重创我国产业的紧急报告》，同时，中国积极联系欧盟主要成员国以试图从内部影响欧盟决策。在 2012 年 8 月 30 日，在德国总理默克尔第六次访华期间，双方一致同意通过协商的方式解决光伏产业相关问题，尽管在一天后，欧盟给中国驻欧盟使团寄出照会，确认将对中国向欧洲出口的光伏产品进行反倾销调查。在 9 月 6 日欧盟委员会正式宣布对华反倾销调查后，中国商务部于 10 日派出副部长级代表团分赴德国、法国和欧盟总部交涉此案。9 月 17 日，德国总理默克尔在新闻发布会上表示，尽管欧委会已启动反倾销调查程序，但她仍表示要通过政治对话的方式解决双方光伏争端。

（二）初裁后斡旋

2013 年 5 月 24 日，欧盟成员国就对华光伏征收反倾销税进行表态，在 27 个成员国中，包括德国在内的 18 个国家对征税表示反对。但欧盟委员会在计算中国光伏产品政策价值后，于 6 月 4 日对本案做出初裁：在 8 月 6 日之前，对所有的中国光伏企业征收 11.8% 的临时反倾销税，到 8 月 6 日之后，若在此期间，双方仍无法达成和解，则开始征收 37.3% 至 67.9% 不等的临时反倾销税。

虽然初裁结果在近些年的双方贸易纠纷解决方案中，尚属温和，但这不仅让中国政府和光伏企业无法接受，还遭到了欧盟内部主要是德国政府和光伏企业的批评。另一方面，由于初裁将为期六个月的临时征税期划分为两个阶段，这样为双方更多协商和斡旋提供了时间基础。

中欧双方都意识到了通过对话和磋商解决光伏争端的重要性，希望能够切实维护中欧经贸合作大局，避免贸易战和威胁等手段的运用。在这样的国内外环境下，经由双方领导人的多次沟通，加上欧盟主要成员国，如德国、英国等国政府和欧盟内以平价太阳能联盟（Allianz für bezahlbare Solarenergie）为代表的光伏企业的强烈反对，促使欧盟在对华光伏产品的双反调查和制裁上态度逐渐缓和。

于 2013 年 6 月 21 日起在北京召开的第 27 届中欧经贸混委会会议是由中国商务部部长高虎城和欧盟委员会贸易委员德·古赫特（Karel De Gucht）共

同主持的，在这次经贸混委会上，双方就中欧经贸关系的发展和相关问题进行了充分且深入的讨论，德·古赫特作为光伏双反案的积极倡议者，这次也一改常态，表示"双方的目标都是以友好谈判方式解决争端"，强硬态度有了变化。高虎城也总结道，"中欧双方均有意愿和诚意通过价格承诺谈判妥善解决光伏案，也为此正在付诸努力"，并认为"双方技术团队的磋商和谈判是积极的、富有建设性的"。① 在双方谈判释放出积极信号的推动下，6月23日，中国商务部公平贸易局和机电进出口商同欧盟方面开展了新一轮的价格承诺谈判。与之前的谈判相比，此轮协商双方姿态是建设性的，政治氛围也不再呈僵持状。于是，在7月27日，欧盟委员会贸易委员德·古赫特就表示，欧盟已就中欧光伏贸易争端同中方达成解决方案。也就是说，中欧在初裁第一阶段的两个月的时间内，经过艰苦谈判，此次反倾销案双方已达成和解，中方做出价格承诺并接受出口限额。而作为协商结果，8月2日，欧委会也宣布，接受中国97家企业的价格承诺，并取消了所调查的中国134家企业中的94家所征收的反倾销税。此举通过对话和磋商的方式使双方达成友好妥协，避免了贸易争端的升级和进一步的威胁报复手段，这不仅让中欧双方的相关企业能进一步开展深入合作，更对缓和并进一步深化和发展中欧关系起着积极作用。

12月2日，欧盟委员会对本次贸易争端做出终裁，首先确认接受了之前97家企业的价格承诺，有效期为两年，自2013年12月6日起实施；其次，对其他的合作中方企业征收27.3%至64.9%的反倾销税，普遍税率为53.4%②。至此，这宗史上涉及金额最大、波及范围最广的贸易争端在一年后，终于以双方协商妥协的方式暂告一个段落。

就整个事件过程而言，值得注意的是，在5月下旬，欧盟就反倾销征税表态前，中国国务院总理李克强访德，在与默克尔的会谈中明确表态，希望用对话协商的方式解决光伏争端，但欧委会仍不顾大多数成员国的反对，执意对华征收反倾销税，但在具体实施时，却一反常态，分两个阶段进行征税。这一决策过程反映了欧盟对外贸易决策中隐含着诸多复杂利益链。本章的目的就是厘清这些利益链之间的关系，从而分析欧盟在处理对华光伏争端的决策过程中，哪些因素起着多大的作用。要弄清这一因果联系，首先需要了解

①　高虎城晤德古赫特：中欧光伏摩擦磋商富有建设性［EB/OL］. 中新网，2013-06-21.
②　Official Journal of the European Union, Council Implementing Regulation（EU）No. 123, 2013-12-02.

此次贸易冲突的本质，只有这样，才能看清各成员国和欧盟之间的利益关注点。

三、争端实质

（一）反倾销内涵和实施条件

反倾销本身是一种贸易救济的措施，当进口国的相关产业遭受出口国企业倾销行为的损害时，用以保护进口国利益。其设立的目的是维护公平贸易，抵制倾销行为。反倾销的具体措施是在对出口国的倾销行为体进行立案调查后对倾销商品征收除一般税收外的被称为"反倾销税"的附加税，致使其无法再廉价销售，以保护进口国相关产业。此外，还可以通过出口方企业做出价格承诺，以停止低价倾销行为的方法来处理。在这一措施下，进口方在接受了价格承诺后便不再征收反倾销税，这一方法相对温和一些。反倾销救济的原理是，用修正价格的方法，防止出口方以低于正常价值的价格来销售，也就是倾销商品，征收高额反倾销税和价格承诺都是主动提高了出口国产品的价格，使之恢复到正常水平，以此来实现贸易公平。

从法律层面上说，世界贸易组织制定的《反倾销协议》中要求在实施反倾销调查和抵制时，必须具备以下事实：首先，被调查产品必须是以低于正常价值或是公平价值的价格来销售的；其次，该产品低价销售的行为让进口国相关产业发展受阻或利益受损；最后，确认损害和低价之间存在因果关系，也就是进口国产业发展不利是由出口国产品低价导致的。WTO 规定只有在同时满足这三个条件时，所采取的反倾销措施才是合理且必需的。

反倾销调查和最后的制裁都涉及了众多利益相关主体。如果进口方对进口产品实施征收反倾销税的惩罚，那么政府方面可以获得额外的税收收益，同时进口国国内相关企业的生产商可以在短期内增加由价格优势带来的利益。但是，这严重损害了消费者利益，因为只要采取了反倾销措施，短期内的消费者剩余必然减少，也就是消费者不得不放弃或失去那些物美价廉的进口商品，并购买价格更高的国内商品。尽管从长期看，在反倾销措施保护了国内相关产业后，产业若能因此提高生产效率、实现技术进步并实现规模化经营，消费者可以从中收益，但要达到这一预期成果的关键，是进口国相关企业在政府实施了反倾销措施之后，不仅能迅速提高自身竞争力从而扩大市场占有率，还可以控制成本为消费者提供同样物美价廉的商品，同时这一过程还需要考虑耗时长短，因为这关系到消费者承担利益损失的时长。因此，从实施成效的角度看，采取反倾销制裁措施不仅要符合前面提到的世界贸易组织的相关规定，更应该有助于本国企业竞争力的迅速提升，否则这都将损害消费者利益，得不偿失。从某种意义上说，在所谓的"倾销"行为是出口国发挥了自身比较优势而生产的低价且能持续供应的产品时，这对进口国来说不仅可以促使其进行产业调整，优化资源配置，还能让消费者享受廉价优质产品。倘若此时进口方一意孤行开展反倾销调查，那么这不仅是以损害国内消费者利益为代价的，还牺牲了本国相关企业的长远发展利益。

（二）光伏双反案实质

在欧盟对华光伏双反案中，上述情况就非常明显：欧盟内更多的光伏企业其实并不愿意同中国发生贸易争端使自身产业的整体发展受损，在欧洲光伏制造商联盟联合了 25 家企业提出对中国光伏产品的诉讼的同时，德国还成立了一个平价太阳能联盟，并获得了 856 家企业支持①，远超欧洲光伏制造商联盟。其中最直接的原因就是，如果对中国光伏企业进行反倾销制裁导致其产业萎缩的话，会直接影响全球光伏企业的生存，因为中国光伏产量所占比例高且位于产业链中端，若价格升高，位于上游的多属于欧盟的技术密集型多晶硅企业，以及涉及光伏系统组件的安装运用的欧盟企业都要面临更高的成本，这还将辐射到和光伏产业密切相关的机械制造业等行业。有关结论可从相关数据中看出：2011 年，中国从德国进口的多晶硅高达 7.64 亿美元，占中国同类产品进口额 20%，进口银浆总额为 3.6 亿美元，加上中国从德国、瑞士等欧洲国家累计采购了约合 180 亿欧元的光伏设备，这些举措都极大地推动了欧洲光伏产业的上下游企业发展，目前欧盟成员国内，在相关领域的就业人数就高达 30 余万人②。

因此，本次中欧光伏争端的实质是中欧双方在进行政治和经济的博弈。欧盟在贸易领域的合作经过半个多世纪的发展，已形成了高度的一体化，在国际舞台能真正用"一个声音"说话，而且作为拥有世界上最大单一市场的经济体，欧盟在国际贸易领域的影响力不容小觑。《里斯本条约》首次将贸易政策界定为联盟对外行动的工具之一，在实际运作中，欧盟也常用其统一且

---

① 详见 http：//afase.org/en/supporter-list 访问日期：2014/10/22

② 欧盟内讧：制裁中国将摧毁整个欧盟光伏市场 [EB/OL]. 凤凰财经，2013-06-03.

庞大的市场达成某种外交目的，如贸易制裁等，贸易政策在事实上早已成为欧盟强有力的外交政策工具之一。此次中国光伏产品遭受的反倾销调查实质上是欧盟同中国进行政治经济角力，以争取更多利益筹码的争端。因为欧盟一直希望中国能按欧盟标准实现知识产权保护、标准体系建设、开放金融市场、开放公共采购以及稀土出口①，欧盟此番对中国的光伏产业施压，但最后又部分让步，是为了换取中国在其关注的另些方面的妥协。在欧盟委员会对中国的光伏产品进行双反调查立案后，双方企业都是经由上层行政机构，如中国商务部和欧盟贸易委员会进行交涉，时任中国国务院总理李克强也多次同包括德国总理默克尔在内的欧盟成员国政要会谈，双方由经贸问题展开的争端已带有明显的政治博弈色彩。

在本案最初进行立案调查时的欧盟只有法国、意大利、葡萄牙和立陶宛4个国家是支持的，西班牙、奥地利、波兰、拉脱维亚和罗马尼亚等五国则投了算作赞成的弃权票，而包括德国、英国在内的18个国家是明确反对对华光伏产品的双反调查的。总的来说，这4个坚定支持制裁的国家都是左翼政党为主，并且工会势力强大到足以影响执政党政策走向，因而，政府不得不支持对华制裁以迎合工会；而那些执政党是右派的则强调自由经济，反对贸易壁垒，迎合富裕阶层。最终，由于欧盟内部存在贸易保护和贸易自由两派的争论，欧盟不得不选择牺牲自身经济利益以获取更大的政治筹码，执意进行反倾销制裁。但又考虑到金融危机影响下的联盟经济，将制裁史无前例地分为了两个阶段，在缓和贸易摩擦的同时，为自身谋取更大的经济和政治利益。

第二节　决策中的影响因素

上一节对此次中欧光伏之争的缘起、过程和本质进行分析后，可以看到，双方在经贸领域的相互依赖已经达到很高程度，加上欧盟作为主权国家联合体这一特殊属性，使得对欧盟在此次互动中决策过程的研究变得更为复杂，特别是对决策行为的分析，不仅要考虑成员国的偏好主张，还要融入外部因素的影响。例如，欧盟委员会，由于主权国家的贸易方面权限已经让渡到欧

---

① European Commission. Trade, Growth and World Affairs-Trade Policy as a core component of the EU's 2020 strategy [M]. Brussels, 2010: 11.

盟层面，委员会就要代表欧盟在国际上同中国进行谈判，但同时在欧盟机构间，代表共同体利益的委员会、代表各自利益的成员国以及代表欧洲政党的欧洲议会都会参与到博弈当中。此外，主要成员国，如德国是欧盟光伏产品的主要供应商和消费国，因而也会同中国在国际层面协商，而德国的主张也是国内利益集团影响的结果。这里需要对研究的出发点进行界定，否则难以厘清其中复杂关系。

前面提到，本研究之所以从理事会内部运行的角度来分析欧盟对外政策决策，是因为作为欧盟最重要的立法机构，无论对外政策是何种决策程序，都需要由理事会批准通过后方可实施。因此从理事会内部运行的角度分析欧盟对外决策，可以在一定程度上避免欧盟决策多主体、多层次、多地点的复杂性，专注于决策过程，得出更确切的结论。就本案来说，也是如此。

本部分对后面的过程分析提供必要的细节信息，主要是促成决定达成的相关行为体以及制度的内容，为后面分析相关因素在理事会中的互动做铺垫。研究关注第二章设定的五个研究变量：投票规则、偏好分歧、议会加入、社会化和议题重要性的影响维度和深度，先对涉及变量的相关假设进行经验分析。由于研究对象设定在理事会的决策，这里不再展开讨论欧盟多层治理中国内层次上政府目标和战略的决定因素，而是在考虑各利益集团和党派对成员国的影响后，将其视为单一行为体。研究重点设在欧盟层面，也就是这些因素最终汇集到决策单元——成员国构成的理事会中。研究目的是讨论欧盟最主要立法机构理事会这一"黑箱子"的决策过程，也就是在欧盟层面上，相关影响因素如何在欧盟理事会进行决策时施加影响，从而推动欧盟对外表态，完成最后政策通过。

一、投票规则

欧洲联合起源于煤钢共同体，涉及关于反倾销事务的规定，也可追溯到其成立之初签订的《欧洲煤钢共同体条约》，条约规定欧洲煤钢共同体作为在煤钢领域的一个超国家机构享有制定反倾销规则和采取反倾销措施的职能。之后法、德等国也希望能将一体化扩展至其他领域，特别是经济方面。1957年3月，创始六国又签订《罗马条约》（*Treaty of Rome*），同时建立欧洲原子能共同体（European Atomic Energy Community, Euratom）和欧洲经济共同体（European Economic Community, EEC）。自此，欧共体就获得了其成员国经济贸易方面的主权，逐步推行绝对多数表决制，同时形成共同市场，推行共同贸易政策，其中就包含了为反对倾销所制定的贸易保护措施。于 1993 年 11 月 1 日生效的《马斯特里赫特条约》对欧盟的共同贸易政策也有规定：欧盟在共同贸易政策上独享管辖权，其中部长理事会享有最终决策权。而在涉及反倾销决定时，部长理事会需要采取简单多数表决机制。

随后，欧盟在《里斯本条约》中对贸易政策的立法权及表决机制进行了新的规定：增加了欧洲议会的联合立法权，并实行委员会制度①。根据"委员会贸易立法程序建议案"②的规定：通过由成员国政府代表组成"委员会"（Committees）来对欧委会提出的立法建议（包括对反倾销的裁定）进行绝对多数投票机制表决，不再实行原来的简单多数表决制。新规定已于 2010 年 3 月实施。也就是说，在这起中欧光伏争端中，就运用了这一新机制。

最新关于反倾销调查具体流程和细节的版本是欧盟委员会在 2009 年 10 月 30 日公布的第 1225/2009 号条例③。条例全文共计 24 条，主要对反倾销的原则、倾销认定、损害因果关系认定、共同体产业定义、反倾销的立案和调查、临时措施、价格承诺和最终采取的反倾销措施的溯及力、期限以及复审等进行了规定。条例具体界定了欧盟委员会在反倾销调查中的磋商机制和表决机制细节，是对欧盟的反倾销制度的改革。④ 从新规定可以看出，当有组织向欧盟提交了反倾销诉讼后，是由欧盟委员会代表欧盟进行调查，同时与第三国进行谈判的。而欧盟理事会作为成员国利益的代表，其权力在于可由成员国政府代表组成"委员会"来提出建议或协助调查，并且最终的立法权由理事会和议会分享联合行使。也就是说，在欧盟对外反倾销决策中，委员会进行调查和谈判，理事会内成员国和议会握有最终决定权。

具体到此次中欧光伏争端的投票机制，由于反倾销措施被视为欧委会制定的立法措施，加上"委员会制度"⑤ 的实施，部长理事会不再实行简单多

① Regulation (EU) No 182/2011 of the European Parliament and of the Council of 16 February 2011 laying down the rules and general principles concerning mechanisms for control by Member States of the Commission's exercise of implementing powers, http：//www. consilium. europa. eu//uedocs/cms_ data/docs/pressdata/EN/genaff/119516. pdf.

② The Commission proposes to update trade legislation procedures, http：//trade. ec. europa. eu/doclib/press/index. cfm？ id = 682。

③ 相关的内容详见 Official Journal of the European Union, 2009/12/22. http：//eur - lex. europa. eu/JOHtml. do？ uri = OJ：L：2009：343：SOM：EN：HTML

④ 邓德雄. 欧盟反倾销的法律与实践［M］. 北京：社会科学文献出版社，2004：350.

⑤ 委员会制度指的是欧委会在执行措施时，应将相关草案提交由成员国代表组成的委员会进行审核。委员会有权阻止该措施的实施及将事项提交给部长理事会审议。

数投票制，改为由审查委员会（Examination Committee）通过绝对多数表决制进行决策。检查委员会即改革前的反倾销咨询委员会，但将其法律地位由之前的"建议"升级为"审查"，该委员会的投票结果将影响采取反倾销措施决定的最终意见。也就是说，理事会在决定做出时运用的投票规则为绝对多数，其表决机制是依据各成员国国内生产总值和人口等数据计算出的权重所持有的票数，而不是简单的一国一票，具体来说需要同时满足 3 个条件：27 个国家中至少 14 个国家同意，总计 345 票中 255 张赞成票，代表 3.11 亿以上人口。如有一条不能达到，则提议被视为拒绝；除此之外的其他投票结果无论是通过还是无结果，均表示提案获得通过；如结果是拒绝，欧委会可再要求委员会进行新一轮的投票，如被二次拒绝，或在无结果的情况下获得多数（14 个及以上）国家的反对，则由欧委会和成员国代表组成上诉委员会，仍按绝对多数进行投票，投票结果若是通过或无结果，即提案获得通过，如结果还是拒绝，则表示提案被最终拒绝通过。

绝对多数投票规则不仅体现在对中国光伏产业的调查过程中，在委员会确定了临时税率后，理事会要想改变决定，也必须通过绝对多数表决才能通过。而此次争端设定的税率是分两个阶段的，在临时征税期满后，欧盟理事会在对永久税率进行终裁时，仅需要获得简单多数成员国的同意（即 14 个）便可修改委员会提议。也就是说，委员会享有在调查、谈判以及设定临时税率等阶段的相对独立身份和较大自主空间，这体现出欧盟的机构设置是希望能增加欧盟层面在经贸上的影响以制定出欧盟"共同利益"的决策。但是，这里必须看到贸易争端的最终裁定权仍在欧盟成员国手中，且终裁采用更容易反映理事会意志的简单多数表决机制，这一投票机制变化的影响从这次光伏争端决策中便可看出。在初裁的投票中，由于法国、西班牙、意大利等人口大国和票数大国都投了赞成票和算作赞成的弃权票，那么在人口、票数均需要超过绝对多数的双重多数表决制下，即使有 18 个国家反对，也无法改变征税结局。但如果在 12 月 5 日的终裁中，能够获得 15 个国家的反对票，那么就可以推翻委员会的征税提议。

根据前面设定的关于投票机制的研究假定 1：理事会投票规则限制越少，决定涵盖的范围越多。这里涉及的规则就是简单多数和绝对多数投票制，简单多数的规则显然比双重多数限制少，那么研究模型在案例中的结合就是，对华反倾销征税的初裁由于运用的是绝对多数表决制，那么得出决定覆盖范围小，也就是给国际协商提供赢集较小，较小的赢集不能让中国政府和企业接受，进而导致后面的艰难谈判，而在终裁时采用了简单多数决策制则增加了涵盖范围，决定的赢集更大，部分体现了中国的利益诉求，也就促成了争端的最终解决。

二、偏好分歧

本部分主要分析欧盟不同成员国的偏好、立场之间存在哪些不同，这些不同对最终决定的做出或决定的流产都有哪些影响。伴随全球化和日益激烈的竞争，成员国间在对外贸易政策上的主张已经不断政治化和对抗化①，这在本次光伏争端中表现得尤为明显。因而这里首先对欧盟成员国在对华政治和经济政策上的态度进行分类，这是帮助理解在对华光伏反倾销问题和后面案例上各国为何塑造了迥异偏好的前提。

在福克斯（John Fox）和戈德芒（François Godement）于 2009 年发表的《对欧盟-中国关系的权力审计》② 政策报告中，就对当时欧盟成员国的对华政治和经济态度进行了分类。第一类被称作张扬的工业主义者（Assertive Industrialists），主要包括德国、波兰和捷克。这些国家对中国在政治上持批评态度，同时重视维护自身在经济上的地位。第二类是意识形态上的自由贸易主义者（Ideological Free-Traders），他们虽然对中国政治不甚满意，但是坚决反对欧盟对中国实行贸易保护，主张同华进行自由贸易，这类国家有英国、荷兰、瑞典和丹麦。第三类是那些同中国没有重大利益关系的国家，被视为欧盟追随者（European Followers），包括比利时、爱尔兰、奥地利、卢森堡、立陶宛、拉脱维亚和爱沙尼亚。第四类是包含国家最多的随和的重商主义者（Accommodating Mercantilists），包括了西班牙、葡萄牙、意大利、希腊及其他的欧盟国家，这些国家为了获取同中国经济交往中的利益，在对华政治问题上态度友好。这在一定程度上也反映了欧盟整体对华政策的大流和趋势。当然这四类国家之间有很多接近之处，不是严格意义上的区分，同时成员国政府的更迭也会对其在中国政策上产生很大甚至跨类别的影响。例如，在 2005年，当德国由默克尔接任施罗德成为总理后，德国的对华政策发生了很大改变；法国也是如此，在奥朗德上台后，一改前任萨科齐坚定倡导自由市场的

---

① PETERSON J, BOMBERG E. Decision-Making in the European Union [M]. New York: Palgrave Macmillan, 1999: 90.

② FOX J, GODEMENT F. A Power Audit of EU-China Relations, European Council on Foreign Relations [M]. London: ECFR, 2009.

态度，在对华贸易上坚持实行保护主义政策。但作为欧盟成员国在对华政策上的第一个全面分类，其最重要的意义在于，可以帮助理解在对华政策上的欧盟内部的冲突，以及这些冲突如何影响了欧盟决策过程。

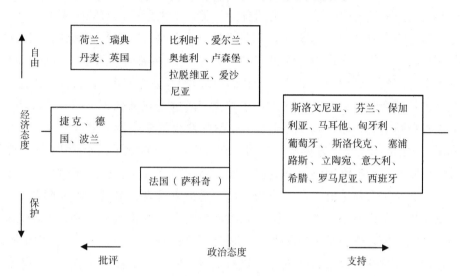

图 21　欧盟成员国对华态度

资料来源：John Fox and François Godement，A Power Audit of EU-China Relations，European Council on Foreign Relations，London，2009：4-6.

具体到经贸问题上，尽管存在对自由化的偏见，且植根于制度化背景中①，但自由贸易反对者和支持者之间的分歧几乎在每一次进行贸易决策时都会产生，成员国间根据对自由贸易的不同主张也划分成不同的阵营。粗略来说，在经济上主张自由贸易的国家主要包括英国、德国，同时得到了来自瑞典、丹麦和荷兰的支持，因此也被称为北部自由主义者；而坚持保护主义的国家则以法国为主导，包括大部分是南部成员国，如意大利、西班牙、葡萄牙和立陶宛，这些国家反对贸易自由化，对其几乎是膝跳反应；爱尔兰、奥地利、捷克或者芬兰的态度也会根据议题的不同有所摇摆②。然而，这些区别

---

① HANSON B. What Happened to Fortress Europe？——External Trade Policy Liberalization in the European Union [J]. International Organization，1998，52（1）：56.

② BALDWIN R，et al. Economic geography and public policy [M]. Princeton：Princeton University Press，2005：448.

只是描述了倾向，而不是特定的政策①，例如，英国可能会在农业政策中表达保护主义倾向，而当涉及鲑鱼贸易时，荷兰就会表现出极大关注。

当再聚焦于本次欧盟对华光伏双反调查时，可以根据对调查立场的不同将参与到该决策过程的欧盟成员国分为三类。主张自由贸易的国家大多是坚定的反对调查成员国，如德国、英国这些中国在欧盟的主要贸易伙伴国。值得注意的是，作为本次争端中欧盟方面最主要的相关国和发起企业所在国，德国政府却投了反对票。其实，早在前总理李克强访德期间，时任德国总理默克尔就明确表示坚决反对欧盟对华光伏产品进行双反调查，同时其经济部部长罗斯勒（Philipp Rösler）还重申，德国在投票中表示反对，但这并非受到来自中国的压力②。德国政府和相关部门领导人一改之前因不满中国政治而在经贸问题上严格维护自身利益的态度，多次在公开场合表达了对双反调查的反对，这一方面是由于德国作为自由贸易的支持者，本身在贸易问题上就反对保护主义；另一方面，德国此举也考虑到了自身长远经济利益，作为欧盟经济领头羊，德国重视发展其同欧盟外国家的经贸关系，且早在 2010 年，中国就已成为德国最大的联盟外的贸易伙伴。同时由于德国企业自身创新能力强、技术先进，其对中国的出口额在欧盟成员国中也是最好的，在光伏争端爆发的 2012 年，中德贸易额占中欧双边贸易总额的三分之一，高达 1311亿欧元。大多数支持反倾销调查的国家都和中国存在严重的贸易逆差，但这一点对德国而言是不存在的，相反正是中国的巨大市场帮助德国企业走出欧债泥潭。

前面提到，法国在对华贸易上坚持保护主义，同时在总统奥朗德上台后，因代表一贯坚持贸易壁垒左翼工会势力，在本次中欧光伏争端中，法国也是反倾销调查的坚定支持者，和欧委会共同站在和中国对立的立场上。法国此举也有基于国内同中国的贸易关系的考量。法国在欧债危机后，国内失业率不断增加，在对华光伏问题初裁前，法国劳工部统计全国失业率为 9.79%，

---

① LEAL‐ARCAS R. United we Stand, Divided we Fall: The European Community and its Member States in the WTO Forum: towards greater Cooperation on Issues of Shared Competence? [J]. European Political Economy Review, 2003, 1 (1): 65-79.

② "Visit of Philipp Rösler, German Deputy Federal Chancellor and Federal Minister for Economics and Technology to the EC," 参见欧盟官方网站：http://ec.europa.eu/avservices/photo/photoByReportage.cfm? ref=023243&sitelang=en, 访问日期, 2014-01-01.

失业人口高达 326 万①。迫于工会压力和为了转移国内矛盾，加上在同中国贸易上法国一直存在巨大逆差，因而法国政府不顾国内相关企业的反对，坚定地支持了欧委会对华双反调查，并在初裁中投了赞成票。但正如本章第一节所提到的，贸易壁垒的建立虽然在短期内可以增加本国相关产业生产商由于价格优势带来的利益，但这从长远看很难实质性推动法国光伏产业的发展，相反，法国若因此同中国关系僵化，更会波及其国内其他行业同中国的贸易往来。因而有学者称法国此举是"饮鸩止渴"②。

至于投了弃权票的西班牙、拉脱维亚、奥地利、波兰和罗马尼亚，后面四国都被福克斯和戈德芒划分在欧盟的追随者类别中，他们因同中国没有密切关系，不愿明确表态，而西班牙的态度则更模棱两可，虽然其一直是反对自由贸易的，但作为重商主义者，为了争取更多来自中国的订单，也不愿在该问题上明确反对或支持。但根据欧委会规定，这五国投的弃权票在最后统计结果时是算作赞成票的，也就是这五国默默地同欧委会和法国等国站在了支持反倾销的队伍中。这些"含蓄的"支持者背后的考量依旧是欧债危机导致的本国经济衰退和对华贸易逆差困境，但迫于中国的经济实力和潜在的贸易关系，这五国选择"静观其变"。

通过以上分析，可以看到参与理事会决策的各成员国的偏好是因何产生以及如何影响的，这一过程首先表明了行为体的有限理性，同时也显示了决策的过程性。结合第二章提出的研究假定 2：成员国偏好分歧越多，决定做出的可能性就越小。可以看到在本案例中，成员国之间存在较大的分歧，因而最终虽然做出决定，但耗时较长且经历两个阶段。

三、议会加入

自 20 世纪 80 年代中后期起，在《单一欧洲法案》《马斯特里赫特条约》《阿姆斯特丹条约》和《尼斯条约》相继通过后，欧洲议会参与立法的权力逐步得到扩展，但仍旧无法与理事会以及主权国家的权力相提并论，议会的立法权有限。随着 2009 年《里斯本条约》的生效，欧洲议会在欧盟对外政策

---

① The StatisticPortal："France：Unemployment rate from 2004 to 2014," http：//www. statista. com/statistics/263697/unemployment-rate-in-france/，访问日期：2014-01-01.

② EHRENTRAUT O, PETER F, The Impact of Anti-Dumping and/or Countervailing Measures on Imports of Solar Modules, Cells and Wafers from China on EU Employment and Value Adde [M]. in Berlin：Prognos, February 2013-02-11：5

方面的影响力与日俱增，特别是在对外贸易和对外投资领域，欧洲议会同欧盟理事会分享决策权，并和欧盟委员会等其他机构以及成员国共同影响着对华政策，中欧关系走向一定程度上取决于这些力量之间的博弈。

欧洲议会和欧盟委员会同是欧盟的超国家机构，但议会是欧盟唯一的直选机构，被认为是欧盟民众政治意志的代表，在某些经贸领域与部长理事会共同享有立法权。具体来说是在普通立法程序中，理事会和议会合作进行决策，双方分别都有二读过程，如果二读后仍未能达成一致意见，则由双方派出同等数量成员组成调解委员会，若调解委员会在六周内形成提案，并提交至理事会和议会均获批准，那么提案获得通过，反之，则不能通过。在对华政策上，相比欧盟委员会在对华立场上的中立、务实，欧洲议会的确相对更关注中欧关系中的意识形态问题，而且在对华政策的制定和实施过程中也发挥着越来越大的作用。

欧洲议会对反倾销事务起着一定作用。除了同理事会共享决策权外，在反倾销问题上，欧盟法律规定欧委会每年须向欧洲议会提交一份年度反倾销调查报告，这里议会主要履行的是其监督权和咨询权。此外，由于《里斯本条约》在将委员会制度引入反倾销决策中，欧委会所提交至委员会的文件将全部同时呈送欧洲理事会和欧洲议会，这两个机构共享相关问题的处理权和审议权，也可以在欧委会执行任务时超出法律授权的情况下随时指出：一旦出现这种情况，欧委会就必须对草案重新审核，并向欧洲理事会和欧洲议会做出解释。

在本案中，议会对反倾销事务多次表达自己的立场。例如，在2012年11月22日的欧洲议会全体会议的辩论上宣布，议会希望委员会加快对中国价格倾销的调查，随后欧洲光伏制造商联盟在其发布会上也重复了这一观点①。在全体会议的辩论中，欧洲议会表示正在进行的调查应该涉及工业、市场数据，并将其递交至欧委会官员中，来对欧洲和中国企业进行监督。委员会在对每一事项进行调查时，期限最长为9个月，这就要求反倾销调查的结果需要最晚在2013年7月初做出。然而，议会的大多数成员都要求在9个月的截止日期前采取行动，其原因可从欧洲光伏制造商联盟发布会的声明中看出：加快调查是考虑到2012年度的最后几个月将有大量的企业破产，因此议会此举是

---

① ALI-OTTINGER S, European Parliament members ask for speed in trade case investigation [N]. PV Magazine, 2013-11-23.

为了确保欧洲太阳能工业能提供更多就业机会。

前面关于议会加入所提出的研究假定3：当议会观点和欧盟一致时，议会加入对决策结果没有影响；反之，会减小做出决定的可能性。但这一假设要求先分析议会立场和成员国偏好分布，在本案例中，议会不仅主张对华进行反倾销调查，还要求加快调查进度，偏好是和欧委会一致，同时由于欧委会的贸易委员会是主管反倾销事务的，当议会加入理事会决策过程时，对决定的政策的核的大小没有影响，但推动了决策进程。

四、社会化

这里对社会化的论述主要包括两个方面的内容：官员的超国家认知和协商中规范的作用。论证在此次中欧光伏争端中，行为体在接受社会化规范影响后是否扩大了政策选择，从而影响决策进程。

关于欧盟和成员国官员的超国家认知在欧盟决策中所起的作用，这里可通过欧盟贸易委员德·古赫特和在此番贸易争端中的表现及影响看出。德·古赫特自2010年起任欧盟贸易委员，在此次争端中被一致认为其"态度偏执""强硬"[1]，他曾在欧盟就此次争端征求意见投票中包括在德国在内的14个成员国表示反对对华征收惩罚性关税后仍旧表示，"欧委会不会屈从于压力"[2]。随后，德·古赫特还发表了1200多个英文单词的演讲，以解释欧委会为何要对从中国进口的太阳能产品征收反倾销关税。在其对外贸易立场上，德·古赫特原是一位自由贸易主义信徒，但在其担任比利时荷语区弗拉芒自由和民主党（VLD）主席期间，VLD在意识形态从经济自由派日益转向至中间派，并放弃了自由市场价值观，显示出撒切尔主义的右翼保守派特点。德·古赫特毕业于布鲁塞尔自由大学，该学校崇尚理性、追求学术自由，但他经常显得理性有余而变通不足。这可以从《犹太人纪事报》(*The Jewish Chronicle*) 于2010年9月3日的报道[3]中看出，德·古赫特当时已就任欧委会贸易委员，但其在接受比利时荷语电台VRT采访时，针对犹太群体发表了不敬言论，表示是"犹太人阻碍了中东和平进程"，"难以同犹太人进行理性

---

① 中国光伏企业的"仇敌"：卡洛·德·古赫特其人 [EB/OL]. 北极星光伏网，2013-05-28.

② 欧盟官员：不会屈于内部反对声音 [EB/OL]. 财新网，2013-07-30.

③ LIPMAN J. Outcry over EU man's 'antisemitic' remarks [EB/OL]. http://www.thejc.com/news/world-news/37568/outcry-over-eu-mans-antisemitic-remarks，2010-09-03.

的交谈"等。但德·古赫特在之后的光伏争端协商中，还是展现了其务实主义者的作风。在欧盟成员国政府明确反对双反逐渐显露出来后，欧委会似乎急于结束争端，将6个月的初裁期划分为两个阶段，表现出希望能够通过谈判和平解决贸易争端的意愿。欧洲国际政治经济中心（ECIPE）主任霍素克·李-牧山浩石（Hosuk Lee-Makiyama）对德·古赫特的评价可以很好地概括社会化程度对其决策的影响，"德·古赫特是个十足的欧洲理想主义者……相信单边主义，同时更强调成员国利益而很少考虑整体经济形势"①。可以说，官员超国家认知不足在一定程度上阻碍了欧盟共同政策的决策。

但从争端最后历时一年多后得以解决可以看出另一种社会化的力量的推动作用，这里将其理解为理事会决策中"寻求一致"等协商规范的影响。尽管争端的解决是以双方各让一步得以达成的，但委员会一改最初的苛刻立场，变得务实，一方面是担心同中国关系的恶化，在德·古赫特宣布对中国光伏企业进行分阶段征税的后一天，中国商务部随后表示将对来自欧洲的葡萄酒展开"双反"调查，这被解读为对欧盟对华光伏征税的报复，这对深陷欧债泥潭的欧洲政府和企业来说，是难以承受的；另一方面，包括德国、英国在内的欧盟成员国强烈反对欧委会开展反倾销调查，尽管成员国都已将贸易方面的主权让渡给欧盟机构，但这些大国在欧盟的影响力以及对其他小国所起的示范作用仍对决策产生着影响，在一定程度上制约了委员会的一意孤行。例如，德国经济部部长罗斯勒就曾多次提醒欧盟委员会和德·古赫特，不要同中国进行贸易战，要考虑经济后果。尽管法国等大国仍旧坚定支持要对华进行反倾销调查，但在部长理事会决策时所遵循的集体决策协商性规范，如"寻求一致""要合作而不是斗争"这样的合作精神就推动着各国都在寻求合作和妥协，而不是对抗，这些规范给成员国在特定情况下应如何行动做直接的引导，尽管政府官员在进入决策前有不同程度的社会化，但一旦进入理事会决策的环境中，通过内部交往，都不同程度地受这些规范的影响。同时，这些规范为某些成员国追求更接近自身偏好的政策提供了游说空间，最后集体决策的达成，所出台的欧盟政策位于所有参与者都能接受的赢集范围，并同帕累托最优解的集合存在交集。

因此可以说，在此次中欧光伏争端中，欧盟的决策过程充分体现了研究假定4：与成员是纯政策导向相比，理事会决策在成员社会化后更易发生。在

---

① 德古赫特：一个欧洲理想主义者的偏执［EB/OL］. 新浪财经，2013-06-06.

决策某些成员本身固执己见社会化程度低时，欧盟对华决策遇到意见分歧而导致的内部冲突，但又在理事会决策环境内受"寻求一致"等规范的影响，最终促成欧盟对华决策的完成，政策也在各国接受范围内。

五、议题重要性

在议题重要性这一点上，主要关注的是在中欧光伏争端这一事项上，因其对各成员国的重要性不尽相同，进而发展为行为体对决策的重视程度以及基于此施加的影响力，从而一定程度上决定了最后出台的政策结果的偏向。议题重要性一方面是成员国潜在能力的一部分，国家能为其进行动员以增强自身影响力；另一方面也是议题更重要更能促进行为体在国家间协商中表现积极，以减少最终结果偏离其最佳偏好的程度。

在本案中，议题重要性能否发挥作用取决于成员国将其强烈的偏好转化为对外界施加影响和采用各种谈判技巧并促成政策结果达到其预期效果的程度。对华光伏反倾销征税这一事项给不同成员国赋予了不同议题重要性，而对德国来说"重要性"尤甚。这主要可以从两个方面看出：一方面是德国光伏产业对于德国的重要性，前面提到，欧盟在 2012 年的累计发电总装机容量是 68.6 吉瓦，而德国就占了其中的 47.7%，达到 32.7 吉瓦，在 2012 年中，德国的新增装机容量占欧盟总的新装机容量的 44%①，因此，无论从光伏产量的总量还是增量上看，德国在欧盟成员国间绝对处于优势地位。基于此，德国对此事件格外看重也就不足为奇了。除了德国光伏产业占整个欧盟产量的近半数外，打压中国的光伏产业对德国来说本身也是一件损人不利己的行为。这一方面可以分为以下四点论述：第一，作为欧盟光伏产业的龙头老大，倘若欧盟的相关产业萎缩，那势必威胁到德国，首当其冲的就是国内的就业机会，有研究机构估计，欧盟的就业率在对华光伏征税后损失会加大，若征收 35% 及以上的反倾销税，三年内欧盟将失去 24 万余个工作岗位，其中 8.22 万个波及德国就业市场。尽管有企业会因为价格优势有所短暂复苏，但这些收益丝毫难以弥补欧盟可能蒙受的 103 亿欧元的产值，其中三分之一是德国

---

① EurObserv'ER：slowdown in 2012 on European Union's photovoltaic market after the 2011 euphoric growth ［R］. http：//www. eurobserv-er. org/pdf/press/year_ 2013/photovoltaic/english. pdf

所损失的①。第二，德国的机械制造等行业是和光伏产业紧密相关的，例如全球超 70% 的太阳能电池均由德国制造，而中国光伏企业也依赖德国的制造业，可以预期中国光伏产业的衰弱必将让德国机械制造业失去庞大的海外市场，这是德国政府和企业所不愿看到的。第三，德国为增加清洁能源的使用率，制定了 2020 年减排目标，在制定《可再生能源法》时，德国政府就希望通过减少补贴促进本国光伏企业进行技术升级从而降低价格，中国的光伏产品正可通过其价格低廉这一特性促使德国企业改进技术，可以说，中国的光伏产业对德国社会的可持续清洁能源战略也有重要意义。第四，前文提到的中国商务部对欧盟葡萄酒进行反倾销调查等报复性措施也为德国给予了示范效应，之所以没有涉及德国对华出口的汽车等产品，被普遍理解为中国政府发出的善意警告②。

　　上升到理论层面，这可以被解释为：行为体在理事会进行对华决策时，既受到来自国内利益集团的压力，从而在对外事项上强烈坚持自身偏好，同时还有国内合法性的制约，成员国还能进而将这种制约转化为实际的影响力。但正如在第三章所提到的，议题重要性要发挥恰当作用，成员国必须采取适当的谈判桌上的技巧。这主要体现在整个协商过程中，德国对欧委会以及法国等支持调查的国家所进行的说服、交易、威胁等技巧，例如，前面提到的德国经济部长罗斯勒对欧盟委员会和德·古赫特强硬立场的警告，并且这一警告还获得了德国总理默克尔的支持。③ 同时，在中国表示将对从欧洲进口的葡萄酒进行反倾销调查时，德国的游说虽没有完全说服法国，但至少间接削弱了法国支持对华光伏调查的合法性，减少其来自国内政治的压力，削弱了其对此议题的重视度。

　　由本案可以看出，欧盟光伏龙头老大德国在此次争端中起"承上启下"的作用，德国之所以如此热衷积极，很大一个原因就是其在此议题上的重视程度远高于其他行为体。因而在初裁后的二次调整对华征收关税的问题上，

---

① EHRENTRAUT O, PETER F. The Impact of Anti-Dumping and/or Countervailing Measures on Imports of Solar Modules, Cells and Wafers from China on EU Employment and Value Added [M]. Berlin：Prognos, 2013, 2（11）：3-6.

② BLENKINSOP P. EU solar panel inquiry draws warning from China," Sep 6, 2012 http：//www. reuters. com/article/2012/09/06/us-chinasolarcos-dumping-idUSBRE8841MI20120906,

③ Rösler warnt vor Handelskrieg mit China, http：//www. zeit. de/wirtschaft/2013-06/China-EU-Solar-Strafzoelle-Roesler, 5. June 2013

委员会和法国等支持调查国家态度缓和，政策结果向德国的偏好靠拢。这也反映了第二章的研究假定 5：成员国对特定议题赋予的重要性程度越高，理事会决策结果就越接近其偏好政策。

在分别论述这五个变量后，接下来是将这些变量纳入模型中先后进行定量和定性分析，验证其解释力。

第三节 妥协模型的运用

一、定量研究

（一）权力指数

这里关注的是投票权力的影响力，投票权力指数是将具体的投票权重按一定计算方法转化为具体的数值，这里将其理解为影响理事会决策的成员国政府正式权力。投票权力也就是成员国所能坚持自身利益偏好的能力，由于新的决策程序（如联合立法）和绝对多数表决制的广泛运用，会带来成员国投票权重的变化，从而成员国贯彻自己偏好的能力也会发生变化，成员国投票权力的不均衡分布将对欧盟决策结果产生影响。

本书第二章在建构理论模型时表明，基于简化理论和便于操作的目的，对"权力"这一变量的设定以各成员国的投票权力为基础，并将"议会的加入"这一涉及决策程序规则的变量统一考虑。因为制度现实主义理论中的权力不再是单纯的权力关系，强调的是制度性权力，将代表投票规则和决策规则的权力结合分析，丰富了模型中的权力内涵。

在回顾当今理论界主要的关于权力指数的计算方法后，结合欧盟对外决策的特点和联盟内寻求共识的协商环境，决定在案例分析中选择沙普利–舒比克指数（SSI）来计算部长理事会内行为体的权力指数。欧盟对华光伏反倾销议题的出现和协商因为发生在 2012—2013 年，彼时克罗地亚还未正式入盟，第三章中统计的欧盟 27 国 SSI 值可以运用到本案例中。又因为案属欧盟拥有决策权的共同贸易政策领域，采用的是联合决策程序，这里还需要加入议会的因素。根据前面介绍，欧洲议会共 766 个席位，尽管不参与到理事会内的投票过程，但它能通过联合立法对最终结果施加影响，按同样的运算法则①，议会权力指数为52。

（二）行为体立场及立场重视程度

1. 行为体立场

行为体在本次中欧光伏争端中，针对是否对华光伏产品征税和如何征收问题的立场可以从委员会就初裁进行的投票看出，这里对这些立场进行如下数据处理：

立场0表明接受现状的国家，坚决反对对华光伏产品征税，并在公开场合强烈表明其立场，这类国家有德国、英国。

立场20的国家是那些基本主张也是反对征税的，但没有上述国家立场鲜明。这里的立场鲜明和立场重视度是不同的，鲜明指的是表达立场的态度，而重视则指该议题与其密切度。这类的国家有：比利时、丹麦、芬兰、希腊、爱尔兰、卢森堡、荷兰、瑞典、匈牙利、捷克、斯洛文尼亚、斯洛伐克、爱沙尼亚、马耳他、塞浦路斯和保加利亚。

立场100指的是那些投票支持对华征收光伏反倾销税的国家，也就是希望百分之百改变现状的国家，即法国、意大利、立陶宛和葡萄牙以及欧洲议会。

西班牙、拉脱维亚、奥地利、波兰和罗马尼亚这5国在该问题上没有表明特别立场，说明这5国可以接受任何结果，但其投出的票是计算为赞成票的弃权票，因而这里在计算的时候，认为其立场是100，这也是出于模型运用中数据处理的考虑。

2. 议题重视度

对议题重要性的测量是根据成员国受该议题的影响程度以及同中国的相关密切度进行的。在本案中，这里选取了欧盟成员国同中国成员国近三年光伏产量数据和在2012年上半年的进出口额数据来提取成员国在该议题上的重视度。立法草案的重要性是根据国内利益集团相关利益主张这一假设的，议题越重要，就表现在现有政策的改变会带来越有冲击性的后果。具体来说，因为此议题是光伏反倾销反补贴，欧盟内支持调查的利益主张是基于其内部

---

① THOMSON R, STOCKMAN F, Research Design：Measur ing Actors. Positions, Saliencies and Capabilities［M］// THOMSON R, STOKMAN F, ACHEN C, et al. The European Union Decides. Cambridge：Cambridge University Press, 2006：50.

光伏企业害怕受中国光伏产品"倾销"影响其生存，所以这里分析的数据是光伏产量，而非销量或需求量。此外，同中国的贸易额表明其同中国关系的密切度，也就是对涉及中国决策的关注度。同时成员国内提案中的叙述也列举了通过特定议题的原因①，这一点在前面举例论述成员国立场时已有提及，下面会综合考虑。行为体可能根据不同的程度来衡量政策议题，因为行为体或多或少会受到政策议题本身性质的影响。然而，委员会通常被认为是一体化的推动者和欧洲共同利益的守卫者。因此，这一测量也相当于对整个欧盟立法秩序下相对议题重要性的评估。考虑到委员会草案是最先批准的提案，重要性变量代表了委员会的评估，而不是一些外部的独立的评价。

为简化起见，本研究对议题重要性的研究采用分级计算的方法，而非按特定算法生成电脑数据。一方面，关于具体案例中议题重要性的数据收集现有文献不多，已有的讨论大多是建立在对欧盟整体决策中各国重视程度或是根据议题分类的结果统计的重视度；另一方面，现有根据即时收集数据进行议题重要性测量的文献，大多也是用百分制中取整数来计算的，虽然不甚精确，但仍能反映最终的决策结果，也便于比较哪些变量发挥了更主要的作用。因此，在立场重视程度的数据上，本研究采用从 100 按 20 依次递减的算法。

图 22 和图 23 分别列出了欧盟成员国同中国在 2012 年上半年的进出口额对比表和 2012—2013 年的光伏产量。可以看出，在对华贸易上，德国是欧盟成员国中唯一取得贸易顺差的大国，贸易总量也达 641.78 亿欧元，而德国的光伏产量也遥遥领先于紧随其后的意大利，因此，德国在此议题上的重视度应该是很高的；而英国、法国、西班牙、比利时和意大利在这两方面虽然仅次于德国的数据，但相对而言还是高于其他成员国一个水平，因而这几个国家的重视度为第二等级；奥地利、希腊、捷克、罗马尼亚的光伏产量在欧盟成员国内产量也居前列，但对华贸易总额有限，因而划分在第三等级；保加利亚、斯洛伐克、丹麦、葡萄牙、斯洛文尼亚因其光伏总量和同华贸易密切度值均不高，因而位列第四等级；瑞典、匈牙利和波兰虽然光伏产量不高，但同中国贸易相对密切，因此出于同中国的关系，对自己的主张还是有一定坚持的。其他没有明确列举的国家则是在这两方面指数均不高，因此这里处理为没有明确重视度，但出于计算的需要，设定为 1。

---

① European Communities: Joint practical guide of European Parliament, the Council and the Commission for persons involved in the drafting of legislation within the Community institutions, Luxembourg: Office for Official Publications of the European Communities, p. 31, 2003.

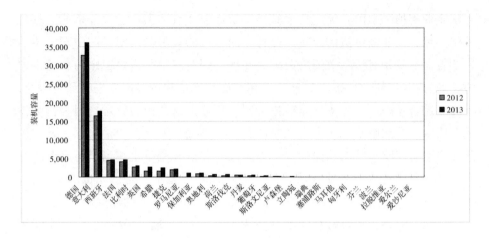

图22　2012年上半年欧盟成员国与中国的进出口额

资料来源：EU-China Summit：EU28 deficit in trade in goods with China down to 62 bn euro in the first six months of 2013，Eurostat Press Office，19 November 2013.

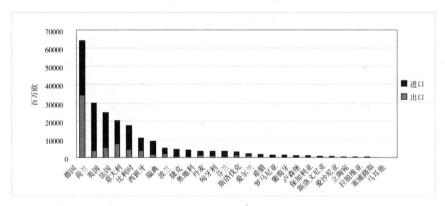

图23　欧盟成员国光伏产量（2012—2013）

资料来源：EUROBSERV-ER：Photovoltaic Barometer 2012；

EUROBSERV'ER：Photovoltaic Barometer 2013.①

欧盟成员国及欧洲议会在本案中的偏好立场及其重视程度，这里可以进行以下总结，成员国按立场不同进行分类，后面的数字表明该行为体对光伏问题的重视度（见表4）。

————————

① 分别参见：http：//www. eurobserv-er. org/pdf/photovoltaic_ 2012. pdf 和 http：//www. en-ergies-renouvelables. org/observ-er/stat_ baro/observ/baro-jdp11_ en. pdf

表4　欧盟成员国及欧洲议会在对华光伏双反案中的偏好立场及其重视度

立场数值	国家及其重视程度
立场0	德国100
	英国80
立场20	比利时80
	希腊60、捷克60
立场40	斯洛伐克40、斯洛文尼亚40、保加利亚40
	瑞典20、匈牙利20
	芬兰1、爱尔兰1、卢森堡1、荷兰1、爱沙尼亚1、马耳他1、塞浦路斯1
立场100	法国80、西班牙80、意大利80
	罗马尼亚60、奥地利60
	欧洲议会50、葡萄牙40
	波兰20
	拉脱维亚1、立陶宛1

（三）结果的计算及数据分析

1. 结果计算与误差分析

根据接近纳什均衡解的公式：

$$政策结果\ P_x = \frac{\sum_{i=1}^{n} 权力_{xi} \times 偏好_{xi} \times 议题重要性_{xi}}{\sum_{i=1}^{n} 权力_{xi} \times 议题重要性_{xi}}$$

计算的结果是66.31（计算过程见附录2），表明最终结果是倾向支持征收方的。这表现在，初裁中，虽然投票中27个成员国中有18个表示反对，但是通过基于妥协模型计算的纳什均衡解表明仍是征收方占优。而终裁的实际政策结果，可以从理事会的最终决议中进行分析。

在 2013 年 12 月 2 日理事会通过的 2013 年第 1238 号名为《对从中国进口的晶体硅光伏模块和关键部件（即电池）实施最终反倾销税和征收临时税》①管理条例（Regulations）中，对此次争端的最终处理结果是如下论述的：

> 根据决定，下面的税率是适用于那些并没有参与价格承诺的中国太阳能出口商的：
>
> 配合调查中企业征收的平均税率是 47.7%，这也适用于大多数出口商。
>
> 对那些不配合欧委会调查的出口商征收 64.9% 的税率，但这估计少于 20% 的企业。
>
> 税收由反倾销税和反补贴税组成，比例如下：
>
> 对配合调查的企业的最终反倾销税在 27.3% 至 64.9% 之间，对不配合调查的企业征收的是 53.4% 的反倾销税。
>
> 对配合调查公司征收的最终反补贴税是从 0% 和 3.5% 至 11.5%，其他不配合的企业税率是 11.5%。

在这份管理条例中，欧盟综合运用了征收反倾销税、价格承诺等贸易保护措施。欧盟的反倾销惩罚性关税税率高达 47.6%。相比欧盟自 6 月 6 日起执行的 11.8% 的临时税率，和 8 月 6 日后上涨至 47.6% 的税率，其平均税率为 37.2% 至 67.9% 不等。但欧盟委员会在 8 月对参与了"价格承诺"的中国企业进行了名单确认，而最终的征税将只适用于那些未履行"价格承诺"的中国企业，大约 75% 的中国出口商都给予了价格承诺，因此并不会承担任何反倾销或反补贴税。欧盟的终裁结果避免了贸易战的展开，欧盟政府和企业均对此结果表示满意，这也说明欧盟成员国的利益在此得到了相当大程度的满足。

由于对各成员国就决议表态的论述收集较为困难，这里将从理事会最终决议和欧委会初裁结果对最终政策进行评分。相比于欧委会最初的主张，理事会最终通过的决议是有所缓和的，接受了价格承诺，免除了这些企业的惩罚性关税，但同时加重了对那些没有进行价格承诺企业，特别是没有参与调

---

① Council of European Union, Council Implementing Regulation（EU）No 1238/2013 of 2 December 2013, Official Journal of the European Union, 5. 12. 2013.

查企业的惩罚力度。因为价格承诺在某种意义上也是对中国光伏产品的制裁以及对欧盟本土产品的贸易保护，所以，如果最强硬地坚持征收高额惩罚性关税的政策为100，那么理事会最终决议的得分应该在75~80之间，这里就存在接近10的误差。当然，这一方面是定量研究在做数据收集时，特别是涉及本案对成员国议题重视度以及对正式政策结果的判断等数据的统计有受研究者主观因素的影响，这些不甚准确的数据可能会使最终结果出现一定程度的偏差，这也是定量研究所必须承担的研究风险；另一方面，妥协模型只考虑了三个变量——行为体的权力、偏好立场和立场重要性，尽管在行为体权力影响的计算中，考虑了议会的加入情况，在选用SSI指数时也已考虑了理事会内的决策环境，但国际社会化对欧盟决策环境和成员国立场的影响并不能通过更精确的定量研究做出，因而这里至少忽视了"社会化"这一因素，这将在接下来的定性研究中分析。

2. 控制变量与结论输出

尽管存在一定的误差，但通过这一计算，还是能得出对理事会内决策影响因素及其影响力度非常重要的结论的。首先，理事会投票规则的不同将赋予成员国不同的投票权力，本文根据SSI数据统计的是在绝对多数程序下的结果，而如果换成一国一票一致同意规则，也就是投票限制增加之后，再按妥协模型计算的纳什均衡解是52.26，表明政策更为中立，表明新政策可能涵盖的政策范围会变小。这和正式计算结果存在14.05的差距。

其次，这里对成员国偏好立场的计算是按对现状的改变程度计算的，也就是征税主张越强烈，数值越高。坚决维持现状0，可以维持现状20，完全改变现状100。如果成员国偏好分歧增加，也就是将那些20的立场值都变为0，用妥协模型计算的结果是64.54，数值更接近政策现状，表明政策结果更偏向偏好被改变群体的主张，这对结果的改变值为1.77；如果偏好分歧减少，这里假设完全改变现状则立场由100减少到80，那么计算结果是53.40，数值也在减小，同样是偏好更多地转向现状政策导致的，和原始数据相差12.9。这里由于涉及多个变化后的数值，要计算这种变化对最初实际值之间的改变，可以计算出方差来进行。也就是通过对计算实际值与期望值之差的平方的平均值来得出方差，再开方得出标准差为9.2。这个值就是成员国由偏好立场的改变所带来初始结果的偏离大小。

再次，如果在对权力的计算中不考虑议会的投票权和立场等因素，也就是其他条件不变，如果议会不加入的话，在联合决策程序下，计算的值为

52.25。这和之前计算的结果间存在 11.95 的差距。因此从本次运算中，也可以看出，议会加入决策，在其和理事会观点一致的情况下，是能够进一步推动决策开展和影响政策结果的。在本案中，议会和法国等国一致主张对华光伏产品征税，立场为 100，加上议会的投票权和立场重视度都比较高，因而对结果的影响也较大。

最后，这里考虑议题重要性的变化的影响。前面的假设是：特定成员国的议题重要性的增加会导致政策更偏向其主张。因此如果将那些立场值为 100 的国家调整为重视度调升一个级别，也就是增加 20，结果是 94.93，立场更为偏向100。而如果是那些立场值为 20 的国家重视度同样幅度调升，结果是 63.72，立场相较于 66.30 向初始偏离。这里同样涉及多个改变后的数值，因而计算标准差，结果为 20.3，这可以理解为议题重要性的变化对初始结果的偏离值。

通过对投票规则、成员国偏好立场、议会加入和议题重要性这四个变量分别进行控制，可以通过计算差额或标准差来体现对不同变量的影响，进而对每个变量的影响程度进行比较（见表 5）。

表 5　变量影响幅度（光伏案例）

	投票规则	成员国偏好立场	议会加入	议题重要性
影响幅度	14.05	9.2	14.06	20.3

这里可以清楚看出，在欧盟对华光伏双反案的调查和决策中，成员国赋予议题的重要性程度对其最终影响结果是最大的，反而其偏好立场相对而言影响最小，这也可以从在此次光伏案中，欧盟成员国中有 18 个反对，但最终仍出台了对华的反倾销和反补贴措施这一过程看出。而投票规则和议会加入这两个欧盟的程序性要素也分别发挥着一定的作用。议题重要性影响度最高，偏好立场影响最低则反映了共同贸易政策的超国家特性，不太重视的国家的偏好立场可以被更为重视国家的偏好所取代，而影响议题重要性的因素，成员国国内原因只是一部分，还包括在理事会内的博弈和对其他议题的横向比较，因而这也反映出了对华经贸决策的复杂性。

数据分析并没有涉及和体现社会化这一变量的影响，加上数据分析的结果和最终结论仍有一定差距，这可能是基于社会化的影响，也有可能是在最初理论设计时所忽视的要素导致的。这就需要对本案例再进行定性分析。

二、定性分析

经验研究能够用来帮助评估和发展理论。一方面，可以验证所提出的理论中的因果联系是否在经验层面得到体现，数据分析只检测了自变量的变化是否以及如何导致因变量的变化，而对具体的经验分析能帮助分析变量间的相互影响和变化，并且还可以被用来对统计分析中所发现的相关性结果的因果机制进行确认；另一方面，定性分析还可以填补定量研究所不及之处，促进理论的发展。定性分析不光是解释性的，通常进行案例研究的目的是尽可能全面解释案例的结果而不是检测某一特定理论，但根据这一结果导向的方法，对案例的定性分析可以用来确认到目前为止被忽略的解释性因素或者用来发现复杂的因果结构，如针对结果推断原因等。从这方面来说，定性分析不仅能检验定量研究的结果，还能帮助发展更适合且复杂的理论。

本研究的自变量是基于前面的分析性因素的，不同的自变量对因变量的结果的不同方面产生不同影响。投票权力影响决策提供的赢集，而偏好分歧大小和决定做出难易度相关，在联合决策程序中，如果议会主张和理事会主张一致，那议会的加入是会促进决策产生的，而议题重要性的相关性表现在同成员国赋予的重要程度是和政策结果距其偏好距离成正相关的。这四点属于对自变量和因变量之间关系的验证，在本章第二节已经进行了论证，这些自变量都已被经验证实和理事会最终决策结果存在因果联系。因此这里对欧盟在此次光伏双反案中的决策进行定性分析时，将首先考虑定性研究所不及之处，也就是理事会内社会化的影响，同时找出可能被忽略的其他影响因素。

（一）社会化

本书第三章第一节在对理事会权力的测量中，论述之所以选择 SSI 指数，就是因为它考虑到了理事会内的协商一致环境，也就是社会化对欧盟决策的影响。而就欧盟内部运行具体来说，这里首先指的是欧洲认同的作用。欧洲的集体认同是欧盟内部的一种超国家认同形式，其作用在于可以通过欧盟成员国及成员国公民对欧盟的认同感、归属感的增加来强化欧盟内部的紧密度，从而进一步促进一体化和共同体的发展。这一过程也使得欧盟机构和欧盟官员在决策时，不仅受到来自国内利益群体的利益导向驱动，还有由对欧盟的认同而带来的共同体身份导致的价值和观念驱动，这大大加强了欧盟决策的有效性和成功率。

其次，现有的欧盟正式制度也能带来社会化这一非正式制度的发展，换言之，欧盟层次上的正式制度和规则通过交往行为可以对身份、观念等规范因素起到促进作用。一方面制度的核心就是这些规范、价值等观念性要素；另一方面，也就是温和社会建构主义的主张，温和建构主义介于理性主义与反思主义之间①，对国际问题的看法"既考虑观念，也分析物质因素，观念因素也包括规范层面和工具层面"②，但更强调观念的本体作用，物质因素要通过观念才能起作用。认为社会主体主要包括主体间规范、制度、话语、认知、集体身份和体系文化等，建构主义则以社会本体为研究中心，对正式、非正式制度的缘起和影响进行分析。从这一视角看，在欧洲一体化进程中，施动者（行为体）通过社会建构既能改变结构环境，也受结构制约，因此对于欧盟决策过程的理解既不能忽视正式制度、规则所起的凝聚和约束作用，更不能低估此过程中非正式制度所起的作用。

再次，还不能忽视的是社会化和政治体系的有效性（efficiency）③ 之间的相互建构作用。也就是说，在政治体系能够有效运转时，它能为其成员提供进行社会化的基础和动机。而对政体有效性的判断，则主要是根据决策的正当性和合理性。通过工具性方法，克里辛格（Sylvia Kritzinger）证明认同不仅存在于同民族之间，还受有效性促进。因此他认为欧洲认同的形成既需要价值和规范等作用，也需要工具性目的及其所起的驱动作用，也就是良好的决策体系能推动社会化的良心建构，同时，不断发展的社会化进程能对决策的经济性和有效性起强化作用。

最后，也需要认识到社会化带来的决策效率增加在一定意义上也是牺牲了某些成员国更进一步接近其所偏好立场这一利益的。在贸易领域用一个声音说话的强烈意愿很少会导致激进的自由化，更多的是温和减弱的主张，也就是成员国之间的妥协。在本案中，欧盟不仅在国际层面，在接受了中国企业的价格承诺后减轻了反倾销反补贴措施的范围和强度，在其内部，也存在立场 0 和立场 100 的行为体之间的妥协，两次裁决之间间隔两个月时间，就是

---

① 秦亚青. 译者前言［M］// ［美］亚历山大·温特. 国际政治的社会理论. 上海：上海世纪出版集团，2001：15-35.

② RUGGIE J. Constructing the World Polity：Essays on International Institutionalization［M］. New York：Rotledge，1998：33.

③ KRITZINGER S. European Identity building under the perspective of efficiency［R］. presented at ECPR 29th Joint Sessions of Workshops，Grenoble，France，6-11 April，2001.

给成员国以时间换空间预留了余地，这也是促成最终纠纷和平解决的重要原因。

（二）委员会的作用

作为欧盟所有政策的议程设置者，贸易政策的决定也必须由欧委会进行提议。前面的定量计算中之所以存在结果误差，还有一个原因就是忽视了欧盟委员会在对外贸易决策中的作用。在本案中，欧委会的提议并没有得到否决，因为它保护了法国等人口大国的利益，这在某种程度上也增加了其自身的权力。可以说，在本次欧盟对华双反案的决策中，欧盟层面真正的推动者是理事会和委员会的互动。委员会的下设机构贸易总司（由贸易救济司执行任务）就是专门负责反倾销的具体事务的，包括案件原审及复审立案、倾销和损害调查、复核以及终止调查、征收临时反倾销税、接受价格承诺进行和谈等，它还能在征求咨询委员会的意见后做出初裁，进而根据调查结果，对反倾销措施的终裁提出建议。

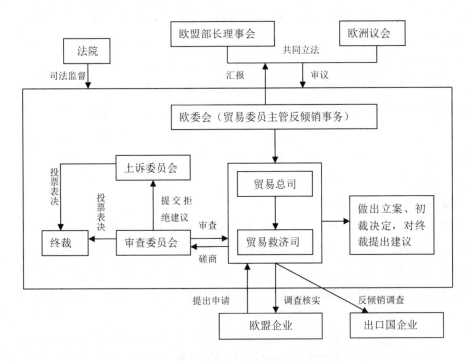

图 24　欧盟反倾销决策内部机制

资料来源：《欧盟反倾销体制的特点研究》[1]

---

[1]　刘芳，刘超. 欧盟反倾销体制的特点研究 [R]. 商务部公平贸易局. 2011.

　　图 24 是欧盟在进行反倾销决策中的内部运行机制，从中看到欧委会及其贸易总司和下属贸易救济司在整个机制中所处的核心位置。可以说，作为反倾销决策的发起和执行机构，欧委会在很大程度上主导着反倾销调查的进程，尽管征税的决策权在于各成员国在部长理事会上的表态，因而在表面上欧委会似无权主导案件的结果，但佛马斯特（Edwin Vermulst）和伊文奈特（Simon Evenett）① 就通过对欧委会在反倾销案的案例回顾证明了欧委会在最终决策结果的出台上占有重要地位。具体来说就是欧洲法院在 1998 年有一个判例，该判例规定：如果部长理事会要反对欧委会所提出的议程，就必须提供有力证据来支持其否决决定，这带来的结果就是部长理事会将难以推翻欧委会提案。欧洲法院的这个判例，一方面可以减少欧委会主导案件结果的行政成本，另一方面赋予其在反倾销调查中更大的主导权，赋予了欧委会决定决策结果的合法权力，增强其对决策结果所施加的影响。

　　在本次欧盟对中国光伏双反措施出台的过程中，欧委会就在其中发挥了重要作用。不仅主导了最初的调查，还由贸易委员会确定用以裁定中国光伏产品是否为反倾销的第三方替代国，最终在中方抗争后弃用美国选择了印度，但是这仍对中国非常不利。由于印度的太阳能产业和中国发展水平相去甚远，印度的光伏产业发展水平低，技术革新迟缓，且其产品尚未形成规模效应，因此其生产和销售成本都比较高。拿印度和中国做比较，"本身就是反倾销调查的一个瑕疵"②，因为其调查结果会更倾向于中国光伏产品是反倾销的这一结论，这也就推动了最终决策结果向数值更大（制裁力度加大）的方向发展。此外，前面还提到了委员会能根据其机构设置在调查和裁定的其他阶段影响决策结果，此处不再列举。

　　欧盟委员会在光伏案决策结果施加重要影响的目的，就是增强共同贸易政策的共同体特性。在反倾销决策过程中，欧盟虽然不是主权国家，但它的共同体特性如同一关税、市场和劳力等，使其具备了"大国优势"，使之能游刃有余地应对各类贸易冲突和摩擦③：最优关税理论表明，因为大国在规模经

①　VERMULST E, EVENETT S. The Politicization of EC anti-dumping Policy：Member States, their Votes and the European Commission ［J］. The World Economy, 2005, 28（5）：701-717.

②　姚冬，李凤桃. 对华光伏反倾销引发欧盟内讧 ［J］. 中国经济周刊, 2013（21）.

③　张永安，杨逢珉. 欧盟对华政策及中欧关系 ［M］. 北京：时事出版社, 2012：184-210.

济、专业分工和技术创新等领域的优势为经济的不断增长提供长久动力，这是小国所难以企及的；加上在应对国际贸易风险，维护自身经济安全上，大国有着更丰富的资源，例如完备的生产体系和产业格局等，这就导致其对外部贸易争端有相较于小国而言更低的敏感性和更强的抗击能力；最重要的是，大国能参与并可能主导国际贸易规则的制定，同时在国际谈判中拥有强大的讨价还价能力，因而大国和强国赢得贸易战的可能性更大。对 GATT/WTO 争端解决机制进行案例分析①的结果表明：在多边争端解决机制的运用上，欧盟是仅次于美国的主要使用者，并且在其中大部分案件中都取得了胜利。因此，这里就不难理解为什么欧盟会赋予代表共同体利益的欧委会在主导贸易案件中如此大的权力。

通过对定性分析没有涉及的自变量社会化和定性分析所忽视的委员会变量进行了经验分析后，可以看出，这两个因素在促进欧盟贸易决策中都发挥了积极作用。其中社会化因素能通过引导共识决策环境的形成提升欧盟内部推动欧盟的决策效率，而委员会因其机构设置和欧盟法院判例，获得了影响对外贸易决定的权限。通过这一分析，不仅弥补了前面定量分析的解释力不足，还深化了对欧盟决策过程的理论探索。

本章小结

欧盟是当今世界最大的贸易实体，本章是从欧盟对华光伏"双反"案的处理过程来看欧盟对外贸易决策的。分析之前，首先需要了解此案的时代背景和双方光伏产业特点。2009 年初爆发的欧债危机也被视为中欧关系的一大转折点，欧盟对华光伏双反案爆发于 2012 年，欧盟彼时正深陷欧债泥潭，这一方面会激化双边关系中新的贸易争端，另一方面也可以被视为进一步深化合作发展的契机。我国的光伏产业发展对欧盟有很强的依赖性，不仅需要从欧盟进口原料，光伏产品的销售也主要针对欧盟，加上由于中国新能源政策的扶持，近几年光伏产业产能过剩。这就使得中国产品低成本且产量大，极度挤压了欧盟太阳能企业的生存和利益空间，也成为欧洲光伏生产商向欧盟

---

① 李计广. 欧盟贸易政策体系与互利共赢的中欧经贸关系 [M]. 北京：对外经济贸易大学出版社，2009：245-258.

提起反倾销、反补贴诉讼的直接原因。但本次中欧光伏争端的实质却是中欧双方在进行政治和经济的博弈。

通过对案件经过和实质的梳理，便可以研究前面提出的在理解欧盟决策过程的五个研究变量：投票规则、偏好分歧、议会加入、社会化和议题重要性的影响维度和深度。通过对涉及变量的相关假设进行经验验证，这里证实了前面假设：投票权力影响决策提供的赢集，而偏好分歧大小和决定做出难易度相关，在联合决策程序中，如果议会主张和理事会主张一致，那议会的加入是会促进决策产生的，而议题重要性的相关性表现在同成员国赋予的重要程度是和政策结果距其偏好距离呈正相关的。

最后是对案例的定量和定性分析。定性分析中选择沙普利-舒比克指数来计算部长理事会内行为体的权力指数以及议会的权力指数。行为体在本次中欧光伏争端中，针对是否对华光伏产品征税和如何征收问题的立场可以从委员会就初裁进行的投票看出。而对议题重要性的测量则是根据成员国受该议题的影响程度以及同中国的相关密切度进行的。在本案中，这里选取了欧盟成员国同中国成员国近三年光伏产量数据和在 2012 年上半年的进出口额数据来提取成员国在该议题上的重视度。数据设定完成后，计算的纳什均衡解结果是 66.30，表明最终结果是向倾斜支持征收方的。同时还可以通过控制变量的方法分别看各变量对结果的影响范围和程度。成员国赋予议题的重要性程度对其最终影响结果是最大的，反而其偏好立场相对而言影响最小，投票规则和议会加入这两个欧盟的程序性要素也分别发挥着一定的作用。而议题重要性影响度最高，偏好立场影响度最低则表明不太重视的国家的偏好立场可以被更为重视的国家的偏好所取代，充分反映了共同贸易政策的超国家特性。

从理事会最终决议和欧委会初裁结果对最终政策进行评分，发现理事会最终决议和计算结果间存在一定的误差，对误差的解释一方面是定量研究中因数据收集和计算公式的方法带来的，另一方面也有定量研究忽视了其他重要因素的影响。这里主要分析了社会化和委员会的作用。社会化因素能通过引导共识决策环境的形成提升欧盟内部推动欧盟的决策效率，而委员会因其机构设置和欧盟法院判例，获得了影响对外贸易决定的权限，欧盟委员会能对光伏案决策结果施加重要影响，其目的就是增强共同贸易政策的共同体特性。

这样，通过定性研究检测了自变量的变化是否以及如何导致因变量的变化，证实了研究假设，而定量研究则首先验证了前面提出的理论上的因果机制在经验层面得到体现，进而基于定性研究的结论的误差，确认到被忽略的解释性因素或者发现复杂的因果结构，这有助于更全面和更深入理解欧盟对华决策过程。

第六章

欧盟安全决策案例：《行动纲领 2012》[①] 中的对华决策

如今的欧盟，就其经济实力来看，在贸易和金融方面的绝对实力，已经使其成为世界国际舞台中的一支重要力量，不仅体现在其内部治理和发展方面，欧盟还在全球事务上发挥着主要作用，无论是全球气候变暖还是中东武装冲突，欧盟都是这些国际问题的主要参与者。欧盟的外交和安全政策主要以外交为主，辅以必要的贸易、援助和安全措施来实现冲突的和平解决和推动全球问题的谈判。欧盟同世界上的诸多重要国家保持着伙伴关系，伙伴关系不只是建立在共同利益的基础上，双方也都承担着一定的责任和义务，欧盟同美国、中国、印度、俄罗斯、日本等国都有定期首脑会谈机制，合作覆盖环境、教育、犯罪、人权以及安全和防务方面。随着欧盟及其成员国越来越多地参与到国际事务中，在欧盟层面进行的外交和安全政策的集体决策的数量也越来越多。本章就是对欧盟安全决策过程进行的案例分析。

欧盟对中国的安全政策是服务于其整个东亚安全战略的。东亚作为当下全球经济发展最快的地区之一，以及欧盟有重大经济利益的地区，欧盟在其安全战略及其他各类文件中多次强调东亚的重要性，东亚地区的安全和稳定符合其全球战略目标。与此同时，在欧盟参与到安全和地区安全治理的过程中，同地区性大国的合作以促进区域安全局势的稳定也是不可或缺的一步。中国作为东亚地区性大国和地区安全治理的重要参与者，欧盟同中国在安全上的合作不仅能推动其在东亚安全治理中的发展，同世界上最大的发展中国家中国合作，还能帮助欧盟稳定自身在东亚经济的利益，共享地区安全利益。因此本章将从欧盟东亚安全政策中解析欧盟对华安全决策过程。

正如在第一章所介绍的，欧盟在外交和安全政策方面的绝大多数决定是

[①] 欧盟理事会于 2012 年 6 月 12 日颁布的《欧盟外交与安全政策东亚行动纲领》（*Guidelines on Foreign and Security Policy in East Asia*），以下简称《行动纲领 2012》以与理事会在 2007 年颁布的同名文件进行区分。

全体一致同意做出的，绝对多数表决制仅可以在根据"共同战略"和"共同立场"进行"联合行动"时使用。欧盟在东亚地区的安全参与突出反映了欧盟在推动其全球安全战略、提升其国际地位方面的努力。但欧盟自身能力上的局限导致其在决策过程中出现问题，也影响了其影响力的发挥。

本章选择针对《欧盟外交与安全政策东亚行动纲领》①（《行动纲领2012》）来分析欧盟对华的安全决策过程，旨在追踪对欧盟及成员国目标和战略（协商集合）的形成过程，来观察对华安全政策是如何在欧盟层面上形成的，以及欧盟如何实现了在对华安全政策上的决策。通过定量和定性的方法分别从欧盟成员国的投票权力、偏好、社会化、立场显现程度对欧盟在该决策过程中的影响来验证之前提出的理论框架。定性分析的描述性发现在一定程度上证明了定量研究的结论，定量研究中的解释性发现需要定性分析来进行补充和进一步阐述。

第一节　东亚安全政策与对华安全政策

基于在东亚地区的重要经济利益和安全考量，欧盟自20世纪90年代起，就开始以政策文件的形式宣称东亚是欧盟全球范围内重要的合作伙伴，强调东亚地区的安全和稳定对欧盟的重要意义。例如，欧盟在1994年和2001年先后颁布了专门针对亚洲的政策文件《新亚洲战略文件》和《欧洲与亚洲：增强伙伴关系的战略文件》，在1994年的战略文件中，欧盟提到，亚洲地区的和平与稳定不仅能增进欧盟在本地区经济和其他利益，在维持欧盟安全所赖以生存的国际协定和义务方面也至关重要。因此，欧盟增强其在亚洲地区发挥作用的能力是非常必要的②。在2001年的新一份文件里，欧盟在亚洲的主要目标就包括了加大在亚洲的介入，促进该地区的和平与安全、发展双边及多边贸易和投资关系以及促进不发达国家发展和消除贫困等方面的内容，具体在安全政策上主要包括三点：首先是深化欧盟的安全介入程度；其次是增加双方在冲突预防和解决机制中的对话与合作；最后是促进司法和内务事

---

① Council of the European Union, Guidelines on Foreign and Security Policy in East Asia〔R〕. Brussels. 12 June 2012.

② European Commission, Towards a New Asia Strategy〔R〕. Brussels, 13 July 1994. COM（94）314

务的合作①。而以在该文件中欧盟对亚洲次区域和单个国家明确提出的战略为基础，欧盟在同年也颁布了专门针对东亚国家的国别文件，如前面提到的《欧盟对华战略：1998 年文件执行情况和促进欧盟政策更为有效的未来步骤》② 以及对日本的战略文件《构建我们共同的未来：欧盟日本合作行动计划》③ 等，在这些文件中，欧盟都明确强调了其对同亚洲东亚区域内的大国进行经济和安全合作的关注。

在 2003 年颁布的《欧洲安全战略》④ 中，欧盟就提出亚洲的安全议题会直接或间接地影响欧洲安全，特别是在全球安全威胁日益增长的局势下，欧盟同亚洲进行安全合作非常重要。2007 年 12 月，欧盟理事会通过了《欧盟外交与安全政策东亚行动纲领》⑤（以下简称《行动纲领 2007》），这是欧盟共同外交政策方面涉及东亚地区的第一部官方指导性文件。这一行动纲领贯彻了欧盟在 2003 年颁布的《欧洲安全战略》文件精神，是欧盟参与东亚安全治理，提升对国际事务参与能力的重要体现。在 2012 年 6 月，欧盟理事会就五年前的《行动纲领 2007》进行了一定修改后，再次颁布《欧盟外交与安全政策东亚行动纲领》。《行动纲领 2012》不仅适应了在《里斯本条约》后欧盟自身的发展变化，还反映了欧盟对转变中的东亚地区秩序⑥的新认知和新举措。

中国是欧盟最大的进口来源国，并已成为欧盟出口增长最快的市场，中国是欧盟发展全球战略和自身利益所不可忽视的重要国家。同时中欧在国际社会发展道路和目标上存在诸多共同点，双方都致力于建立基于规则的更为有效、公正、透明且合理的国际治理体系，都强调多边主义和联合国在国际事务中应发挥核心作用。因此，中欧关系在经济以外的维度，仍旧存在很大

① European Commission, Europe and Asia: A Strategic Framework for Enhanced Partnerships [R]. Brussels, 4 September 2001. COM (2001) 469

② European Commission, EU Strategy towards China: Implementation of the 1998 Communication and Future Steps for a More Effective EU Policy [R]. Brussels, May 12 2001. COM (2001) 265.

③ European Commission, The 2001 Action Plan for EU - Japan Cooperation: Shaping Our Common Future [R]. Brussels, 25 March 2001.

④ The Council of the European Union, European Security Strategy [R]. Brussels, 12 December 2003.

⑤ Council of the European Union, Guidelines on Foreign and Security Policy in East Asia [R]. Brussels. 2007.

⑥ 王学玉，王永洁. 转变中的东亚地区秩序 [J]. 山东大学学报（哲学社会科学版），2010 (4): 52-58.

的发展空间。同时,随着美国对东亚地区的再平衡战略的出台,以及东亚地区不稳定因素的增加,东亚和中国都同时回到欧盟的全球战略部署的视野范围。当然,欧盟参与东亚安全事务的主要目的,除了作为其全球战略不可或缺的一部分以实现自身利益追求外,其长期目标是促进主要行为体如中国、韩国、日本、朝鲜以及东盟之间良好合作关系的建立①,以防止东亚安全问题外溢到欧洲。也就是在促进各方找到并认识到共同利益的基础上,提升区域一体化程度,利用自身经验推动地区机制的合并与集中,从而提升东亚国家在外交与安全政策上的合作水平。这就推动了中欧关系安全维度的发展,也导致了体现着欧盟对华安全战略的《行动纲领 2012》的出台。因此本节的主要目的就是在分析欧盟出台东亚安全政策《行动纲领 2012》的背景和原因后,阐述欧盟对华安全政策的举措和特点。

一、欧盟参与东亚安全事务

一直以来,亚洲和东亚的安全问题在欧盟安全战略中并不占据中心地位,欧盟优先处理的是邻居政策和同美国盟友的对外关系。但是,如果东亚的安全问题溢出地区边界而带来全球影响,那么这必然会影响到欧盟的安全和利益②。对于欧盟来说,在东亚的主要利益关注是经济方面的,欧盟直到新千年以后才开始密集发布涉及亚洲和东亚的政策文件,而且都是以书面的形式表达其利益和关注,鲜有实际举措。欧盟在很长一段时间内都不愿意积极介入东亚和东南亚的地区安全问题,它认为保持在安全领域的低调使得其可以更关注于其在亚洲的经济利益,但是这一方法是否能够持续值得磋商,经济关系和安全局势从来都不是孤立存在的。欧盟 90% 的贸易是海上运输的,其主要的贸易和能源供应都是通过马六甲海峡和中国南海。中国已经成为仅次于美国的欧盟第二大贸易伙伴国。东亚、东南亚海域任何紧张或者更甚的中美之间的热冲突或者该地区其他国家间的冲突都会导致用来进行贸易的海洋运输路线、海洋交流的停滞,相应地会对生产和供应链产生负面影响,从而危及欧盟和该地区的市场和制造业的长远发展。基于此,在《里斯本条约》通过后,新当选的欧盟外交事务和安全政策的高级代表阿什顿就多次强调东亚对于欧盟的重要性,以及加强欧盟同中国战略伙伴关系的重要性。同时由于

---

① The Council of the European Union, European Security Strategy [R]. Brussels, 2007.

② RICHEY M, OHN D. The Future of the EU's Security Role in a Transformed East Asia [J]. The Korean Journal of Defense Analysis, 2012, 24 (2): 265-283.

全球金融危机、欧洲主权债务危机和欧盟对外行动署的逐步建立，这些都代表着欧盟即将改变其一直低调的东亚安全政策。

从 2012 年就能看出，欧盟在东亚安全事务中表现得比以往更为积极。在 2012 年 6 月欧盟发布了最新的《行动纲领 2012》后，同年 7 月高级代表阿什顿便参加了东亚地区内涉及安全议题的最主要的多边论坛之一——东盟地区论坛。其间阿什顿签署了《东南亚友好合作协定》，这让欧盟同东亚国家的关系得到更进一步的发展。在该论坛中，阿什顿女士还会见了时任美国国务卿希拉里·克林顿，并就亚太地区的安全和其他议题发表欧美共同声明。在这份声明中，欧盟和美国敦促中国和东盟建立引导解决在南海地区领土冲突的机制，并且用和平的方法解决这些争端。联合声明也指出国际法的重要性，也就是联合国海洋法公约，以及希望东亚地区能够建立其信任构建机制等期盼。在 2012 年 9 月，中日之间因钓鱼岛问题紧张局势加剧，欧盟即刻发表声明敦促有关各方进行克制来维持形势稳定，并在遵循海洋法公约精神的基础上寻求解决方案，声明还提到争端各方应该明确界定各自主张的法律和历史基础。从这一系列举措就可以看出，欧盟已经积极参与到了东亚安全事务和安全治理中来。这除了安全和经济是密不可分的关系之外，还有规范和战略考虑：规范主要是对欧盟自身而言的，欧盟如果希望中国承担即将成为一个全球经济大国应承担的责任，它自身就不应该树立一个反面的超脱于东亚事务之外的例子，也就是在欧盟具有强烈经济利益的东亚地区的安全议题上的缺席；在战略上，欧盟在东亚的不作为且被动角色的持续不仅会增加亚洲的紧张冲突，还会加剧欧盟在中美之间进行利益协调的难度，如果欧盟希望塑造新的国际秩序并推动中美关系的和平发展，它不可避免地需要介入东亚事务。

学者卡梅隆（Fraser Cameron）认为，尽管欧盟一直以来都认识到了东亚发展和地区形势的重要性，但它还是缺乏投入时间、经历和资源来加深同该地区关系的意愿①。因为内部政策分化和制度争论，欧盟在东亚一直缺乏统一的战略形象，并没有成为一个强大且有效的行为体。基于此，欧盟在追求东亚安全战略时，列出了其首要关注和优先目标。欧盟在《行动纲领 2007》中提出了六个主要挑战和目标：在《联合国宪章》的原则下维护和平和加强国

---

① CAMERON F, The Evolution of EU-Asian Relations：2001-2011［M］. In Thomas Christiansen, Emil Kirchner, and Philomena Murray（eds）, The Palgrave Handbook of EU-Asia Relations, Basingstoke：Palgrave Macmillan, 2013：30.

际安全；推动国际体系的规则建立；推动地区一体化；发展和巩固民主、法治和尊重人权以及基本自由；推动合作且持续的政策来应对气候变化、能源安全、环境保护、贫困问题、经济发展不平衡和健康问题等全球挑战；推动大规模杀伤性武器的不扩散等。在根据欧盟自身和东亚局势调整后的《行动纲领2012》中，欧盟又将其主要目标增加到了七个，新增了在提升市场准入和投资条件的支持下，加强双边贸易和投资。

具体来说，东盟参与东亚安全事务的方法有：通过多边方法的推动，积极促进地区安全结构建设来预防冲突；深入参与正式和非正式论坛和组织，如东盟地区论坛或香格里拉对话，提出建议或贡献自身在区域一体化的制度经验来避免公开战争；增加同该地区国家间的交流，增加同区域大国的政府合作，更好地处理同美国的关系。欧盟同东亚在外交和安全政策上合作所关注和参与的领域主要是在非传统安全威胁上，如海洋威胁和人道主义援助，也包括对冲突的预防、处理和解决。欧盟可以同美国进行相互协调，与美国的硬实力在该地区的影响以更协调的方式相互补充，是发挥其在非传统安全问题的优势和欧盟作为一支规范性力量①的影响力，更积极主动且自主地参与东亚安全事务。

由于"欧盟的关键利益同东亚地区的安全局势紧密相关"②，也就是说欧盟与该地区重要行为体的安全关系紧密相关，同时，欧盟还要在东亚地区寻找并建立在全球问题上所能合作的伙伴关系。中国作为欧盟第二大的贸易伙伴国和战略伙伴关系国，欧盟在东亚的安全政策上很大一部分关注的都是同中国关系和解决中国问题的。中国是欧盟创建稳定的有利于国际贸易和投资的重要合作伙伴，欧盟在某种程度上也依靠中国来限制那些对欧盟安全有威胁的因素出现在国际环境中的可能性。因而，本书认为可以从其东亚安全政策中看到对华安全政策的走向。

二、中欧发展的安全动力出现

冷战以来，中欧之间与防御和军事相关的问题只在2000—2005年间显得

---

① MANNERS I, The Symbolic Manifestation of the EU's Normative Role in World Politics ［M］. in Ole Elgström and Micheal Smith ed, The European Union's Roles in International Politics: Concepts and Analysis, Routledge, 2006: 66-84.

② SMITH M. The EU, Asia and the Governance of Global Trade ［M］. in Thomas Christiansen, Emil Kirchner, and Philomena Murray (eds), The Palgrave Handbook of EU-Asia Relations, 2008: 388.

格外重要，也就是在欧盟成员国讨论是否应该终止对华武器禁运以及何时深化双方技术合作的时期。那为何欧盟会在 2012 年着手加强同中国的安全战略联系？前面分析了其整体安全战略及背景，接下来从中欧关系的发展动力中寻求解释。

（一）中欧关系亟须新动力

欧盟同中国的经济政治联系在 21 世纪头几年得到了深化，那段时间里被很多人形容为中欧关系的"蜜月期"。2004 年时任欧盟委员会主席普罗迪（Romano Prodi）就评价道"如果不是婚姻，那至少是非常严肃的订婚"①。彼时，中欧关系正到达其顶峰：中国正成为仅次于美国的欧盟第二大贸易伙伴，中欧战略伙伴关系已经建立，并且双边关系从外部看是"国际事务中崛起的轴心"②。正如巴利斯奇（Katinka Barysch）等人所强调的，中国"正日益成为欧盟利益的中心关注，反之也是"③，特别是双方当时都处在从地区行为体逐步转向国际事务中的行为体的过程中。从 2000 年到 2010 年十年间，双边贸易额增长了四倍④。中欧经济领域的合作成为双方共同的发展优先事项，经济上的互利共赢推动了政治关系的发展。

但是中欧轴心并未如学者所言真正建立，主要原因在于双方缺乏长期的共同利益界定⑤。由于历史和社会原因，中欧双方在发展道路和价值观念上存在巨大差异。欧洲基于其经济社会发展的现代化水平和一体化的进一步发展，很多核心价值理念有着西方性、超主权和后现代等特征，如民主和人权、人权高于主权、主权有限性、超国家治理、人道主义干预等理念。而中国获得完全的民族独立仅六十余年时间，且人均经济发展水平仍属于发展中国家，中国在自身建设过程中强调主权和发展，既坚持"和平共处五项基本原则"，

①　PRODI R. Relations between the EU and China ［R］. Presented at the China-Europe International Business School, Shanghai, 15 April 2004.

②　SHAMBAUGH D. China and Europe：The Emerging Axis ［J］. Current History, 2004, 103（647）：243-248.

③　BARYSCH K, et al. Embracing the Dragon：the EU's partnership with China ［M］. London：CFER, 2005：1.

④　WOOLCOCK S. European Union Economic Diplomacy：the role of the EU in external economic relations ［M］. England：Ashgate, 2012：15-26.

⑤　HOLSLAG J. The Elusive Axis：Assessing the EU-China Strategic Partnership ［J］. Journal of Common Market Studies, 2011, 49（2）：293-313.

维护国家主权和领土完整，反对干涉内政，又强调发展的优先性，环境保护和经济建设统筹发展。同时由于中欧之间遥远的地理距离，虽然意味着双方互相不构成地缘政治安全威胁，但这一距离也反映在双方文化和所谓的心理领域，相互之间的不了解在过去和现在都在不断制造差异和矛盾。而在《欧洲安全战略》中，欧盟也指出，"我们注重发展……一切同欧洲目前和价值趋向一致且支持欧洲国家的关系"。同时即使在双方关系的"蜜月期"，欧盟关于解除武器禁运的辩论仍反映出其成员国对中国的不同态度和偏见，对"战略伙伴"认知的不同使得欧盟在其对华政策上进行重新界定，特别是安全防御方面①。

同时中欧关系中的传统主导经济领域也发生着变化，近年来中欧之间的经济推动力在不断减弱。随着中国经济的增长不再限于总量，正逐步从劳动密集型转向资源密集型产业，产品的附加值也在提高，这一改变意味着欧盟与中国之间的经济互补性在减少，有数据显示，双方相互出口的产品种类从 2000 年的 85%减少到 2010 年的 65%②，这表明在 2010 年，中欧在出口贸易上的货物有 35%是重合的，这就使得在同等层次上的竞争变得更加激烈。欧盟同中国的关系变为在竞争和合作中小心寻求平衡。此外，经济互补性的减少也并不是唯一的阻碍，因为双方在对中国市场开放度、知识产权保护和世贸组织义务等问题上存在分歧③。中欧关系的发展亟须寻找新的推动力。

（二）双边关系提升方向

针对 2010 年前后中国的周边环境和欧盟内部建设情况，欧盟在对中国政策和战略伙伴关系上要想得到进一步提升，首先，欧盟应该明确界定其核心利益并强化和突出其利益，而具体到对华政策中，欧盟需要处理好其不同成员国在因同中国的经济往来密度不同和政治关切程度不同而导致的不同利益主张带来的内部不一致情况。为了联盟能更一致也更有效地发挥自身作用，对欧盟来说对自身利益的界定，包括在各成员国处理地区和中国问题上的核

①　GODEMENT F. Europe's Second Thoughts on China Embargo：Trouble over planned arms sales may eventually result in closer US-European coordination ［J］. YaleGlobal, 2005-03-25.

②　WOOLCOCK S. The pillars of the international trading system ［M］. Mario, Telò, （ed.） Globalisation, multilateralism, Europe：Towards better global governance? Surrey：Ashgate, 2014：203-214.

③　HOLSLAG J. Unravelling Harmony：How Distorted Trade Imperils the Sino-European Partnership ［J］. Journal of World Trade, 2012：46 （2）：443.

心利益和核心能力方面的确认，如经济激励、援助激励和安全激励等跨部门措施，以及在危机救援中进行培训与维和等救助措施的运用范围和方法，这也是欧盟在对外决策前亟须解决的问题。尽管《里斯本条约》后的核心任务就是增加欧盟对外关系中的一致性、有效性和能见度①，为此成立了欧洲对外行动署，但欧盟外交仍旧面临着政府间政治和对外行动之间（结构和个体间）的冲突，管理机构的冲突，以及欧盟外交政策的两大目标——发展和安全间的冲突②这三大影响对外政策一致性的因素。

其次，欧盟的对华战略需要在多边安全环境下展开。欧盟的共同外交与安全政策以及欧盟同中国的战略伙伴关系是在日益多极化且不稳定的国际环境中运行的，如果欧盟将其视为能够在萌芽的亚洲安全结构中凭借众多多边制度安排，也可以希望可以决定影响亚洲事务，那么欧盟便有机会从战略伙伴关系中获得边际收益。正如前面所说，欧盟可以通过参加地区内的已有的多边制度和论坛为其自身构建一个身份或角色，例如，在东盟地区论坛（ARF）、亚欧会议（ASEM）或者香格里拉对话中，欧盟还可以分享其在遏制潜在冲突方面的经验。这样欧盟就能成为在该地区更可见、可信赖且有明确利益的利益相关行为体。在此基础上，欧盟也获得了平台可以积极主动地同美国或该地区其他国家，如日本、韩国和东盟国家协调其政策倡议，当然也包括中国。中国的经济总量在世界位居前列，同时是联合国安理会常任理事国，在东亚地区也是重要的经济贸易大国和地区安全治理的重要参与者。中国积极参与"东盟10+1""东盟10+3"和东盟地区论坛以及亚欧论坛和峰会等地区安全合作机制，同时被认为解决朝核问题目前最优途径的"六方会谈"也一直是中国倡导和主持的，因此，中国在维护地区安全和稳定方面发挥了重要作用。而中国参与或主导的这些多边组织正是欧盟参与亚洲和东亚安全事务所能凭借的最有效路径，因而欧盟的东亚安全政策不可避免会多处涉及同中国在安全治理上的合作。

最后，欧盟全球战略构建中离不开对中国的安全关注。在美国和中国之间因日益紧张的地区局势而变得僵持时，欧盟不可能做到袖手旁观。加上中、美都是欧盟首要贸易对象国，中国自身还要面临亟待解决的地区性安全问题，

① DUKE S. Providing for European-Level Diplomacy after Lisbon：The case of the European External Action Service [J]. The Hague Journal of Diplomacy，2009（4）：211-213.

② 周乔. 论《里斯本条约》后欧盟外交的一致性：历史制度主义的分析 [J]. 德国研究，2014（2）：17-31.

如在南海地区同周边国家的领海争端。欧盟从其自身利益出发，当然不希望东亚地区爆发任何形式的冲突或紧张局势，因而它也积极关注南海问题的发展形势。欧盟一方面在参与东亚地区安全治理时，需要和中国合作共同推进多边治理机制发展，另一方面，欧盟有巨大利益关切的东亚局势稳定也同中国自身密切相关。

因此如果还仅把欧盟视为贸易伙伴则不再全面也不符合事实。欧盟正努力同中国在亚洲其他问题领域进行合作推动该地区的和平发展，阿富汗就是欧盟对外安全政策中一个很明显的例子。欧盟希望成为建设性和接触性的伙伴，而不是贸易者或威胁者。前面提到，欧盟到目前为止在东亚一直被视为一支遥远的、未涉入的仅发表过模糊不清声明的行为体，同时这些声明还没有积极的行动措施给予支撑，例如，仅是申明亚洲是欧盟外交政策新的关注，但是并没有积极参加涉及安全的会议。另一方面，正是因为这是欧盟没有领土争端且地理距离遥远的地区，如果其能在冲突的管理和解决方面提供丰富经验，那么就极有可能迅速塑造其积极的参与者的形象，欧盟就可能成为在南海和相关问题上有领土争端的成员国在协商中所希望争取的对象或中立的调停者。确实，欧盟在中国及周边地区的"硬"安全上并没有起领导作用，但是需要认识到，欧盟很可能是一个缓解朝鲜半岛和南海地区紧张局势的有力推动者。欧盟参与对华安全事务有其可行性和必要性。

三、欧盟对华安全政策

前面的讨论分析了欧盟参与东亚安全政策的目的以及欧盟发展对华安全政策的背景和动机，这些介绍都表明欧盟于2012年6月颁布的《行动纲领2012》是包含着充分的对华安全战略部署的，其原因有东亚安全局势的大趋势，也有中欧关系中内部安全动力的发展。也就是说，可以从《行动纲领2012》中看出欧盟的对华安全政策。而接下来主要讨论的是这些政策的内容及其目标。

（一）政策内容

欧盟在《行动纲领2012》中勾勒了欧盟对东亚的安全政策方针。经过分析和归类，可以发现里面包括了政治对话、军事合作、地区发展以及地区外治理等方面的内容（见表6）。

表 6　《行动纲领 2012》中的欧盟政策措施①

政策类别	政策内容
政治对话	·发展高层次战略对话 ·推动中国的人权和民主进程
军事合作	·鼓励同亚洲国家和欧盟成员国之间更多的军事对军事的交流 ·鼓励中国在军事领域更加透明，承担更多的国际义务并支持有效多边机制的建立 ·加强在全球安全议题，如不扩散、反恐、打击海盗、冲突预防以及维和等方面的合作
地区发展	·促进中国和美国、中国和日本之间关系的良好发展 ·支持东盟一体化和地区论坛，如东亚峰会 East Asia Summit（EAS） ·发展同区域外伙伴如俄罗斯、澳大利亚和印度的政治对话 ·鼓励"相关方"在遵循联合国海洋法公约（UNCLOS）的前提下明确自身立场并积极解决南海争端
地区外治理	·参与中国在发展中国家的活动，特别是非洲地区 ·加强欧盟同美国的伙伴关系，发展同美国的战略对话并支持美国在东亚的安全存在

可以看到，其中一些政策涉及了中欧关系的安全、防御和军事领域，以此为基础，这里可以对欧盟安全政策中涉及中国的部分做出如下总结：

第一，提升自由化和透明度，包括推动中国政治体系的自由化并促其调整在军事透明度和南海政策；第二，深入双方合作互动，主要是强化中欧在军事领域的交流交换、战略对话、全球安全议题上的合作，以及双方在维护亚洲、非洲等其他发展中地区稳定等方面同中国的安全互动；第三，支持东亚地区安全机制。当然，所有的这些目标的实现不仅需要直接同中国的双边互动，还需要间接同第三方，特别是美国的政治对话和协调。

从《行动纲领 2012》中的欧盟安全政策可以看出欧盟的政策包含了三个层面上的对中国的措施：一是对中国内部治理的建议，包括政治体制和军事透明度，以及东亚地区热点的南海问题；二是欧盟和中国之间合作的层次，主要指双方在军事、安全以及对非洲的合作开发；三是欧盟在东亚地区安全

---

① 内容源自：European Council：Guidelines on Foreign and Security Policy in East Asia，2012.

治理中对中国的政策，主要就是东亚地区安全机制的建立与中国的角色。放在中欧战略伙伴关系来看，欧盟在处理和对待和中国安全议题上的核心利益是基于两方面考虑：一方面是希望同中国一起应对全球挑战，不论是核不扩散还是人道主义危机抑或太空安全等全球安全议题；另一方面，是为了维持东亚地区的和平，例如，阻止现有大国美国和崛起中大国中国之间的武装冲突，以及推动地区热点问题的多边谈判等。有分析人士认为南海地区日益紧张的局势和美国重返亚洲战略及中国对其的反应都增加了中美之间发生冲突的可能性①，这就需要中国和东亚其他国家共同的克制，还有外部新势力的平衡。

（二）政策特点和政策工具

欧盟对中国的安全战略必须在其整体的安全目标的背景下分析。欧盟在2003年制定的安全战略文件《更美好世界中的欧洲安全——欧盟安全战略》中陈述了其三大战略目标②：处理如恐怖主义、核扩散、地区冲突、失败国家和有组织犯罪等威胁；建立安全邻居环境；推动基于有效多边主义的国际秩序。其中和中欧关系直接相关的地方体现在：中国已经成为国际体系的主要行为体，但随着中国的不断发展，欧盟希望中国能承担更多的国际义务，因此无论是非传统安全危机的应对还是新国际秩序的建立，都离不开中国的参与。这里值得注意的是，对欧盟及其成员国来说，美国是其处理以上每一个目标的首要伙伴。因此，欧盟关于中国的安全战略丝毫不会威胁到其跨大西洋安全合作。

从欧盟对华安全政策的内在价值取向来看，尽管并没有突出的方面表明欧盟必然会实施欧洲主义的安全政策，但是欧盟在这方面也并没有追随美国，也就是说，欧盟的对华安全政策具有不同于美国的相关特征。欧盟的政策应该是自主的且反映着其自身利益和价值的，如果不是独立的立场，那么欧盟就不具备可信赖的能力来处理不稳定地区的冲突和威胁。尽管欧盟和美国是亲密伙伴，但是欧盟的立场和方法也不一定总是和美国一致，虽然在很多欧洲国家同是北约成员国的情况下，美国必然是欧盟处理对外安全问题的主要

---

① China's Choices and Ours〔EB/OL〕. East Asia Forum，2012-05-07.

② European Council. A Secure Europe in a Better World：European Security Strategy〔R〕. Brussels，2003-12-12；同时参见：European Council，Report on the Implementation of the European Security Strategy：Providing security in a changing world〔R〕. Brussels，2008-12-11.

考虑，但是欧洲也不会主动伤害其与美国的关系，例如在解除对华武器禁运的问题上。

地区稳定程度将直接关系到欧盟的经济利益的实现程度。欧盟对华安全政策的目标也与其对华的整体利益是一致的。基于欧中关系中经济议题的重要性和双方之间都不存在军事威胁感知①，推动欧盟的经济利益是欧盟在对华政策中最重要的优先事项，即使是在安全政策中，欧盟也特别希望中国在双边经贸往来中开放更多的市场和公平贸易机会以促进其对华出口量的增加。在经济考量之后，欧盟对华安全政策则是涉及双方在维护东亚地区稳定、全球经济和安全治理、气候变化和国际规范中的角色。

欧盟有多个政策工具和潜在工具可以帮助其实现这些目标，包括现有的同中国的政治对话，欧盟成员国和中国之间的军事对军事交流，欧盟军舰亚特兰大号和中国海军在亚丁湾就反海盗进行的合作，欧盟作为经济和科技力量的角色，对华武器禁运，欧盟成员国同美国在外交和安全方面的紧密联系，同第三国已有的对话，欧盟在东盟地区论坛的会员身份，等等。欧盟对华安全政策的实施也为中欧提供了探讨双方所共同关注的国际和地区问题的机会，例如，叙利亚、中东和北非发展，以及缅甸和朝鲜半岛问题等。在亚丁湾的索马里，中国和欧洲海军共同打击海盗。在 E3+3（欧盟三国德国、英国和法国加上中国、美国和俄罗斯）形式下，欧盟和中国在伊朗核问题上进行良好合作，中国也正是朝鲜半岛六方会谈的领导者。可以说，欧洲现在的对华政策进一步深化和专注了。

第二节　决策中的影响因素

欧盟对华安全政策属于欧盟的共同外交与安全政策决策范畴。共同外交和安全政策经历了从欧洲政治合作发展到形成了具体的外交与安全政策安排的过程，并在 1993 年生效的《马斯特里赫特条约》中得以正式形成，在当时被确立为欧盟三大支柱之一。尽管《里斯本条约》将欧共体和欧盟两个独立法人进行了合并，塑造了欧盟对外的整体形象，也取消了三大支柱结构的划

---

① PAUL F, CHU S. China, Europe and International Security: Interests, Roles and Prospects [M]. London: Routledge, 2011: 195-196.

分，但这并不表明所有政策的决策机制是一致的。共同外交与安全政策仍在《欧洲联盟条约》的第五篇单独列出，并沿用政府间主义方法。在原有的第三支柱司法和内政政策纳入《欧洲联盟运行条约》后，欧盟机制由原有的明显的三大支柱划分变成了隐性的两个支柱，也就是说欧盟在其对外政策决策中实行"双轨制"。《里斯本条约》这一不彻底的改革也是受限于一体化进程因素的。由于共同外交与安全政策涉及成员国主权等敏感问题，因而其发展程度，相较于前面讨论的对外经济政策而言，起步较晚且一体化程度较低，这对欧盟对华的政治安全政策的决策过程也会产生相应影响。

总的来说，在共同外交和安全政策下，欧洲理事会是最高且最终决策机构，决定对外事务指导原则，负责协调部长理事会的意见分歧，对外代表欧盟共同立场。而欧盟理事会则是负责具体事务的决策和实施，理事会在对外决策的主要职责是促进成员国之间共识的形成，但它本身不能决定欧盟对外政策，因涉及主权和防御这些成员国高度敏感的领域，需要成员国在理事会内以一致同意的方式来表决任何提案。在这样的情况下，对华安全政策的决策和前一章提及的贸易政策是很不一样的。同时安全决策中仍是基于欧盟这样的决策环境以及行为体为使最终政策能更接近自身偏好进行博弈的本质，考虑到在安全政策中，主要决策行为体是代表成员国利益的理事会，欧洲议会只有知情权，因此本节对理事会内部运行中影响决策的因素的分析包括投票规则、偏好分歧、社会化和议题重要性。

一、投票规则

安全问题是欧盟具有最高关注度的政治议题领域之一，也是对欧盟成员国主权涉及最为深入的领域，因而具有高度敏感性，欧盟现仍将该领域的合作严格界定在政府间框架内。而创建共同外交与安全政策最初就是为了使欧盟外交政策能够进行协调统一，从而实现成员国对外行动上的欧洲化。惠特曼（Richard Whitman）将欧盟的国际身份定义为：欧盟对外的表现方式是欧盟在可用的工具和联盟因素之间对其自身身份定义的方法①。欧盟的共同外交与安全政策是一种便于欧盟成员国间协调彼此外交和安全政策的多边政策安排，是联盟希望对外呈现的"共同"形象。欧盟成员国深刻意识到当前国际

---

① WHITMAN R. The neo-normative turn in theorising the EU's international presence [J]. Co-operation and Conflict, 2013, 48（2）：171-193.

社会中存在的各种挑战只有通过共同对外行动的实施才能有效应对，并将进一步促进成员国自身的国家利益的实现和国际影响的提高。尽管有这一步认识，但大多成员国对国家主权最为核心的安全领域的权能的完全让渡或转移不甚情愿，这就导致一体化进程下的欧盟的外交与安全合作位于传统超国家模式外，这一领域也就存在不同于经济贸易政策的决策过程和投票方法。

欧盟理事会在外交和安全事务上的决策过程具体是：首先，决策建立在政治与安全委员会（Political and Security Committee）基础上，该委员会是由成员国外交部负责相应的政治和安全事务的官员组成的欧洲特派专员（European correspondents）构成的，负责为理事会会议进行准备，包括相关材料和可行方案等；在该阶段获得一致意见后，常驻代表委员会则将其上交至欧盟理事会，理事会通过一致同意的方式进行表决，表决通过后便形成理事会共同立场。具体来说，政治和安全委员会负责的是相关政策的分析和审查，常驻代表委员会则服务于部长理事会同成员国以及其他欧盟机构间的沟通。

（一）制度安排

一致同意的决策规则可以最大限度兼顾所有成员国的利益，被认为是政府间主义区别于超国家主义的根本不同，因为一体化主义者主张通过绝对多数表决制，认为一致同意会导致欧盟对外决策缺乏灵活性并导致决策低效。相反，绝对多数同意则能提高欧盟应对国际危机的决策速度和效力。尽管在《里斯本条约》中，还是能看到绝对多数表决制应用范围扩大的趋势。主要体现在：首先根据第 10B 条第 1 款规定，欧洲理事会可以在根据欧盟政体战略利益和目标所做出的欧盟提案的基础上，部长理事会对联盟立场和行动进行决策时，采用绝对多数表决制；其次，在欧洲理事会主动提出或高级代表自身发起的倡议可以由理事会对其使用绝对多数表决制通过。但是，《里斯本条约》在这样非常细微的绝对多数表决制扩大时也是非常谨慎的，使用范围有限，在条约第十七条规定，欧盟理事会的成员国可以因本国政策方面重要的原因反对在理事会内以绝对多数机制进行表决。《里斯本条约》第 25B 条第 3 款中规定"理事会应在高级代表的提议下运用绝对多数表决机制……当部长理事会就绝对多数表决机制适用范围有争议时，欧洲理事会拥有最终决定权"。也就是说，欧盟共同外交与安全政策高级代表应发挥协调作用，与该国进行协商以寻求共同接受的方案。如果协商无果，则部长理事会在以绝对多数机制通过后交由欧洲理事会以一致同意方式进行决议。新标准使欧盟决策更透明，更能反映成员国之间的平等，体现欧盟政策决策上的民主原则，欧盟希望民主性的增强能够强化欧盟的政策决策能力。

因为外交与安全方面的合作源于成员国的政治意愿，任何模糊的不精准的规定都有可能在执行过程中引发争议①。然而这些繁复的叙述也表明欧盟的能力权限分配并不是特别明确，特别是在实施中，加上外交政策事务通常是从不同的政策角度进行解决，这就导致欧盟行为体间权限划分不一致，特别是在共同体能力和共同外交与安全政策能力间的灰色地带。这需要进一步具体分析。

（二）对华决策特点

《里斯本条约》尽管取消了三个支柱的设置，但还是在第一和第二支柱间保持了明显的区分。在欧盟现有的决策程序下，共同外交与安全政策以及安全与防务政策框架内的投票规则是一国一票，通过全体一致的方式进行表决，也就是各个国家都具有一票否决权，过程中呈现出明显的政府间主义特征。

而具体到欧盟的东亚政策以及对华安全政策，这种达成共识的决策方式的投票要求需要各成员国都贯彻一致的对外安全政策。但是由于距离遥远和经济相关度小，很多欧盟成员国本身就不存在自身独立的对东亚地区以及中国的安全政策，也就是中国和东亚的安全问题对于欧盟这些成员国的重要性并没有成为其国内决策的重要基础。英国、德国、法国和瑞典等国在中国问题上是表现活跃且突出的欧盟成员国，但并不是所有的国家都能且愿意在中国安全治理的具体行动上进行有效的参与。欧盟成员国的对华安全政策大多是受到其国内政治的推动或牵制，而非来自欧洲一体化程度的影响。这种投票方式直接导致在东亚问题上欧盟内部难以达成共识，或者是最终妥协后的政策结果限制多，即提供的赢集很小。

二、偏好分歧

在对华安全决策中，成员国不同的偏好主要是和两个因素有关：一个是成员国本身的对华态度，包括政治上和经济上；另一个就是和美国的关系远近，因为谈到亚太和东亚安全，美国都是不可回避的一个重要变量。

① VOGT R. Limitations for Europe's Partnership with China［M］. in Roland Vogt（ed），Europe and China：Strategic Partners or Rivals? Hongkong：Hongkong University Press，2012：59- 80.

（一）对华政治态度

这里将沿用在第五章相应部分所介绍的福克斯和戈德芒在《对欧盟-中国关系的权力审计》① 这份政策报告中对当时的欧盟成员国的对华态度的分类进行探讨。

如果只关注这幅图的政治谱系的话，可以看到，德国、英国、波兰以及低地国家等对中国是持更为批评的态度的，而西班牙、匈牙利、罗马尼亚、塞浦路斯、希腊等国对中国的政治态度更为宽容，处于较中立立场的国家主要是萨科齐时代的法国、立陶宛、爱沙尼亚等国。

对华的政治态度很大程度上是受这些国家对中国政治体制以及人权政策的态度的影响。德国同中国贸易往来是欧盟成员国中最多的，而且德国在前面介绍的光伏双反案中也对争端的和平解决做出了积极贡献，反对委员会对华进行制裁，但在政治方面，德国一直是欧盟内批评中国最为强烈的国家之一。欧盟政策逐渐转变为希望通过接触与对话使中国"融入国际社会"，这也是欧盟对华态度一个好转的趋势。

（二）美国影响

除了自身原因，美国因素也发挥着不可替代的作用。在人权政策上，欧盟一开始在冷战后初期几年也是追随美国，随后才有了自己的对华政策。在安全政策方面也是一样，鉴于大多欧盟成员国同样是北大西洋公约组织成员，欧盟参与东亚安全事务并希望增加在亚洲安全问题上的可见度的动机也与华盛顿释放出亚洲希望欧洲重新审视其外交战略的信号有关，因此欧盟的东亚安全政策从其提议到通过以及最终的实施都有美国因素的影响。

拜登就曾在慕尼黑安全会议上表示，美国希望欧洲加入参与世界事务的过程中来②。"世界"在这里指的就是亚太地区，因为拜登演讲的相关部分都是涉及该地区的。在同一场合，他还指出欧洲一直在东亚获取经济利益，这主要是依托于在美国亚太地区所努力维持的和平稳定环境。这些表态也就推

---

① GODEMENT F. A Power Audit of EU-China Relations ［R］. European Council on Foreign Relations, 2013.

② Remarks by Vice President Joe Biden to the Munich Security Conference ［EB/OL］. The White House, February 02, 2013. http：//www. whitehouse. gov/the-press-office/2013/02/02/remarks-vice-president-joe-biden-munich-security-conference-hotel-bayeri

动了欧盟摒弃"搭便车"的做法,更积极主动地帮助美国参与亚洲事务。可是,美国对欧盟政策的影响并不是单向的,虽然美国希望欧盟同东亚安全开展更紧密合作①,但是欧盟和包括中国在内的东亚国家的经济关系的重要性日益增加,如果更进一步卷入美国在东亚的战略意图和行动中,欧盟就会进入东亚的地区冲突并使得地区局势更为复杂。因此,欧盟在东亚事务中应该是力图在扮演更积极还是更中立的角色中进行妥协②。例如,在钓鱼岛和南海问题上,欧盟国家态度审慎。在《行动纲领 2012》中,其态度是:鼓励"相关方"在遵循联合国海洋法公约(UNCLOS)的前提下明确自身立场并积极解决南海争端。欧盟一方面对中国周边的安全问题表示关切,另一方面也强调美国的军事存在才是维护该地区稳定的重要因素。

(三)欧盟内部分歧

总的来说在欧盟的对华政策中,安全政策并不具有突出作用,欧盟及其成员国一直不曾在东亚地区问题上扮演过任何积极的安全行动者角色。从下面的表 7 中对英、法、德三国在安全政策上对华的政策立场对比可以看出,这三个欧盟内大国在该议题上并没有强烈的亟待解决的争端事务。在对华安全问题上,虽然三国都奉行一个中国政策,但程度和偏好不同:英国关注的不是中国台湾而是香港,而法国虽然承认一个中国,但在 20 世纪 90 年代却不顾中国政府反对,向台出售战斗机,德国则一向主张由美国处理,但在法国对台军售期间,其认为应禁止向危机地区提供武器,拒绝出售。同时,三国在中国对中国安全政策的其他关注点也因自身历史原因(如法国前殖民地非洲问题、英国对香港问题)和对同中国经济合作程度不同而各有侧重。

表 7 英、法、德对华安全政策立场对比

	英国	法国	德国
根本利益	经济发展、教育合作	经贸关系、非洲问题、战略伙伴	经贸关系

---

① DEMPSEY J. Transatlantic Cooperation on Asia [R]. in Carnegie Endowment for International Peace, Washington, 28 May 2012.

② CASARINI N. EU Foreign Policy in the Asia Pacific:Striking the right balance between the US [R]. China and ASEAN Analysis, Paris EUISS, 2012.

续表

	英国	法国	德国
安全政策	香港问题、发展维和培训和防扩散领域军事合作	政治关系、坚持一个中国政策但对台军售、关注中非关系、反对武器禁运	通过经济发展推动政治改革、一个中国政策、在解禁问题上态度反复

除了成员国态度因对华政治看法和同美国关系亲疏存在偏好的分歧外，欧盟各主要机构：欧盟理事会、委员会同欧洲议会之间在对华安全政策上也有各自独立的主张。这种差异性主要体现在理事会的对华政策是比较积极的，而后两者则呈现出消极的态度偏好，但正如前面提到的，委员会和欧洲议会在安全决策中并不具备参与决策的权限，只有外部的影响能力，所以只有理事会内各成员国的立场能有机会最终影响欧盟的利益偏好。尽管欧洲议会和成员国议会无权参与决策，但由于偏好和其他欧盟机构不一致，在决策过程中也常能听到来自议会的负面声音。欧盟安全决策因为需要成员国之间的一致通过，因此将欧盟理事会的立场转化为欧盟的政策结果是一个政府间的过程。

各行为体在对华安全政策上的偏好立场的不同也为其相互间的协调提供了空间，但其负面影响就是导致欧盟在难以调和根本性冲突的情况下，无法推行有实质意义的政策并加以实践。这也就反映在欧盟长期的在东亚安全领域的"缺位"[1] 现象。成员国和欧盟机构就中国安全政策进行谈判的过程也可以看作决策的一部分，在这一过程中，不同利益偏好主张的行为体都会尽可能争取偏好互动后所形成的让各方都接受的赢集能够最接近自己的最佳偏好点，因此它们会不断为此进行协商，但如果距离太远，则要么赢集太小，协商难以取得突破性成果造成政策流产，要么就是勉强通过难有实质针对性的政策。因此成员国偏好分歧越多，决定就越难做出或难有实际效果。

三、社会化

尽管是明确政府间特征的安全决策领域，同时还是欧盟成员国具有各自不同偏好的情况，但欧盟在不断强调的共识化决策环境内，还是能看到欧盟

---

[1] European Policy Center. The EU's Role in Asian Security [EB/OL]. Events Reports, 10 April 2006.

安全政策的出台。这表明在实际运用中，共识化决策在共同外交与安全政策中是常见的。《里斯本条约》中也明确强调了欧洲认同及其同一性对于推动欧盟和世界的安全与进步的重要意义，并要求欧洲理事会主席应该在其层次和能力下，在涉及共同外交与安全政策的问题上，确保联盟对外代表的一致性，不能损害高级代表在该问题上的权力。此外，由于正式规则和制度在促进市场一体化中远比在外交政策中有效得多，共同外交与安全政策的做出也需要受别的力量的推动，这里就将其理解为以共识化决策为特征的社会化过程。

这一社会化的过程首先存在于欧盟和中国之间的交往。一方面，双边在经贸、投资、援助等领域具体的合作进程为共同外交决策提供动机和支撑。建构主义强调在合作过程中行为体相互的利益和认同的改变。制度，也就是在稳定的认同和利益基础上形成的持续性行为的结果，通过交互影响的构建，进而在新认同和利益内部化的过程中导致了制度化，而更进一步的集体认同和利益共同体也可以在这一过程中形成。欧盟在对中国的问题上，无论在政治或安全政策上采取制裁还是接触态度，其最终目的都是实现自身的政治、经济和安全等目标。另一方面，欧盟对华政策在制裁措施或消极态度并没有取得理想效果时，欧盟首先会反省对这一措施进行改良或更换。例如，在欧盟对中国武器实施禁运的这些年内，真正受损的是欧盟内部的军工企业，相反，中国的发展，无论在经济上还是军事上，都没有受到太大影响，中国经济的发展繁荣还促进了国内政治制度的巩固。在这样的情况下，欧盟逐步接受了同中国进行对话并相互接触的政策，这也成为大多数成员国，特别是理事会的利益偏好。例如有学者就直接认为"商业利益可以解释欧盟为什么在1997年之后不再在联合国人权委员会中中国议案问题上联署"[1]。现在双方都认识到，在欧盟对华的所有政治问题上，对话和合作是最为有效且有益的方法，在安全领域更是。随着中国经济的飞速发展，欧盟不可能会忽视这一支全球最大且最有发展潜力的市场，而接触性的对华政策就是稳定的政治关系和安全关系的保证。

其次，成员国间的偏好分歧也能通过合作来调和。欧盟成员国在一起合

---

① BALME R. The European Union, China and human rights [M]. Zaki Laidi (ed), EU Foreign Policy in a Golbalized World: Normative power and social preference, London: Routledge, 2010: 171.

作多年，进而发展出了金斯伯格（Roy Ginsberg）所说的"自我模式逻辑"①（self-styled logic）。从在欧洲利益中共有认识的基础上形成了共同政策，这些政策因此也能反映出固有的独特的欧洲品质，如常说的对多边主义、对话协商等强调的"欧洲模式"。这不仅支持了地区一体化、欧盟成员国条件性，还增进了公民社会的形成以及更进更深一步的共同决策模式的形成，在这里就体现为对主权涉及最为深入的共同对华安全政策的出台。同时，欧盟成员国间的"我们的感受"（our feel）也能接受自己选择通过欧盟来实施安全政策。正如托纳（Ben Torna）说的，欧盟共同外交决策程序的持续改革，反映出的不仅是对于提高欧盟问题解决能力的期待，也希望能加强集体认同和后续行动②。

再次，在共同机构内的几十年的紧密咨询对欧盟外交政策精英有很强的社会化影响。从安全政策决策的内部工作组的运行来看，成员国在共同外交与安全政策问题上的偏好是通过次系统的专家间的互动来塑造的，因而这些内部交往会对决策产生直接推动。从欧洲政治合作开始，欧盟外交政策事务大多是在工作组层面展开的③，工作组的主要功能是负责专业领域的信息交换。实际上的很多决定都是要在工作组层面完成的，因而，具有决定意义的行动要想在理事会层面做出，就必须在工作组层面实现妥协，否则在理事会内发生的可能性会低很多。而像对外行动署这样专门的外交行政（executive）机构则进一步推动了成员国对外政策的社会化，因为它有助于欧洲共同的外交政策文化的培育，更能推动外交政策领域妥协方案的形成。④ 除了内部交往，在一体化不断深入的大前提下，大多数共同外交与安全政策的工作小组人员逐渐和共同体领域的理事会小组人员交流和融合，这不仅能为双方节约时间和金钱，还可以鼓励双方更进一步协调。虽然进程中存在政治委员会和

① GINSBERG R. Foreign policy actions of the European Community: the politics of scale [M]. Boulder: Lynne Rienner, 1989: 9. 更近期文献：GINSBERG R, Demystifying the European Union: The Enduring Logic of Regional Integration [M]. Oxford: Rowman and Littledfield, 2010: 134.

② TORNA B. Constructing the CFSP: the utility of a cognitive approach [J]. Journal of Common Market Studies, 2003, 41 (4): 731-756.

③ JUNCOS A, POMORSKA K. The Deadlock that never Happened: the Impact of Enlargement on the Common Foreign and Security Policy Council Working Groups [J]. in European Political Economy Review, 2007 (6): 4-30.

④ 金铃.《里斯本条约》与欧盟共同外交与安全政策 [J]. 欧洲研究, 2008 (2): 71.

常驻代表委员会之间的冲突，因为政治委员会是共同外交与安全政策传统上要汇报的对象，而后者则是工作小组的固定汇报对象，但部门专家喜欢利用全面的欧盟政策工具来讨论，因此这一人员的交流过程尽管不可避免带来冲突，但还是受到鼓励的。从政治上说，这也反映了欧盟最强大的时候就是在其最联合的时候。如果说，欧盟层级的政治层面决策看上去缺少单一心态或一致目标的话，那么在次系统领域还是存在人员交流带来的社会化导致的一致性的。

最后，欧盟外交行为所引发的国际环境反应会和外交行为本身产生相互建构。对华安全政策的提案和决策过程都深受所处国际局势的社会化影响，由于欧盟及其成员国在亚太地区没有军事存在，对亚太地区未来发展而言最重要的制度基础最有可能是由东盟相关的地区安全平台，包括东盟地区论坛、东盟防御部长会谈（ADMM+）以及东亚峰会等提供的①。欧盟是东盟地区论坛的成员，加上欧亚两个大陆的两大地区性组织是天然的伙伴，欧盟会被动员和被影响到这些安全平台中去发挥作用，从而参与到东亚事务当中，东盟地区论坛身份和与东盟密切的外交联系这些内部交往都可以使欧盟在涉及该地区稳定时有发声和表态的动机。同时，因为欧盟国家是美国最主要的外交和军事伙伴，在美国的安全战略越来越强调伙伴和盟友的贡献的情况下，欧盟对东亚安全局势的关注会进一步推动国际关注向亚太转移，同时使其自身在华盛顿对中国的接触中扮演重要角色②。即使美国对东亚的安全方面的接触还建立在其关键地区盟友，如日本、韩国、澳大利亚支持的基础上，欧盟所扮演的不甚明显的角色也是同等重要的。置身于中国安全事务外是无法维持对中国的影响力的，和东盟地区论坛的合作以及美国战略东移成为欧盟的对华安全政策出台的重要的国际环境因素，同时欧盟的参与介入也让参与东亚安全构建的行为体更加多元，一定程度上影响了东亚地区安全环境。

所有社会化影响都带来一个本能的"欧盟反应"。当新的挑战出现时，第一个问题通常是欧盟成员国和欧盟机构会对这个怎么想。因此，在新的外交政策挑战上，立场的形成过程从来不是孤立存在的，而是存在于欧盟制度化

---

① WITTKOWSKY A, PIETZ T. 'Under construction': The EU's Comprehensive Approach Current Developments to Improve European Conflict Prevention and Crisis Management [R]. *Center for International Peace Operations (ZIF)*, 01 Aug. 2013.

② MORADA N. Europe and Southeast Asia: ASEAN-EU Interregionalism between Pluralist and Solidarist Societies [J]. Review of European Studies, 2012, 4 (3): 89-99.

协调的背景中的。成员国和欧盟外交政策的边界也因此逐渐模糊，而且欧盟外交政策被视为前者的自然延伸。社会化的过程有助于不同成员国克服分歧，增强决策的动机，促进了欧盟对外安全政策的形成。

四、议题重要性

经前面论证，在共同外交与安全领域内欧盟也存在共识化决策，这也构成决策的环境变量或是一定意义上的制度背景，而议题重要性能够被视为"权力"的另一种形态，是对不同政策产生不同决策结果的另一重要影响因素，因为特定的议题对不同成员国的重要性是不一样的。在安全议题中，行为体的主张一方面是受到国内选民态度的制约，也就是国内合法性促使其在特定政策议题上具有强烈偏好，这种制约在决策过程中最终能发挥比真正的立场偏好更大的作用。正如前面在第三章谈判技巧一节中提到的，在协商中成员国有时会增加决策结果更接近自身最佳偏好点的可能性，会释放出"虚假"的偏好，也就是提供小于自身实际偏好的赢集，在决策过程中，它就可以以这方面的"假意"退让获得其他成员对其主张另一方面的支持。

在欧盟的本次对华安全决策中，英国、德国等和美国关系更为密切的国家，在一定程度上受美国的驱动，要求积极介入东亚安全事务，并强调在该领域的安全治理中同美国的合作。为了获取那些和美国联系并不紧密也不关注东亚事务的国家对其主张的支持，特别是东欧新入盟国家，英、德也在东亚同俄罗斯关系上做出了退让，这些国家本有其他考虑，但最后还是表示会发展同俄罗斯在该地区的政治对话，以满足东欧盟国的安全感要求。这不仅增加了东欧国家对东亚事务的参与感，还为自己的主张赢得了支持。

而成员国在对外安全政策上的态度之间本身就存在重要的区别。成员国间对欧盟外交与安全政策本身的支持度，一定程度上会体现在成员国在对华安全政策这个议题的重视度上，越重视该政策的成员国，一般也是越支持欧盟共同的安全政策的，因为对华安全政策是欧盟共同外交与安全政策的一部分。接下来将对成员国在对外安全政策上的态度进行谱系的排列划分，本书认为，外交政策传统特定利益和同外部力量的关系两个变量，在决定既定国家在外交谱系上的立场上扮演重要角色。在这个谱系一端的是英国这样的格外关注国内政策的成员国，因而倾向于视欧盟为一个国际论坛或"工具箱"，可以被用来帮助其追求国内外交政策目标；而另一端就是卢森堡这样的国家，它们因为自身实力和国际利益均有限，本身的外交政策雄心很小，同时又希望能借助欧盟统一的外交政策增强自己的影响力,所以对欧盟政策有很高的认同度,视自身为更大的欧盟外交认同的一部分。这一方面和成员国对欧洲一体化的整体态度以及其对欧盟外交政策的认同程度相关,有欧洲联邦主义倾向的国家,例如比利时或意大利则比主权国家如英国、丹麦更是欧盟外交政策的积极持续支持者;另一方面,欧盟外交与安全政策中很多的强烈国家利益主张都来自地缘因素,例如东欧国家对俄罗斯政策的敏感,这也可以成为对欧盟外交政策非常支持的重要因素。①

为了后面定量分析方便,可以简单认为大的成员国可以对自己国家外交政策持有很高的能力,因此都在谱系的"工具箱"一端,而小国则聚集在"认同"一端。当然这里也有特例,例如德国,因为历史的原因,其对欧盟外交政策有很高的认同度,并且在原则上也认为需要将欧盟外交能力在国际舞台上进一步提升,扩大其对欧盟利益的代表范围。而塞浦路斯则相反,是欧盟最小的成员国之一,但有重要的外交和安全政策问题——岛内分裂势力,因而专注于内政,它对欧盟外交政策的参与动机是在这一国家优先任务之下的,并且希望利用欧盟力量来追求国家目标。这些区别会在后面的数据中得到体现。

这里同样主要分析欧盟三大国英国、法国和德国对欧盟对华安全问题的重视度。这三国就其自身能力而言,在欧盟对外政策的制定方面都有很高影响力和决策力。但是,正如前面提到的,英国、法国更倾向于将欧盟外交政策的实施视为实现自身国家利益的"工具箱",作为欧盟两个核大国和联合国安理会的常任理事国,两国虽然在欧盟对外安全议题中具有领导权②,但其认同不足,发布主张时优先考虑的是自身利益或盟国利益,而非欧盟整体诉求,例如加强在海外的军事部署等。而德国,作为欧盟经济实力最强且欧盟预算最大的净支出国,在外交决策中也具有很高影响力,尽管在对华关系中,德国的政策偏好逐渐走上了更为务实的经济主导的道路,加上历史原因,其在安全政策的立场更为克制,但出于其较为强烈的欧洲认同感和希望借助欧盟增强自身的国际影响力等考虑,它对欧盟对华安全政策的重视度要高于英国

① GROSS E. *The Europeanization of National Foreign Policy:Continuity and Change in European Crisis Management* [M]. London:Palgrave Macmillan, 2009:24-53.

② STUMBAUM M. *The European Union and China* [M]. 7 Baden-Baden:Nomos, 2009:183-199.

和法国。

议题重要性这种"看重与否"的问题在欧盟决策中会有机会转化为影响决策结果更接近更看重行为体的最佳偏好位置。

第三节 妥协模型的运用

一、定量研究

（一）权力指数

根据前一章相应部分的介绍，对"权力"的设定以各成员国的投票权力为基础，加入投票规则影响的因素，并考虑涉及决策程序规则的变量。而在欧盟共同外交与安全政策领域的决策中，投票规则为成员国一致通过，委员会和欧洲议会均不参与投票和最后立法，只有各成员国获得投票权力，因为一致同意就是一票否决制，投票规则赋予的影响力也是一样的，所以在安全决策中，各成员国无论大小和经济实力强弱，权力指数均为1。

（二）成员国立场及立场重视程度

1. 行为体立场

因为只有成员国参与决策，所以这里的行为体偏好就是欧盟 2012 年的 27 个成员国的偏好。根据第二节中对偏好分歧的介绍，成员国本身在政治上的对华态度和它们同美国的关系是决定立场偏好这一变量的两个影响因素。这里对这些立场进行如下数据处理：

立场 0 表明接受现状的国家，也就是希望维持欧盟对中国安全治理不介入不参与的状态，也就是对华的政治态度比较靠右，持支持态度，且丝毫不受美国这一外力推动的影响，这些国家有芬兰、马耳他、塞浦路斯。

立场 50 指那些在对华政治上持批评态度，但不是北约成员不受美国推动的成员国，或是对华政治态度友好，但作为北约成员国受美国政策干扰的国家，包括：爱尔兰、卢森堡、瑞典、捷克、奥地利、斯洛文尼亚、保加利亚、匈牙利、葡萄牙、意大利、斯洛伐克、希腊、罗马尼亚、西班牙。

立场 100 则指积极推动《行动纲领 2012》通过的国家，这些国家既对中国的政治发展持批评态度，还作为北约成员国，积极支持美国主张，这些国家包括：荷兰、丹麦、英国、德国、波兰、比利时、爱尔兰、拉脱维亚、立陶宛、爱沙尼亚、法国。

2. 议题重视度

对议题重要性的测量也考虑前面界定的两个要素：对一体化的态度和同外部世界联系紧密度。首先对成员国对一体化的联邦还是政府间态度进行区分：法国、德国、比利时、荷兰、意大利、卢森堡是联邦主义的核心支持国，西班牙、希腊、葡萄牙、爱尔兰、奥地利、芬兰也都支持一体化进程；英国、瑞典、丹麦则是突出的对一体化持消极态度的三个国家，另外，新入盟东欧国家也都属于此列。越支持一体化的国家就表明对用欧盟政策的方式处理对华安全问题越重视。

在同外部世界联系紧密度这一要素的计算上，涉及对华安全问题，而欧盟成员国在东亚和中国的安全参与都不多，但因为安全稳定和经济发展之间不可分割的联系，这里同样借助成员国同中国的贸易量为参考进行对比计算。

为了计算方便，这里也将议题重要性进行分档计算：

重要性为100的国家：法国、德国、比利时、荷兰、意大利；

重要性为60的国家：西班牙、希腊、葡萄牙、爱尔兰、奥地利、芬兰、卢森堡、英国、瑞典、丹麦；

重要性为20的国家：匈牙利、捷克、斯洛伐克、波兰、罗马尼亚、保加利亚；

重要性为1的国家：斯洛文尼亚、爱沙尼亚、立陶宛、拉脱维亚、塞浦路斯、马耳他。

因此可以对本案例定量研究的数据进行总结：成员国按不同的偏好立场进行分类，对成员国标注其在对华安全政策的重视度。

表8 欧盟成员国在对华安全政策中的偏好立场及其重视度

立场数值	国家及其重视程度
立场0	芬兰60
	马耳他1、塞浦路斯1

续表

立场数值	国家及其重视程度
立场50	意大利100
	西班牙60、葡萄牙60、奥地利60、希腊60、爱尔兰60、瑞典60、卢森堡60
	捷克20、保加利亚20、匈牙利20、斯洛伐克20、罗马尼亚20
	斯洛文尼亚1
立场100	德国100、荷兰100、法国100、比利时100
	丹麦60、英国60、波兰20、爱尔兰60
	拉脱维亚1、立陶宛1、爱沙尼亚1

（三）结果的计算及数据分析

1. 结果计算与误差分析

第二章第三节的最后列出了本研究在定量研究中对政策结果的计算公式：

$$政策结果\ P_x = \frac{\sum_{i=1}^{n} 权力_{xi} \times 偏好_{xi} \times 议题重要性_{xi}}{\sum_{i=1}^{n} 权力_{xi} \times 议题重要性_{xi}}$$

将以上数据代入后，计算结果为72.06（计算过程见附录2）。表明最终结果是对现状的较大幅度改变，主张积极介入中国安全治理事务。即使欧盟成员国中很多国家在东亚地区并没有特殊利益，但这些国家或因为美国压力，或因为协商中利益交换都没有反对政策的通过，相反，在法、德等大国的积极推动下，欧盟最后通过的政策相较于以往还是比较积极且全面的。

分析得出的数据结论72.06表明欧盟的该项政策还是凸显了那些希望改变现状政策国家的主张的，但是通过阅读《行动纲领2012》，虽然这是欧盟鲜有鲜明地参与到东亚和中国的安全事务中，并就南海问题、中非合作、中国政治改革等都提出了欧盟的看法，但很难说这项政策是具有实质的执行意义的。也就是说，欧盟在对华安全政策上再一次体现出了"宣言"式风格，缺乏积极有效的涉及政策执行的规定和时间表。这一"期待与现实的差距"

也需要在接下来的定性分析中，从欧盟决策过程以及欧盟对华安全政策特点中进行讨论。

2. 控制变量与结论输出

第二节的分析验证了本书提出的研究假设中自变量与因变量的相关性，接下来是用定量计算的方法，通过控制变量，分别验证本书提出的研究变量多大程度上影响了欧盟对华安全政策的制定。

首先考虑的是理事会投票规则的不同对政策结果的影响。因为现实情况下，对外安全政策是涉及成员国主权最为核心的部分，采用的是一国一票的一致通过规则。尽管《里斯本条约》扩大了绝对多数票的适用范围①，但仍旧没有改变共同外交与安全政策的投票和决策规则。一致同意规则对最终政策结果的出台有多大以及怎样的影响？如果投票规则变为绝对多数后，决策结果会发生怎样的改变？这里按前一章统计的SSI数据计算绝对多数程序下的政策结果，在投票规则限制减少后，按妥协模型计算的纳什均衡解是79.98，表明政策结果在投票程序简单化后中立性减少，欧盟能制定出主张更鲜明的政策。和正式计算结果存在7.92的差距。

然后再分析成员国偏好立场分歧对结果的影响。这里的计算是按其偏好对现状的改变程度计算的，也就是参与中国安全治理的主张越强烈，数值越高。坚决维持现状为0，完全改变现状为100。如果成员国偏好分歧增加，也就是将那些中间立场的值都变为0，用妥协模型计算的结果是49.18，数值更接近现状政策0，表明政策结果更偏向改变群体的主张；而如果成员国偏好分歧减少，这里同样假设希望改变现状的立场由100减少到80，立场不再那么鲜明后，得出的数据是62.27。偏好分歧的增加和减少后得出的数据分别和原始数据相差22.88和9.79。这里同样用方差来计算多重变化对最初值的改变，标准差约为14.6。这个值就是成员国因偏好立场的改变而与初始结果的偏离值。

因为不涉及议会加入，所以最后分析议题重视度的影响。假设成员国的议题重要性的增加会导致政策更偏向其主张，那么这里首先将立场为100的成员国对议题重视度增加20（为保证结果能进行对比，重视度为100的数据也相应调整，即使不合数据设定），得出结果为75.61，立场比原始数据

---

① Jonas Paul. EU Foreign Policy After Lisbon: Will the New High Representative and the External Action Service Make a Difference? [J]. CAP Policy Analysis, 2008 (2): 5-6.

72.06 更接近 100，两者差 3.55；再同样提升立场数据为 50 的国家的重视度，结果为 68.22。立场更向立场 0 方向偏离，差 3.84。通过两次调整，计算标准差为 1.46。

通过以上对投票规则、成员国偏好立场和议题重要性这三个变量的分别控制，不同变量的影响可以通过计算差额或标准差来体现，进而可以看到每个变量对决策结果分别的影响程度。

表 9　变量影响幅度（《行动纲领 2012》案例）

	投票规则	成员国偏好立场	议题重要性
影响幅度	7.92	14.6	1.46

这个结果和第五章在对华光伏双反案中各变量影响程度有很大区别，前一章的案例中，成员国赋予议题的重要性程度对其最终影响结果最大，而其偏好立场影响最小，在对华安全政策制定的过程则完全相反，成员国偏好立场占绝对的主要作用，而议题重要性影响非常小。其原因除了是在变量控制时，不可避免地改变幅度不同等技术问题外，从制度上看，主要还是贸易决策因采用绝对多数表决制，成员国的议题重要性就能在其投票权重的影响下发挥更大的作用；而在本案中，各成员国的投票权重一致，一国一票且一致通过，因而即使成员国重视程度再高，影响程度仍旧有限，且要考虑一票否决的情况。成员国偏好立场在安全决策中是最主要的影响变量，这也能体现出安全决策的政府间性质，成员国作为决策的主体，最终的政策结果也是其立场的反映。投票规则的影响居于中间，作为制度化规定，成员国可能已经将一致同意的规则内化到对立场和立场重要性的表现中，因而数据不能体现其全部的影响，在一体化理论的分析中，外交和安全决策之所以一直是政府间特性的，就是因为受其一致同意的决策规则影响。

在接下来的定性分析中，需要进一步分析投票规则的具体影响和定量分析无法涉及的社会化的作用，以及讨论为何欧盟对华安全政策难以达到可执行效果。

二、定性分析

定量研究的结果验证了：投票规则影响决策结果的摆幅，而偏好分歧和做出决定的难易度相关，同时，成员国赋予的重要程度是和政策结果距其偏好距离成正相关的。但前面的结论没有完全揭示一致同意的投票规则对决策过程的突出影响，同时，定量研究也无法讨论社会因素的潜在影响。这就是接下来定性分析的内容和目的。

（一）投票规则

一致同意是指联盟内所有成员国在通过有关决议时需要取得一致意见，但一致意见并不代表全体同意，因为弃权票并不会妨碍决议的通过。在欧盟一体化的不断深入发展中，一体化程度较高的领域，如贸易、投资等政策逐渐采用了绝对多数表决制，因为一致同意的情况会有因少数国家利益影响欧盟整体发展的可能，并造成决策过程缓慢。但那些与各成员国的利益直接相关的议题，仍旧属于需要一致同意的事项，外交与安全政策就是其中的代表。

政府间主义作为欧盟外交与安全决策过程中最重要最突出的特点，一致通过表决制是导致政府间性质的根本原因。尽管随着一体化的深入，特别是政治一体化的不断发展，欧盟一致同意的正领域会逐渐减少，但从《里斯本条约》的最新规定可以看出，尽管欧盟有所放宽，但仍旧十分谨慎，一旦涉及成员国特别关注或特别敏感的领域，还是希望通过协商一致的方式进行解决。因而这一规则也就使得成员国在坚持其安全立场时，会有所顾虑：是否过于强硬的表态会导致政策停滞？特别是在距离欧盟遥远且欧盟尚无实质安全关注的东亚地区。同时成员国在申明其主张时，也有可能尽量避免过于偏激或有可能激怒他国的主张，这也就使得欧盟在存在分歧或没有重大利益的议题上的外交与安全政策结果通常比较中立，鲜有鲜明主张。

（二）社会化及全球化

社会化的结果——协商一致因欧盟外交政策的双重性得到强化。这双重性主要体现在成员国对欧盟外交政策的认同上，成员国既可以将外交政策视为其用来追求各自国家外交政策的工具，也可以视其自身为欧盟有独立权力的国际行为体的不可或缺的一部分。普遍来说成员国都是这两种态度兼具的。在一体化最初阶段，成员国社会化还不那么强的时候，成员国在考虑自身外交政策优先议题时通常会将欧盟外交政策视为其"工具盒"，例如，法国曾利用欧盟外交和发展政策来帮助和强化其在西非的利益，葡萄牙也因其曾经的殖民地——东帝汶来游说欧盟，波罗的海周边国家对东边邻居俄罗斯的以强凌弱行为敏感，向欧盟寻求保护等。而在成员国希望对外"显示"权力时，欧盟又能为其提供很好的借力和合力，增加其在国际上的表现力①。因而，从政府间特点的视角看，外交和安全政策也是整个欧盟对外活动中"最脆弱的链条"，在一些情况下这被认为是弱点，但从另一视角看，这能给成员国带来更自由的行动。当其外交政策结构仍是政府间的并且和传统的国际组织（例如欧洲委员会或者欧安组织）类似时，欧盟外交政策的进一步发展需要受益于在其他低级政治领域深层一体化的认同构建成果。共享的共同市场，以及通过欧元区或申根区，统一了货币和自由了人员来往，这不仅发展了经济，也传递出联合统一的关系，强化松散的外交政策合作②，因为不断深化的欧盟一体化外交政策的对外维度在传统国际组织内运行良好。

此外，来自全球化的挑战使得成员国和欧盟外交政策为应对新环境不得不进行改变。这在两个方面影响了欧盟外交政策制定：一个影响是欧盟成员国间外交政策的范围，作为不断增长的相互依赖度的结果，遥远地区的发展与欧盟利益的相关性比以往更大更直接，欧盟外交政策议程在十年前仍主要关注欧洲邻居，现在则覆盖了全球的发展，这也是欧盟会选择对遥远的东亚地区发布《行动纲领2012》的外部原因。同时，正是因为全球化，很多外部议题都成了外交部长们的关注点，因为很难对特定成员国利益相关性进行区别。在非洲南部的军事行动、加勒比地区人道干预和同中国南海的紧张关系通常对里斯本、都柏林、柏林和赫尔辛基有类似的影响③。因为全球化让世界变小，欧盟成员国之间的利益区别也在减小。这也推动了欧盟在对华安全决策上的共识化决策的形成。

全球化另一个结果就是，单独的成员国所能就国际外交政策挑战做出的应对很少，也就是在全球化的趋势下，欧盟内成员国，特别是中等或小国，只有通过联合才能对外部环境施加足够的影响，单独的欧盟国家可以成为从根本上影响形势的行为体的概率已经越来越小。因此，只有集体行动才能在地区或全球层面产生重大影响。加之随着权力中心和经济重点正逐步转向其他大陆，欧洲国家（甚至是其中的大国）所持有的对相关行为体决定权的能

① 可参见：KAMINSKA J. The Link between National Foreign Policy and the Performance of a Country in the European Union：The Polish Case［J］. in Journal of Contemporary European Research，Vol6，No. 1，2010，pp. 69-84.

② SMITH M. Institutionalization，Policy Adaptation and European Foreign Policy Cooperation［M］. *European Journal of International Relations*，2007，10（1）：95-136.

③ TONRA B. Identity Construction through the ENP：Borders and Boundaries，Insiders and Outsiders［M］. New York：Palgrave Macmillan UK，2010.

力在进一步减少，它们不断面对这样的挑战：要么将自身向国际舞台更普通的角色靠拢，接受其他行为体也会接受的新的全球秩序的规则；要么共同努力，将资源汇集并授权强大的共同机构代表其行动，塑造有欧盟特征和欧洲一席之地的全球秩序。而如果共同努力不断实施，可以认为欧盟外交政策将会从欧盟行动"最脆弱的联结"发展为一体化最强的力量①。

对外安全政策是关系到欧盟联合程度以及欧盟做出集体决定的范围的最关键政策，《行动纲领2012》中表明欧盟已初步形成了对华以及对东亚在安全治理问题上的集体行动，当然这还仅是非常初步的，以"宣言"居多而实际行动偏少。欧盟外交与安全政策更像一个"过程"而非政策②。这一过程也是社会化和全球化不断相互作用的结果。

（三）安全政策特点

前面讨论到欧盟外交政策的双重性：成员国视之为"工具性"和欧盟作为国际行为体的必备构成。在很多情况下，出于利益最大化的考虑，在不涉及直接的国家利益或国家工具不可用时，成员国政府也倾向于对其选民向欧盟外交政策呈现出很高的外交政策认同度，但这一政策不涉及国家利益和不可用的国家工具这两个前提，就导致欧盟在这种情况下通过的外交政策不具备执行力和推动力。"纸老虎"形象也一直困扰着欧盟外交政策，可以说很大的原因是欧盟考虑的对外问题，通常是代表政府的认同态度，而不是其真正能做的议题。

同样的原因也能解释为什么欧盟的集体决定通常比成员国外交政策看起来更为理想主义。这一方面和欧盟是一支规范性力量的自身定位有关，但更现实的情况是，当成员国缺乏用严肃的态度和决心参与决策时，成员国通常会通过价值宣言的方法填补它们所缺乏的政策资源。即使不能或不愿意解决问题，成员国仍会在宣布"什么应该做""什么是对的"之类的事情之后提高国际形象和争取国内支持。此外，如果成员国在涉及双边关系的背景下提高关于人权或民主原则的关注，通常会对双边关系带来损害，特别是和中国、俄罗斯等国家打交道时，因此，成员国倾向于将提出人权关注这一"道德"任务留给欧盟，而自己同第三国讨论经济合作。然而，当对象国认为欧盟的

① HILL C, WONG R. National and European Foreign Policies: towards Europeanization? [R]. presented at EUSA Boston 3–5 March 2011.

② STUMBAUM M. *The European Union and China* [M]. Baden-Baden: Nomos, 2009: 117.

人权或民主政策并没有足够成员国支持时，它们也不会严肃对待这个事情。这也就从另一方面导致欧盟政策的"宣言化"。

从这里也可以看出：共同"决定"并不一定带来有效的行动或政策。欧盟共同外交与安全政策的中心和最关键的问题是相应实施工具的缺乏，而必要的工具还可以支持并强化政策决定，这带来的结果就是欧盟制定的对外政策决定可能会被外部世界忽略。欧盟要想在外交、安全政策领域实现和其力量对等的话语权，就必须让共同外交与安全政策是由有统一目标的实体影响的。不过，如果将共同外交与安全政策看作一个进程，并考虑外交合作在这三十多年来的发展，可以认为，在对外关系政策上，欧盟已经取得明显进步①。另外，正如霍夫曼（Stanley Hoffmann）所说，共同外交与安全政策的发展很明显不是条约承诺要变成的样子，因为那只是程序而不是目标，只是过程而不是政策②。因此，可以通过定性研究弥补定量研究的不足，对解释欧盟决策过程理论的进一步完善和发展起到了补充作用。

本章小结

随着欧盟及其成员国越来越多地参与到国际事务中，在欧盟层面进行的外交和安全政策的集体决策的数量也越来越多。本章就是对欧盟安全决策过程进行案例分析。

欧盟直到新千年以后才开始密集发布涉及亚洲和东亚的政策文件。同时由于全球金融危机、欧洲主权债务危机和欧盟对外行动署的逐步建立，加上中国和欧盟经济联系进一步紧密，欧盟也着手改变其一直低调的东亚安全政策。在经济合作之外，欧盟同中国战略伙伴关系上要想得到进一步提升，欧盟首先应明确界定其核心利益并强化和突出其利益，其次，欧盟的对华战略需要在多边环境下展开，最后，欧盟全球战略构建中离不开对中国的安全关注。欧盟正努力同中国在亚洲其他问题领域进行合作，推动该地区的和平发

---

① THOMAS D. Still Punching below its Weight? Cohesion and Effectiveness in EU Foreign Policy [R]. Prepared for the European Union Studies Association bi-annual conference, Boston, 3-5 March 2011.

② HOFFMANN S. *The European Sisyphus*: *essays on Europe*, 1964-1994, Colorado: Westview Press, 1995: 84.

展，欧盟希望成为建设性和接触性的伙伴，而不是贸易者或威胁者。在这样的考虑下，欧盟颁行了《行动纲领 2012》，这针对的是东亚的安全局势，但从中可以明确看出欧盟的对华安全政策内容及目标。地区稳定性将直接关系到欧盟的经济利益，欧盟对华安全政策的目标也与其对华的整体利益是一致的。

受一体化进程因素的制约，欧盟对华安全政策是在欧盟的共同外交与安全政策决策范畴下制定的。欧盟对华安全合作程度，相较于前面讨论的对外经济政策而言，起步较晚且一体化程度较低，加上涉及主权和防御这些成员国高度敏感的领域，因而需要成员国在理事会内以一致同意的方式来通过任何提案。本章先后验证了一国一票的一票否决制这种投票方式，导致在东亚问题上欧盟内部难以达成共识，最终妥协后的政策结果限制多，即提供的赢集很小；而各行为体在对华安全政策上的偏好立场的不同将进一步导致欧盟在难以调和根本性冲突的情况下，无法推行有实质意义的政策并加以实践，成员国偏好分歧越多，决定就越难做出，这也反映在欧盟在东亚安全领域的长期"缺位"；但是社会化的过程有助于不同成员国克服分歧，增强决策的动机，促进了欧盟对外安全政策的形成；最后议题重要性这种"看重与否"的问题在欧盟决策中会有机会转化为影响决策结果更接近更看重行为体的最佳偏好位置。

在定量研究的数据采集上，因为投票规则是一国一票一票否决，因而每个成员国由投票权带来的影响力是一致的，均为 1。偏好分歧则根据成员国本身在政治上对华态度和其同美国的关系远近决定。相应地，对议题重要性的测量也分别要考虑对一体化的态度和同外部世界联系紧密度。这样计算的纳什均衡解是 72.06。表明最终结果是对现状的大幅度改变，主张积极介入中国安全治理事务。但《行动纲领 2012》虽是欧盟鲜有鲜明地参与到东亚和中国的安全事务中，但很难说这项政策是具有实质的执行意义的，缺乏积极有效的涉及政策执行的规定和时间表。这需要进一步定性分析。而定量研究中通过控制变量可以得出各变量的影响幅度比较，结果显示：成员国偏好立场占绝对的主要作用，而议题重要性影响非常小。这主要是各成员国的投票权重一致，因而即使成员国重视程度相应影响有限，且要考虑一票否决的情况，而偏好分歧占据绝对优势的影响力，则表明安全政策是以成员国立场为主导的，鲜明地反映了决策的政府间性质。

定性分析中分别讨论了投票规则对成员国决策的影响，以及社会化、全球化对欧盟对华决策的推行和推动作用，安全政策的特点则使得欧盟难以制定出有明确执行力的安全政策，但又不得不对其进行协商讨论和推行。因为对外安全政策是关系到欧盟联合程度以及欧盟做出集体决定范围的最关键政策，《行动纲领2012》中表明欧盟已初步形成了对华以及对东亚在安全治理问题上的集体行动。同样地，定性分析的描述性发现在一定程度上证明了定量研究的结论，定量研究中的解释性发现需要定性分析来进行补充和进一步阐述。

结　论

一、回顾与总结

欧盟决策是一个独特的过程，和主权国家的决策存在实质区别，由于欧盟规则、程序和行为体的复杂性，欧盟政策的正确性尚且不论，欧盟能进行统一的对外决策本身就是值得进行学术研究的对象：这一过程如何发生、哪些因素在其中起着更为重要的作用？

本研究的目的是理解欧盟如何以及为什么会推行怎样的对外政策，将研究层次设定在历史决策（如条约和宪法性变化）和政策塑造①之间，关注点在于包含欧盟政策提出、政策协商和政策出台这一决策过程。现有的对欧盟对外政策的研究又得是以案例研究的经验分析为主的，缺乏详细的理论框架，有的只关注共同外交与安全政策，并没有将欧盟外交行动整体进行考虑。本研究立足理事会对外决策，对欧盟对华政策的出台进行分析，以期回答拉斯威尔那个著名的问题：在政治上，"谁在何时以及如何得到什么"（who gets what, when and how）。从理论上说，本书试图构建一个可以涵盖欧盟整个对外决策过程研究框架，提出影响该过程的因变量是均可以适用于经贸、发展领域和共同外交与安全政策的。虽然目前理论界对欧盟对外政策决策应该被如何研究没有共识，但这一整体化的趋势在 2009 年生效的《里斯本条约》中得到了确认。《里斯本条约》实施后，欧盟取消了政策上人为的三个支柱的划分，欧盟和欧共体统一使用"欧盟"这一称谓，这表明欧盟在对外政策领域获得了完全的法律人格，首次将共同商业政策与共同外交及安全政策、安全与防务政策，以及发展援助、与第三国经济、技术合作等政策并称为联盟对外行动的政策工具之一，统一在联盟对外行动的总体目标和原则框架下运行，加上高级代表一职位的设立，也有助于整合欧盟外交资源，兼任欧盟委员会

---

① PETERSON J. Decision-Making in the European Union: Towards a Framework for Analysis [J]. *Journal of European Public Policy*, 1995, 2 (1): 69-93.

副主席和对外交理事会主席的共同外交与安全政策高级代表具有双重身份，能在一定程度上克服欧盟内部结构中固有的超国家和政府间力量冲突，为综合利用欧盟对外行动工具、实现对外政策总体目标和原则提供制度保证。这一安排不仅确保了欧盟贸易政策、共同外交及安全政策、发展援助政策等对外行动工具都能符合欧盟对外行动的一致性原则，也为对欧盟对外政策进行整体性研究提供可能性和提出了要求。但欧盟共同外交与安全政策在最新的条约改革中仍旧未能同对外贸易、投资等议题一道列入《欧洲联盟运行条约》，从而实现共同体化，因而在建立统一理论分析框架后，对分属不同条约制度安排政策的决策过程，仍需按案例分别讨论。

　　本研究在回顾了理事会的现有研究文献后，通过简化图形模型概括出影响集体决策行为体的各要素，这些要素也构成了本研究的自变量：投票规则、偏好分歧、议会加入、社会化和议题重要性。自变量的选取一方面需要和决策过程的相关性，为了能够运用到定量研究中，另一方面自变量也需要能够量化且明确确定，对不能量化的变量，如社会化，则用进一步的定性分析补充。在界定和描述这些变量的基础上引入本书研究框架：融合了现实主义"权力"和制度主义"制度"的制度现实主义，通过"制度性权力"这一概念，可以解释前面提出的自变量是如何影响理事会内决策过程的。为了能够系统描述理事会的协商过程和尽可能深入理解决策结果，本书在制度现实主义的指导下选择了博弈理论的妥协模型进行分析，这个模型考虑到了理事会决策的嵌套博弈和共识化决策等特点，也最能反映纳什均衡解。

　　因为本研究将采用定性和定量相结合的方法，相互验证所提出的理论模型是否具有充分解释力，所以在提出理论框架和模型后，本书开始对研究数据的确定和研究情境的设定，对如何获得定性研究的数据和定量研究展开的环境——欧盟对华政策进行了论述。研究对象欧盟对外决策关注的是欧盟所实行的对华政策的整体，但案例选择上因决策程序的不同按政策领域进行了区分，不过对案例分析套用的解释性理论和研究模型是基本一致的，这也与本章希望构建一个欧盟对外决策整体性解释框架的目的相符。在低级政治的对华经贸决策上，本书选取了 2012 年欧盟对华光伏双反案作为研究案例，在共同外交与安全政策领域，则选取了涉及欧盟对华安全政策的《行动纲领2012》的出台过程进行分析。尽管两个案例的决策规则、决策程序和参与行为体有所不同，但均能在妥协模型中通过自变量的变化进行解释（除了安全决策中不涉及议会参与一项），定量分析中因为数据简化等造成的误差，也在进一步定性分析中给予了补充。

本研究认为，由投票规则、偏好分歧、议会加入、社会化和议题重要性五个自变量构成的解释框架可以对欧盟对外决策过程进行整体性描述，投票权力影响决策提供的赢集，而偏好分歧大小和决定做出难易度相关，在联合决策程序中，如果议会主张和理事会主张一致，那议会的加入是会促进决策产生的，而议题重要性的相关性表现在同成员国赋予的重要程度是和政策结果距其偏好距离成正相关的，五个自变量从不能的维度对决策过程产生相应影响。对妥协模型在对华决策案例中的运用也验证了其解释力，具体来说，在欧盟的对华贸易决策中，议题重要性是影响最后决策走向的最重要变量，除了前面提到的几个因素外，委员会也发挥了重要作用。而对华安全决策的过程，则是成员国的偏好在最大程度上决定了欧盟出台的政策结果，同时应该将基于安全政策特点的成员国对欧盟外交政策的态度纳入考虑，才能更全面地理解欧盟的对华安全政策。这里因为影响程度的结论是通过控制变量判断其影响的，对研究数据本身特性的依赖较大，因而这一结论仅限于对华决策，本书并没有在其更广泛的运用上做进一步研究。

在一体化理论的分析语境下，本研究的分析模式涵盖了三个方面：权力、制度和认同。主导的新现实主义因只强调权力和利益对欧盟对外决策的分析的方法存在局限性，因而需要用制度结合权力进行分析，关注制度化政治在塑造政策结果中的功能，同时也不能忽视由制度衍生而来的观念因素在欧盟对外决策过程中的影响。而本书的解释性框架将这三个方面通过妥协模型统一起来，并通过定性和定量研究方法的综合运用验证了其具有很好的解释力和一定的预测力。

最后还想提三点解释：第一，在分析对外政策时，无论是对主权国家的分析，还是关于欧盟这一主权国家联合体的对外决策的研究，都不能忽视国家利益在其中的关键性主导作用。而"国家利益"这一在主权国家研究中尚需讨论和界定的概念，在运用到欧盟的框架下后，变得更为复杂。尽管本书的分析是对欧盟对外决策机制的研究，但各成员国的国家利益影响不容忽视，这些力量在本书中通过偏好分歧、议题重要性等要素突出体现着。第二，欧盟对外政策不均衡但显著的发展使得将欧盟作为国际行为体研究的分析框架的出现变得日益迫切。"正如关于共同外交本身的辩论一样，学术界也没有有效的统一理论方法来理解这一行为"①，因此，大多关于欧盟外交的文献都关注的是作为欧盟外交影响或性质，而本书提出的分析，着眼点是欧盟内相关决策行为体在欧盟框架下的行为动机及其导致的行为结果。第三，本书提出的框架不是用一种理论反对另一种理论，或者建立一个假定反对另一个假定，而只是试图建立一个涵盖权力、制度和观念的制度现实主义框架，用博弈论的方法看其能够对事实的分析有多大程度的解释力。更科学且更有雄心的研究应该是直接提出更独特的框架，列出更特定的假设，将其和其他理论进行对比，同时提供对所包含概念的全面分析，而本书并不打算绘制如此宏大的理论图景，仅是希望提供一个用来分析和理解欧盟对外决策过程的视角。

二、理论意义

本书对欧盟的理论研究有几个贡献。第一，本研究是对欧盟对外政策过程的不同领域进行的综合和系统性分析。欧盟对外政策存在的本身就已经给国际关系理论带来了重要的挑战②，即使是欧盟本身的定义和性质在学术文献中都没有固定理论，对欧盟描述可以是"准国家"（quasi-state）③ 或者是国际组织，也可以将欧盟看作会在未来消失的冷战的衍生品，或是已经高度制度化的固定国际联合形态，因此欧盟是一个"进行中"的国际行为体。而欧盟对外政策的分析对于外交政策研究来说是更大的挑战，外交政策传统定义认为这是一个只属于主权国家的领域，但在当今国际体系中，无论是从全球热点问题的解决还是国际体系变革，以及全球贸易问题的谈判和规则确立都不能忽视欧盟产生的"对外"影响。从欧洲政治合作开始，欧共体外交政策合作就是"没到超国家的程度但超越了政府间"④（less than supranational but more than intergovernmental）的程度，现在欧盟也没能超越主权国家完全接管成员国对外事务，欧盟对外政策也如此，具有超国家和政府间两重特性，对外政策因而包括两个方面：在贸易和发展领域的低级政治领域，采用共同体

① SMITH K. *European Union Foreign Policy in a Changing World* [M]. Cambridge：Polity Press, 2008：16.

② SMITH M. European Foreign Policy as a Research Field：An Historical and Conceptual Overview [J]. *Foreign Policy Analysis*, 2009（4）.

③ BOROCZ J, SARKAR M, What is the EU？ [J]. *International Sociology*, 2005, 20（2）：153-173.

④ RUMMEL R, WESSELS W. *European Political Cooperation：Towards a Foreign Policy for Western Europe* [M]. London：Butterworths, 1982.

方法决策，以及包含外交安全和防御政策的高级政治，是政府间决策的范围。共同外交与安全政策因为其政府间性质而难以适用于一体化理论，但欧盟对外贸易政策由于属于一体化范畴而难以用政府间理论来描述。由于欧洲一体化伊始的经济偏向和现在的经济主导，经济和贸易关系通常是欧盟对外关系的基本形式，相应地，经济利益日益为很多学者看作解释欧盟对外政策的关键因素，集体经济利益被看作已超越安全关注①。中欧关系是这一模型的典型代表——很多成员国在其对华政策中加入了"额外价值"，牢牢关注经济利益。但必须承认，这一关系也处在政治化的进程中，因为希望在国际舞台发挥更大作用的欧盟正努力深化自身的政治一体化，同时也加强了对外部世界的安全和外交关注，能更好地维护其经济利益。本书对具有这一特殊属性的欧盟的对外政策研究，就是在不讨论其性质和定义的基础上，以理事会内的政策过程和政策结果之间的关系为切入点，在建立分析框架后以欧盟对华政策为例进行决策过程研究，是对欧盟对外决策的系统分析。

第二，本研究运用的解释性框架对广义的政策研究理论的发展进行了延伸，建立超越狭义欧盟政策的内涵。正如波拉克（Mark Pollack）所指出的，对欧洲一体化的研究已存在三个用来分析欧盟的学科背景②：从国际关系视角来看，对欧盟的讨论是在理性选择和建构主义的框架下的，自由政府间主义将理性的方法运用于欧洲一体化研究，强调经济利益和协商对一体化进程的影响，而建构主义者则在建构主义视角下强调在欧洲一体化分析中观念性因素的重要性。第二个学科是比较政治学，它从另一个跨学科的视角强化了理性主义，也就是物质主义的辩论。希克斯（Simon Hix）认为，在政治系统方面，欧盟和国内政治的区别并不是根本上的③，例如，美国和欧盟都能用制度

① PRAET P. Economic Objectives in European Foreign Policy Making ［M］. in VREE D, COFFEY P (eds)：*Towards a European Foreign Policy*：*Legal*，*Economic*，*and Political Dimensions*，Dordrecht：Martinus Nijhoff Publishers，1987：32-56；HIX S. *The Political System of the European Union* ［M］. New York：Palgrave Macmillan，1999：351-353.

② POLLACK M. Theorizing the European Union：International Organization，Domestic Polity or Experiment in New Governance? ［J］. *Annual Review of Political Science*，2005，8（2）：357-398.

③ HIX S. The Study of the European Community：The Challenge to Comparative Politics ［J］. *West European Politics*，1994，17（2）：1-30.

性权力来进行分析①，根据这一观点，比较政治学赞同理性选择中协商的重要性②，反对建构主义对规范的过度强调③。第三类是治理理论和政策分析，这两个方法补充了存在于国际关系和比较政治学科内的理性选择与建构主义间的辩论。治理理论研究了正式和非正式行为体，将欧盟系统划分为从地方到欧盟④的不同层级，这一方法对于分析欧盟对外政策非常重要，因为欧盟还建立了"全球治理"议程⑤；政策分析则为欧盟研究提供了另一个起点，它并不关注"欧盟对外政策"的存在与否，也不讨论欧盟作为一个国际行为体的特性情况，而是从公共政策的角度出发，强调欧盟外交政策的形成过程，其定义本身就对欧盟决策分析具有重大意义⑥，为欧盟议程设置和决策的研究提供了新的角度。目前理论界对欧盟对外政策的研究大多限于欧盟作为一个国际行为体的能力和结构，欧盟对外决策过程的理论研究不足。本书希望通过制度现实主义的观点，对国际关系和欧洲研究关于欧盟对外决策概念和过程理解提供新的理论视角。

　　第三，作为第二点的延续，本研究还突出了政策研究的多元主义价值。理论的选择是根据不同权衡所拥有的替代解释和方法论选项，而并非对给定问题的对或错回答。制度现实主义本身也是基于理论多元化的，现有大多数分析框架都借鉴了社会建构主义和新制度主义，制度现实主义则巧妙地融入了经典现实主义对权力的观点，这是因为如果只从新现实主义或后实证主义

---

① TSEBELIS G. The Power of the European Parliament as a Conditional Agenda Setter [J]. American Political Science Review, 1994, 88 (1) 128-142; 以及 POLLACK M. Delegation, Agency and Agenda Setting in the European Community [J]. *International Organization*, 1997, 51 (1): 99-134.

② SCHARPF F. The Joint-Decision Trap: Lessons from German Federalism [J]. Public Administration, 1988, 66 (3): 239-278; 和 SCHNEIDER G, CEDERMANN L. The Change of Tide in Political Cooperation: A Limited Information Model of European Integration [J]. International Organization, 1994, 48 (4): 633-662.

③ BORZEL T, RISSE T, When Europe Hits Home: Europeanization and Domestic Change [EB/OL]. European Integration online Papers, 2000, 4 (15).

④ HOOGHE L, MARKS G. Multi-level Governance and European Integration [M]. Oxford: Rowman and Littledfield, 2001.

⑤ ROSAMOND B. Conceptualizing the EU Model of Governance in World Politics [J]. European Foreign Affairs Review, 2005, 10 (4): 463-478.

⑥ RICHARDSON D. Desiring Sameness? The Rise of a Neoliberal Politics of Normalisation [J]. Antipode, 2005, 37 (3): 515-535; PETERSON J, BOMBERG E. Decision-Making in the European Union [M]. New York: Palgrave Macmillan 1999.

的视角分析，都难以获得对当今世界政治的权力运行情况的全面结论，所以需要借鉴一系列学科和理论方法，而对欧盟这样一个复杂和多面行为体的对外政策的理解也需要多元分析框架的构建。当代外交政策分析的中心关注点是探寻国际行为体所处的"国家情境"，其中物质因素在设定欧盟运行的广义参数时非常重要，但对物质因素的研究并不足以定义欧盟对外政策的目标和过程，还需要考虑制度以及在制度基础上形成的观念认同因素。本研究借鉴融合了现实主义"权力"和制度主义"制度"的制度现实主义，在涉及自变量时还考虑了制度的衍生品——社会化因素，这能为理解欧盟作为一个国际行为体和对外政策行为体理论开启了新的空间，也反映了目前政策研究的多元趋势。

本研究着眼于理事会决策，因此还对理事会的科学研究和欧盟决策提供了综合视角。在过去二十年左右的时间内，对理事会决策过程的分析日益发展为对复杂过程的简化，以追求解释性视角和预测性能力。自从阿里森对古巴导弹危机进行经典研究①后，运用不同视角对决策进行分析的方法受到理论界重视。首先，对不同理论框架的理解能帮助分析者提出和验证其假设：在什么条件下可以用特定框架，这些假设是不是现实描述性以及是否能在特定案例中被证实；其次，比较的研究方法能帮助进行假设前提的补充，因此可以充分利用不同视角的优点，不同视角对特定变量的重要性进行了界定，并指出之间联系的逻辑。但是仅靠研究视角不能解释每一个欧盟政策的具体细节，因而还需要通过经验分析来验证理论假设和理论模型的解释力，更重要的是经验分析能指出每一个视角的限制并给予改善，从而获得更多预测性或解释性的框架。本研究不仅构建了一个包含投票规则、偏好分歧、议会加入、社会化和议题重要性这五个自变量，并将其统一在妥协模型寻求纳什均衡解之下，不同于依靠偶然案例就得出结论的方法，依靠定性和定量研究相互补充，为关于理事会的集体决策是如何发生以及怎么运行的提供了富有挑战性的框架。这一框架能帮助理清政策过程，并涵盖理论假设、界定重要变量、搞清变量与结果间的因果逻辑等内容，并能用来评估框架限制和解释政策结果。

最后，本研究也希望能进一步促进国际关系中对"观念"在现实政治环

---

① ALLISON G. *Essence of Decision*：*Explaining the Cuba Missile Crisis*［M］. New York：Pearson，1999.

境下的讨论①。研究证明了成员国和相关工作人员的社会化对决策结果起的积极作用，并进一步认为正是理事会中的共识决策环境促进了欧盟在具有分歧的情况下仍有正式决议达成。本书试图打破僵硬的理论困境，不再局限于在成员国一味追求自身利益最大化和超国家机构实现超国家目标之间划清界限，而是着眼于成员国本身的角色进行更深入且更开放的分析，关注但不仅限于现实主义或制度主义理论。由于欧盟对外决策已经超越政府间协调发展，正向更高级的多层治理形式迈进，所以欧盟成员国的对外政策不再能"轻松从布鲁塞尔的欧盟外交决策机构中剥离出来"②，要理解成员国在欧盟对外决策中扮演的角色，重要的是对成员国和欧盟机构在对外政策的形成和实施过程中的互动进行分析。这里也就提出了对欧洲一体化的新的理解，即当成员国在决策过程中遇到国内和外部环境等多重挑战时，将成员国联系且推动决策结果出台的是更为紧密的共有知识和认知的创造。这和偏好的改变不同，理性主义的偏好形成阶段是在建构主义的国际交往阶段之前的，行为体利用共同体价值改变结果，但其政策偏好不受交往影响，这一框架是观念的，因为强调观念和认知过程，同时这也是在权力和制度的框架下进行的，因为成员国和欧盟制度发挥了重要作用。施米尔菲尼（Frank Schimmelfennig）进一步将这看作"共同体文化"③，将社会化因素纳入分析框架，可以解释很多理性主义或博弈论难以解释的程度性问题。

三、现实意义

本研究综合现有理论并结合已有信息发展出新的对欧盟对外决策的研究视角，并在对华决策中进行了验证，可以为欧盟类似的决策过程提供竞争性或补充性的解释，对理论及理论的预测功能的分析可以帮助构建更精确的研究，也就是说可以用来处理现实的社会问题。

对欧盟本身而言，本书从欧盟理事会的内部博弈出发，试图通过在制度

---

① FINNEMORE M, SIKKINK K. Normative and Political Change ［J］. *International Organization*, 1998, 52（4）：887–918; WENDT A. *Social Theory of International Politics* ［M］. Cambridge：Cambridge University Press, 1999.

② WONG R. *The Europeanization of French Foreign Policy：France and the EU in East Asia* ［M］. New York：Palgrave Macmillan, 2006：3.

③ SCHIMMELFENNIG F. *EU, NATO and the Integration of Europe：Rules and Rhetoric* ［M］. Cambridge：Cambridge University Press, 2003：284–285.

现实主义框架下设定的五个变量的运行，把握欧盟对外决策过程。普遍认为欧盟在不断增加其作为国际行为体的存在感和显现度，但由于欧盟现在仍未走出欧债危机，且外交政策还存在一致性缺乏等问题，很多分析家都认为欧盟仍然难以成为一个更具影响力的角色。客观地说，欧盟对外政策在超越其周边国家（对巴尔干地区的扩大政策、欧洲邻居政策）的领域之外，不论是在中东还是西亚的热点问题上，都并没有为其赢得良好声誉①。自身能力受限加上政策一致性缺乏，使欧盟难以通过联合的政策决议实施共同目标、缺乏对冲突解决方案的持续执行力。这也就提出了为什么在国际事务中成功地扩大了其影响力且在解决周边冲突时塑造了共同形象的欧盟，依旧难以将其对外政策工具转换为对周边以外国家更为一致且有效的方法。虽然本研究的着眼点是分析欧盟为什么能在各国有不同利益主张的前提下仍制定了共同的对外政策，但对这一过程的分析也充分显示了欧盟对外决策的复杂性。正如本部分最开始所说的，对外政策的达成是成员国外交政策和欧盟集体外交政策双方结合的过程，利益和公共观点的影响也不容忽视，同时外部行为体也在欧盟外交决策中施加了相当的影响。特别是美国，美国"在分析欧盟决策时有当然的优越地位，因为其和成员国或个人的'特殊'关系，通常能成功地对欧洲进行分而治之，在高级政治中也不例外"②。这些可以帮助理解在建立欧洲共同的冲突解决方案的决策过程中欧盟及其成员国面临的特定挑战，提出的研究思路也能帮助学者更清晰地对欧盟对外政策的未来进行思考，更好地解释欧盟共同"决定"并不一定带来有效的行动或政策的悖论。

对中欧关系而言，2013 年欧盟和中国都经历了重大的内部变化。欧盟逐渐走出欧债危机阴影，爱尔兰成为首个退出由欧盟和国际货币基金组织主导的金融援助计划的国家③，而中国也在十八届三中全会确定了进一步深化改革的方针政策。在这样的背景下，2013 年 11 月，双方举行了新领导人的首次会晤，并发布了《中欧合作 2020 战略规划》④，这是第十六次中欧首脑会议的

① KONIG N. The EU and the Libyan Crisis—In Quest of Coherence? ［J］. *The International Spectator*, 2011, 46（4）: 11-30; BUCKLEY J. Can the EU be more Effective in Afghanistan? ［R］. *Policy Brief*, Centre for European Reform, April, 2010.

② HILL C, SMITH M. *International Relations and the European Union* ［M］. Oxford: Oxford University Press, 2005: 394.

③ 爱尔兰退出欧债危机纾困机制，成首个脱困国家［EB/OL］国际在线，2013-12-16.

④ China-EU 2020 Strategic Agenda for Cooperation, released at 16th China-EU Summit, Brussels, 23 November 2013.

一项重要成果。该规划为中欧全面战略伙伴关系的发展方向进行了指导，主要内容囊括和平与安全、发展繁荣、可持续发展和人文交流四个方面，并确立了 91 个合作领域。李克强总理用"上天下海入地"① 来形容其所涵盖的范围前所未有。对于中国和欧盟而言，中国"十二五"规划和"欧洲 2020 战略"都是双方各自全面深化改革和发展的重要机遇期，中欧的全方位合作有利于创造双赢局面，双方都以此为契机，努力超越在 2003 年建立的中欧全面战略伙伴关系的内涵。而 2014 年则是中欧全面战略伙伴关系建成十周年。经过十年的发展，欧盟已成为中国最大贸易伙伴、最大进口市场，同时中国也是欧盟第一大进口市场和第二大贸易伙伴，中欧之间的交往已经形成了政治对话、经贸合作和人文交流机制这三大支柱，支撑着双边关系的稳定前行。该年 3 月，中国国家主席习近平访问了欧盟四国：荷兰、德国、法国和比利时。在出访布鲁塞尔欧盟总部期间，双方发表《关于深化互利共赢的中欧全面战略伙伴关系的联合声明》。在这样的背景下，为了能进一步深化中欧合作领域，在处理对欧关系中能采取更主动的态度，本书对欧盟内部运行，特别是决策过程的研究显得格外重要。其对决策的微观关注就是解释同为欧盟对华政策的对华反倾销政策和安全政策，为什么欧盟有的政策能够鲜明表达欧盟立场且具有很强的执行力，而有的政策更多的是宣言式意义，缺乏有效行动。这些问题在本研究的案例中被理解为：为什么成员国能够在一个议题（2012 年的对华光伏双反案）找到共同立场并做出有实效的决策，而在另一个议题（《行动纲领 2012》中的对华安全政策）中难以形成鲜明有实效的政策立场。本研究希望能有助于对影响欧盟对华政策的各理性因素和观念因素的总体理解，旨在通过妥协模型来解释欧盟对外政策的形成和各变量影响。最近，越来越多的研究关注到成员国对华政策②，但对欧盟政策的研究依旧缺乏能将成员国同对欧盟对华的经贸和安全政策结合的全面的分析方法。考虑到中欧关系的学术文献，学术研究到目前为止仅限于提供对中欧关系的经验

---

① 李克强：中欧合作"上天下海入地"［EB/OL］. 人民网，2013-11-21.

② 如：SHEN W. France - China Relations：From 'Special' to 'Strategic'? ［J］. *EU - Asia Centre*，2014-1-28.

和历史分析，而且大多集中于对华的经济关系①，本书因此希望能够通过对欧盟对外决策的理论研究和在对华政策中的两个案例的经验分析来填补这一空白。

　　仅举欧盟对《中欧投资协定》的谈判一例对其意义给予说明。《里斯本条约》使得外商直接投资成为欧盟的专属权能，目前欧盟的 26 个成员国与中国谈判双边投资协定，但是现存协定差别较大，新协定的谈判必然会引发大量的讨论和公共关注。不仅如此，前面提到《里斯本条约》赋予了欧洲议会同意权，即《中欧投资协定》的谈判最终如果没有欧洲议会的同意将无法通过和生效。近期，欧洲议会对《中欧投资协定》进行了讨论并通过了相关决议，对其表示高度关注，欧洲议会的国际贸易委员会主席就公开表示，欧洲议会欢迎并支持《中欧投资协定》。但议会的加入也给中国提出了更多要求，成为中国在对欧盟协商过程中新的谈判对象，议会呼吁中欧之间应尽可能达成平衡的伙伴关系，要求将市场准入作为谈判的前提，同时知识产权、争端解决机制以及保证国企和私企的公平竞争等也是欧洲议会的关注点，还要求协定应包含有法律约束力的社会和环境条款，希望《中欧投资协定》在极大增进中欧经济关系的同时也能进一步促进中欧政治关系的发展。此外，欧洲议会指出谈判应确定明确的日程表，考虑合理的有意义的过渡期，要求保证谈判的透明度以确保必要的议会审议。总体来看，由于欧洲议会的介入，投资协定的谈判过程必然会增添不少政治因素。由于涉及众多敏感问题且中欧双方的关切不同，谈判的过程不会一帆风顺，要有打持久战的准备。在清楚欧盟就《中欧投资协定》内部表决时的投票机制和决策行为体、决策程序后，在实际谈判过程中，中方如能了解到成员国的立场及其相应的重视程度，加上公众和社会的态度，就能通过本书的研究框架和理论模型对欧盟即将可能形成的共同立场有一个大致了解，进而进行反事实推理，找出对决策有真正影响的一个或多个变量。这样，中方就能在"各个击破"成员国时找准关键行为体，在游说议会时掌握对方核心关注，在双方谈判时便能更好地引导欧盟

① 这方面研究有：CASARINI N. The Evolution of the EU‑China Relationship：from Constructive Engagement to Strategic Partnership [M]. Paris：European Union Institute for Security Studies，2006；ALGIERI F. EU Economic Relations with China：An institutionalist Perspective [J]. *The China Quarterly*，2002，169（28）：64‑77；CAMERON F. The Development of EU‑China Relations [M]. WIESSALA G and WILSON J（ed），*The European Union and China：Interests and Dilemmas* [M]. Amsterdam：Rodopi，2009.

决策的结果最大程度向中国的最佳偏好点偏移。

在欧盟、中国与世界的视角下，也就是将中欧互动置于全球治理的维度中，欧盟外交政策因此被认为是由一系列输出构成的，包括理事会对国际事务的态度、共同外交与安全政策工具（例如，共同战略、共同立场和联合行动）以及在欧盟对外关系中采纳的决策（例如，人道主义发展和援助或者实施制裁）。欧盟的外交与安全政策最初的发展是为了回应来自欧盟邻近国家危机的需要，但欧盟的不断发展也面临着日益增加成为国际行为体的要求。欧盟对外政策正成为"不仅是学术研究的兴趣所在"①，更是外交决策者以及普通民众不断关注的主题。由于欧盟不可忽视的经济规模和在国际事务上的影响力，其他全球力量如中国、俄罗斯和美国都不会忽视欧盟给国际体系带来的机会和挑战。中国同美国一道，在同欧盟及其成员国接触时，都会采用"分而治之"（divide and rule）的政策。尽管在欧盟委员会起草并由欧洲理事会通过的对外战略文件已有不少，但欧盟一直难以发挥与其经济实力和联盟地位相应的政治影响，欧盟近年来在世界多个地区的行动（例如对利比亚的军事行动）都很难说是成功的。对于外界来说，欧盟一直是一个"容易把握的对象——容易理解、容易操控，但很难被严肃对待"②。而类似于中国、美国与欧洲成为世界新的三边关系③的提法，更是把对欧盟作为一个国际行为体的事实要求和理论要求提上了新的高度。如果说中美欧之间存在或者有可能存在这样的新三边关系，那么欧盟必然是这三边中最特殊的一个节点④，如何对欧盟整体和其成员国在国际上的影响和合作进行区分，当欧盟内部不一致时会对三边关系产生怎样的影响等都是亟待解决的问题，而对这些问题进行分析的前提，就是了解欧盟内部在进行对外决策时的运行和过程。

四、进一步思考的问题

本研究希望能够进一步加深对欧盟普遍上的理解以及对部长理事会的特

---

①　WHITE B. *Understanding European Foreign Policy* [M]. New York：Palgrave，2001：14.

②　SANDSCHNEIDER E. China's Diplomatic Relations with the States of Europe [J]. The China Quarterly，2002，169（28）：44.

③　可参见 SHAMBAUGH D，WACKER G. American and European Relations with China-Advancing Common Agendas [M]. Berlin：Stifung Wissenschaft und politik，2008；陈志敏，等. 中国、美国与欧洲：新三边关系中的合作与竞争 [M]. 上海：上海人民出版社，2011.

④　CASARINI N. Remaking Global Order：The Evolution of Europe-China Relations and its Implications for East Asia and the United States [M]. Oxford：Oxford University，2009.

别研究。继续的研究可以建立在本书的研究发现上加以扩展，并纠正本研究的问题。

　　首先是本书存在一定局限性，理论分析框架主要关注宏观的条件，对微观的分析不足。例如，在对理事会的介绍中，尽管认识到了常驻代表委员会对于欧盟决策的重要性，但因为框架的研究层级设定，并没有特别考虑其在讨论和传递工作小组决定时作为协调者和信息处理中心所需的信息和必要的能力；同时在《里斯本条约》加强理事会主席的对外代表性之后，理事会主席反过来拥有促进成员国间合作的能力，因为主席需要负责协调成员国立场。理事会秘书处作为一个组织和协调理事会工作的机构在其管辖之下，理事会也拥有强调不同政策领域间妥协的专家和信息。但研究难点在于，目前对这方面的研究还比较缺乏。尽管越来越多的研究开始关注常驻代表委员会和理事会主席①，但研究大多是关注理事会在决策中的调停者或正式领导者的角色，对过程的研究和具体的案例研究有限②。在本研究中，尽管有对认知过程的微观考察，例如分析在社会化过程中常驻代表委员的推动作用，但因为研究主题设定为对欧盟整体的对外决策分析，本研究也不可能对其进行详尽的分析，主要关注宏观过程，也就是国家或者政府代表、欧盟委员会或者特别委员，对个人层面的知识形成或跨组织和组织内的机制只是笼统概述，这是另一个分析的内容。从这方面说，这需要更多的补充性研究。

　　其次，研究提出了将"议题重要性"列为同成员国偏好分歧、投票权力并列的相等变量，并认为议题重要性可以被视为另一种"权力"增强行为体在决策中的影响力，和最终决策结果同成员国最佳偏好点的距离呈正相关。本书在分析时，将这一概念的具体运用置于谈判技巧下，也就是成员国通过相应的谈判技巧来显示议题的重要性，施加其影响，但没有就议题重要性本身进行更深入的研究。概括地说，议题重要性结合了权力和观念的概念，是观念的一种权力形式，可以被行为体在谈判中用来提高其地位和影响力，对其运用围绕一系列谈判技巧展开。但是，本研究在理论上并没有更具体且深入地分析议题重要性的科学测量方式，例如，议题重要性和成员国国家能力

---

①　如：BOSTOCK D. Coreper Revisited [J]. Journal of Common Market Studies, 2006, 14 (2): 215-234. WARNTJEN A. The Council Presidency: Power Broker or Burden? An Empirical A-nalysis [J]. European Union Politics, 2008, 9 (3): 316-338.

②　TALLBERG J. Bargaining Power in the European Council [J]. Journal of Common Market Studies, 2008, 40 (3): 685-708.

之间是否存在相关性，也就是说对大国和小国在谈判中所能发挥的作用是否相同，此外，成员国的国际形象、历史因素这些规范性因素对议题重要性又有怎样的影响；理论研究外，在经验分析上，目前西方学术界不乏对议题重要性研究的数据库①，但这些数据库大多是从更宏观的角度把握欧盟决策性质的，具体到对华决策这样的案例，并没有数据库支撑，因而本书采用的均是二手资料，从中欧经济往来、成员国自身情况等角度对其进行估计，缺乏更科学的详细测量，给最后的运算结果也带来了一定的误差，尽管最后通过经验分析弥补了定量研究的缺陷，但缺乏对议题重要性这一概念的深入把握和测量仍是本研究的一个瑕疵，因此本研究最终更多只是发挥了解释性、描述性的功能，只能确定决策过程的影响变量和大致影响程度，无法实现科学性。目前西方理论界对议题重要性的方法也大多是通过二手数据，在定量方面，有从欧洲著名的政治评论报纸中对特定议题的评论字数进行测量的②，以及从各政党的选举纲领或立法草案中对特定议题的强调程度来分析的③，而定性方面，一个分支是从制度因素，例如投票规则或立法活动的时长来估算议题的重要程度④，另一分支是分析立法决策的速度，并从理事会通过法律所需要的时间长度来看内部争执对抗的强度⑤。但这些测量方法仍不能说是完全"科学"的⑥，因为都是间接的计量方法，通过测量一个中间数据进而推导议题

① 如 Policy positions in the Decision-making process of the European Union（DEU project），Measures the policy positions of the member states，the Commission and the European Parliament on 70 legislative proposals adopted between 1999–2001. 见 THOMSON R et al. The European Union Decides ［M］. Cambridge：Cambridge University Press，2006. Database：https：//easy. dans. knaw. nl/ui/datasets/id/easy-dataset：31896. 以及 EUPOL：EU Legislative Decision-Making（1975–2009）. Based on the PRELEX data set，the EUPOL data set includes information on all stages of the legislative procedure for the time period 1975–2009. Database：http：//frankhaege. eu/data/eupol.

② THOMSON R et al. *The European Union Decides* ［M］. Cambridge：Cambridge University Press，2006：26–29.

③ THOMSON R et al. *The European Union Decides* ［M］. 2006：28.

④ HAGE F. Who Decides in the Council of EU? ［J］. Journal of Common Market Studies，2008，46（3）：533–558.

⑤ KONIG T. Divergence or Convergenc? From Ever-growing to Ever-slowing European Legislative Decision Making ［J］. European Journal of Political Research，2007，46（3）：417–444.

⑥ HAGEMANN S. Voting，Statements and Colition-building in the Council form 1999–2006 ［M］// Daniel Naurin and Helen Wallace. Unveiling the Council of the European Union：Games Governments Play in Brussels. London：Palgrave Macmillan，2008：36–64.

重要性程度，要得出数据潜在的重要方法是对表达语气和时间数据的模糊把握，而不是发展出一个基于直接可获得数据的测量方法。而基于议题重要性这一概念能够更好把握决策过程中冲突的本质考虑，值得更进一步研究，如果能更科学地研究议题重要性的测量数据，则有希望将决策理论发展为评估性甚至预测性的理论。

最后，本书对欧盟对华决策中影响因素的研究方法也可以推广到欧盟对其他地区政策的研究。由于中欧关系的历史因素以及中国在经济、政治和安全问题上的挑战，分析欧盟对华决策可以给研究者提供一个分析欧盟对外政策如何制定的大致框架。此外，对这一分析的扩展还能界定在欧盟地理接近之外的区域，哪些因素对其决策有最重要的影响。但在这一过程中还需要注意：在本书的案例研究的分析中，包含了演绎和推论两个部分，从现有文献和定量研究中得出的潜在的解释性因素在定性分析中得到进一步检验和补充，也就是本书的案例研究不仅确认了定量研究中的相关结论，还帮助填补在之前研究中没有提及的其他解释性因素，比较案例研究是能帮助进一步理论发展的最好分析工具，本书所运用的定量和定性分析视角相结合的方法确实比单独依靠任一分析方法能够得出更有效的结论。但是，本研究并没有在进行案例分析后回头重新界定各解释性因素的共同互动过程，也就是没有将导致特定政策结果产生的其他解释性因素提升到具有理论性的普遍层次，具体来说是因为对各变量影响程度的判断标准是控制变量，而各变量的数据和分布则和具体案例的选择有很高关联度。因此，要想将欧盟对华决策的影响因素推而广之，则还需要在案例分析中剔除中欧关系的个案因素，对经验分析的结论给予理论概括。而这也是接下来对欧盟对外决策研究中应该努力的方向。

五、写在最后

在写作本书时，欧盟本身正经历着新的变化，欧盟决策方式正经历一些调整：

——各成员国在"绝对多数表决制"下的加权票数重新调整，2014年至2017年之间逐步实行。

——以"双重多数表决制"取代目前的"绝对多数表决制"，即有关决议必须至少获得55%的成员国和65%的欧盟人口的赞同，才算通过。新表决制在2014年开始实施，到2017年之前的3年为过渡期。

——从2014年起，欧盟委员会的委员人数从27名减至18名，委员会主席的作用加强。

欧盟理事会的大多数涉及经贸、发展、援助的决策都是靠绝对多数规则制定的，也就是欧盟立法只有在获得一定数量的成员国支持后才能通过。这里将分析里斯本条约对绝对多数投票规则改变的潜在影响，这一规定于 2014 年 11 月 1 日生效。这里将简要分析新的制度调整会对欧盟整个立法过程所可能产生的影响。

为了解决由《尼斯条约》中政治协商带来的复杂、不透明且低效的投票系统所导致的理事会决策的民主合法性问题，在之前对宪法条约的起草过程中，就提出了一个简单的双重多数门槛，也就是 60%的人口和成员国过简单多数。这一相对低的双重多数门槛可能会迅速增强理事会的集体决策能力，然而，这一提议被成员国政府在政府间会议中否决了。最后，宪法条约提出的双重多数门槛是人口的 65%和成员国数量的 55%，同时为了限制大国结成联盟阻碍立法过程，要求任何阻挡联盟立法必须包括四个成员国。也就是说，人口门槛在通过一个压倒性半数成员国（也就是少于四个反对，N-4）支持的立法提案中是不需要的。在宪法条约遭到法国和荷兰公投反对后，投票规则还是被纳入《里斯本条约》中。然而，出于波兰的反对，新的投票规则被推迟到 2014 年 11 月 1 日开始试实施，并有三年过渡期。到 2017 年 3 月 30 日以后，正式实施此规则。规则对比见表 10：

表 10　投票规则对比

	时间	成员国数量		人口数%	票数%
《尼斯条约》	2014. 10. 30	50%	14	62	74
调整期	2014. 11. 1	50%	14	62	74
	–	55%	15	65	
	2017. 3. 30	N-4	24		
《里斯本条约》	2017. 3. 30	55%	15	65	
		N-4	24		

资料来源：László Á. Kóczy, Beyond Lisbon：Demographic trends and voting power in the European Union Council of Ministers. ①

<hr>

① KOCZY L. Beyond Lisbon：Demographic trends and voting power in the European Union Council of Ministers [J]. Mathematical Social Sciences, 2012, 63 (2)：152-158.

这对理事会决策究竟有多大影响，目前是对其作用进行估计。根据投票权能的变化，单个国家受到新规则不同方面的影响。现有分析表明：大国和小国是赢家，而中等国家相比《尼斯条约》期间，则是相对的输家。波兰和西班牙是受其影响最深的，这些国家当然也是旧规则的最坚定支持者。可以从图25对不同国家在旧体系下票数比重和各国的人口比例之间的区别的分析中发现这一区别。柱状图分别显示了在《尼斯条约》和《里斯本条约》下各成员国的投票百分比，以及各国人口百分比（这将构成在新规则下的成员国的65%门槛）。大国的收益显而易见，投票比重增加，而小国将从第二个门槛受益，因为这一门槛要求理事会压倒性半数国家（55%）同意，增加了否决成员国的数量。而中等国家并不能从任何一方面获益。

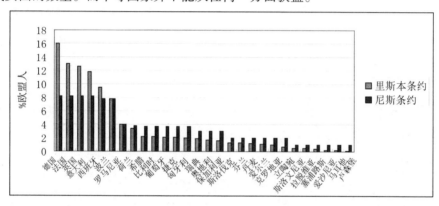

图25　欧盟27国在绝对多数规则下投票权的变化（单位：欧盟人口%）

资料来源：Frank Häge：The Lisbon Treaty's change to Council voting rules will have important implications for the democrat legitimacy of the EU. ①

除了投票要求的变化，欧盟还伴随着领导人的更迭。2014年欧盟在《里斯本条约》生效后完成了首次欧洲议会选举，并任命了新的欧盟委员会主席——来自卢森堡的容克（Jean-Claude Juncker）。8月30日欧盟领导人举行峰会，选举波兰总理图斯克（Donald Tusk）和意大利外长莫盖里尼（Federica Mogherini）分别担任欧洲理事会主席和共同外交和安全政策高级代表。但是

---

① 参考 HAGE F. The Lisbon Treaty's change to Council voting rules will have important implications for the democrat legitimacy of the EU ［EB/OL］. http：//blogs.lse.ac.uk/europpblog/2014/02/03/the-lisbon-treatys-change-to-council-voting-rules-will-have-important-implications-for-the-democratic-legitimacy-of-the-eu/，访问日期：2014-1-1.

在共识决策会继续成为理事会内的非正式规则的假设下，这里认为条约的新规定应该不会对现在成员国间的信任和有效合作产生太大影响。此外，在历史上推进条约的过程中，政府首脑的更迭对决策的制度运行仅产生了极小的影响，这从事实上也表明理事会集体决策的机制是基本固定的，而新规定对理事会决策效率和欧盟对外政策一致性的影响还需要进一步观察。

总之，本研究提供了对部长理事会内对外决策的基于博弈论的理论框架的对华决策经验分析。决策是在制度限制下，各行为体各种激烈的协商和讨论的过程。欧盟的对外政策的实施不仅体现了其决策机制运转良好，也是欧洲一体化和欧盟国际形象的保证。

参考文献

一、中文部分

（一）学术译著

［1］［美］里夫金. 欧洲梦：21 世纪人类发展的新梦想 ［M］. 杨治宜，译. 重庆：重庆出版社，2006.

［2］［美］约瑟夫·奈. 硬实力与软实力 ［M］. 门洪华，译. 北京：北京大学出版社，2005.

［3］奥尔森. 集体行动的逻辑 ［M］. 陈郁，郭宇峰，李崇新，译. 上海：上海三联书店，2007.

［4］布热津斯基. 大棋局：美国的首要地位及其地缘战略 ［M］. 中国国际问题研究所，译. 上海：上海人民出版社，1998.

［5］布赞. 美国和诸大国：21 世纪的世界政治 ［M］. 刘永涛，译. 上海：上海人民出版社，2007.

［6］德沃伊斯特. 欧洲一体化进程：欧盟的决策与对外关系 ［M］. 门镜，译. 北京：中国人民大学出版社，2007.

［7］多尔蒂，普法尔茨格拉夫. 争论中的国际关系理论 ［M］. 5 版. 阎学通，陈寒溪，等，译. 北京：世界知识出版社，2003.

［8］费丽莫. 国际社会中的国家利益 ［M］. 袁正清，译. 杭州：浙江人民出版社，2001.

［9］戈尔茨坦，基欧汉. 观念与外交政策：信念、制度与政治变迁 ［M］. 刘东国，于军，译. 北京：北京大学出版社，2005.

［10］赫德逊. 欧洲与中国 ［M］. 王遵仲，李申，张毅，等，译. 北京：中华书局，2004.

[11] 华尔兹. 国际政治理论 [M]. 信强, 译. 上海：上海人民出版社, 2003.

[12] 基欧汉, 奈. 权力与相互依赖 [M]. 门洪华, 译. 北京：北京大学出版社, 2004.

[13] 基欧汉. 霸权之后：世界政治经济中的合作与纷争 [M]. 苏长和, 信强, 何曜, 译. 上海：上海世纪出版集团, 2006.

[14] 卡赞斯坦, 基欧汉, 克拉斯纳. 世界政治理论的探索与争鸣 [M]. 秦亚青, 苏长和, 门洪华, 等, 译. 上海：上海人民出版社, 2006.

[15] 科勒—科赫, 康策尔曼, 克诺特. 欧洲一体化与欧盟治理 [M]. 顾俊礼, 潘琪昌, 周弘, 等, 译. 北京：中国社会科学出版社, 2004.

[16] 克拉斯纳. 国际机制 [M]. 北京：北京大学出版社, 2005.

[17] 罗西瑙. 没有政府的治理 [M]. 张胜军, 刘小林, 等, 译. 南昌：江西人民出版社, 2001.

[18] 马丁, 西蒙斯. 国际制度 [M]. 黄仁伟, 蔡鹏鸿, 等, 译. 上海：上海人民出版社, 2006.

[19] 米尔斯海默. 大国政治的悲剧 [M]. 王义桅, 唐小松, 译. 上海：上海人民出版社, 2004.

[20] 明斯特. 国际关系精要 [M]. 潘忠岐, 译. 上海：上海人民出版社, 2007.

[21] 沈大伟, [德] 桑德施耐德, 著. 周弘, 主编. 中欧关系：观念、政策与前景 [M]. 北京：社会科学文献出版社, 2010. [22] 温特. 国际政治的社会理论 [M]. 秦亚青, 译. 上海：上海世纪出版集团, 2001.

[23] 希尔. 变化中的对外政策政治 [M]. 唐小松, 陈寒溪, 译. 上海：上海人民出版社, 2007.

[24] 希尔斯曼, 高克伦, 韦茨曼. 防务与外交决策中的政治：概念模式与官僚政治 [M]. 曹大鹏, 译. 北京：商务印书馆, 2000.

(二) 学术专著

[1] 陈志敏, 等. 中国、美国与欧洲：新三边关系中的合作与竞争 [M]. 上海：上海人民出版社, 2011.

[2] 陈志敏, 盖拉茨. 欧洲联盟对外政策一体化：不可能的使命? [M].

北京：时事出版社，2003.

[3] 戴炳然. 欧洲共同体条约集 [M]. 上海：复旦大学出版社，1993.

[4] 邓德雄. 欧盟反倾销的法律与实践 [M]. 北京：社会科学文献出版社，2004.

[5] 顾建光. 公共政策分析学 [M]. 上海：上海人民出版社，2004.

[6] 郭关玉. 中国—欧盟合作研究 [M]. 北京：世界知识出版社，2006.

[7] 何志工，安小平. 东北亚区域合作通向东亚共同体之路 [M]. 北京：时事出版社，2008.

[8] 黄新华. 公共政策的政治经济学 [M]. 北京：中国社会科学出版社，2012.

[9] 金应忠，倪世雄. 国际关系理论比较研究 [M]. 北京：中国社会科学出版社，2003.

[10] 李计广. 欧盟贸易政策体系与互利共赢的中欧经贸关系 [M]. 北京：对外经济贸易大学出版社，2009.

[11] 李巍，王学玉. 欧洲一体化理论与历史文献选读 [M]. 济南：山东人民出版社，2001.

[12] 林甦，张茂明，罗天虹. 欧盟共同外交和安全政策与中国：欧盟关系 [M]. 北京：法律出版社，2002.

[13] 刘光华，阎闵祥，舒小昀. 运行在国家与超国家之间：欧盟的立法制度 [M]. 南昌：江西高校出版社，2006.

[14] 刘文秀，科什纳，等. 欧洲联盟政策及政策过程研究 [M]. 北京：法律出版社，2003.

[15] 倪世雄，等. 当代西方国际关系理论 [M]. 上海：复旦大学出版社，2001.

[16] 潘忠岐，等. 概念分歧与中欧关系 [M]. 上海：上海人民出版社，2013.

[17] 秦亚青. 理性与国际合作：自由主义国际关系理论研究 [M]. 北京：世界知识出版社，2008.

[18] 秦亚青. 权力·制度·文化：国际关系理论与方法研究文集 [M]. 北京：北京大学出版社，2005.

[19] 宋新宁，张小劲. 走向21世纪的中国与欧洲 [M]. 香港：香港社

会科学出版社，1997.

[20] 王辑思. 国际政治的理性思考 [M]. 北京：北京大学出版社，2006.

[21] 王义桅. 全球视野下的中欧关系 [M]. 北京：世界知识出版社，2012.

[22] 王逸舟. 国际政治理论与战略研究前沿问题 [M]. 北京：社会科学文献出版社，2007.

[23] 吴志成. 治理创新：欧洲治理的历史、理论与实践 [M]. 天津：天津人民出版社，2003.

[24] 伍贻康，戴炳然. 理想、现实与前景：欧洲经济共同体三十年 [M]. 上海：复旦大学出版社，1998.

[25] 薛君度，周荣耀. 面向21世纪的中欧关系 [M]. 北京：中国社会科学出版社，2000.

[26] 阎学通，孙学峰. 国际关系研究实用方法 [M]. 2版，北京：人民出版社，2007.

[27] 杨鲁慧，范爱军，牛林杰，等. 亚太发展研究：第五卷 [M]. 济南：山东大学出版社，2010.

[28] 俞可平. 全球化：全球治理 [M]. 北京：社会科学文献出版社，2003.

[29] 俞正樑，陈玉刚，苏长和. 21世纪全球政治范式 [M]. 上海：复旦大学出版社，2005.

[30] 袁方. 社会研究方法教程 [M]. 北京：北京大学出版社，1997.

[31] 张海冰. 欧洲一体化制度研究 [M]. 上海：上海社会科学院出版社，2005.

[32] 张永安，杨逢珉. 欧盟对华政策及中欧关系：经贸层面的观察 [M]. 北京：时事出版社，2012.

[33] 中国国际关系学会. 国际关系理论：前沿与热点：2006年博士论坛 [M]. 北京：世界知识出版社，2007.

[34] 周弘. 差异与共性：中欧伙伴关系评析 [M]. 北京：中国社会科学出版社，2004.

[35] 朱立群. 国际体系与中欧关系 [M]. 北京：世界知识出版

社，2008.

[36] 朱绍中. 欧洲研究在中国：德国在扩大的欧盟中 [M]. 上海：同济大学出版社，2006.

[37] 朱亚鹏. 公共政策过程研究：理论与实践 [M]. 北京：中央编译局出版社，2013.

（三）期刊论文

[1] 白小川，洪建军，徐力源，等. 欧盟的功能多边主义与中国崛起 [J]. 现代国际关系，2007（2）.

[2] 蔡春林. 欧盟贸易政策决策机制研究 [J]. 全球商情（经济理论研究），2006（11）.

[3] 常光伟，王青春，阴国恩. 决策偏好研究述评 [J]. 心理研究，2011（6）.

[4] 陈菲. 制度同构理论与欧洲一体化：以欧盟监察专员制度的建立为案例 [J]. 世界经济与政治，2009（4）.

[5] 陈玉刚. 欧盟共同外交与安全政策机制及其能力评估 [J]. 欧洲，1999，17（4）.

[6] 陈志敏. 欧盟的有限战略行为主体特性与中欧战略伙伴关系：以解除对华军售禁令为例 [J]. 国际观察，2006（5）.

[7] 陈志敏. 新多极伙伴世界中的中欧关系 [J]. 欧洲研究，2010，28（1）.

[8] 陈志瑞. 试论欧盟共同外交与安全政策的"布鲁塞尔化" [J]. 欧洲，2001，19（6）.

[9] 崔宏伟. 21 世纪初期欧盟对亚洲新战略与中国在其中的地位 [J]. 世界经济研究，2003（7）.

[10] 房乐宪. 从中欧光伏之争看当前中欧关系 [J]. 和平与发展，2013（4）.

[11] 冯仲平. 关于欧盟外交政策的几个问题 [J]. 现代国际关系，2006（4）.

[12] 郭关玉. 欧盟对外政策的决策机制与中欧合作 [J]. 武汉大学学报（哲学社会科学版），2006（2）.

[13] 郭灵凤. 欧盟对外关系中的文化维度：理念、目标和工具 [J]. 欧洲研究, 2009, 27 (4).

[14] 郭秋永. 对峙的权力观：行为与结构 [J]. 政治科学论丛, 2004 (20).

[15] 金铃. 《里斯本条约》与欧盟共同外交与安全政策 [J]. 欧洲研究, 2008, 26 (2).

[16] 科什纳, 吴志成, 巩乐. 欧盟安全治理的挑战 [J]. 南开学报（哲学社会科学版）, 2007 (1).

[17] 李月军. 温格斯坦理性选择制度主义政治学研究 [J]. 教学与研究, 2005 (12).

[18] 刘力. 试论西方国际关系理论演进的理性主义基础 [J]. 世界经济与政治, 2006 (7).

[19] 刘立群, 孙彦红. 德国教授谈欧盟共同外交与安全政策 [J]. 欧洲研究, 2004, 22 (6).

[20] 刘惜戈. 浅析中国同欧盟的外交与安全合作 [J]. 国际问题研究, 2003 (6).

[21] 门洪华. 对国际机制理论主要流派的批评 [J]. 世界经济与政治, 2000 (3).

[22] 庞中英. 东盟与东亚：微妙的"东亚地区主义"[J]. 太平洋学报, 2001 (2).

[23] 裘元伦. 中欧关系现状与未来 [J]. 世界经济与政治, 2004 (10).

[24] 曲博. 偏好、制度与国际政治经济学研究 [J]. 外交评论（外交学院学报）, 2006 (5).

[25] 任晓. 何谓理性主义？[J]. 欧洲研究, 2004, 22 (2).

[26] 石斌. 相互依赖·国际制度·全球治理：罗伯特·基欧汉的世界政治思想 [J]. 国际政治研究, 2005 (4).

[27] 舒旻. 欧盟外贸政策与中欧关系 [J]. 欧洲一体化研究, 2007 (3).

[28] 苏长和. 跨国关系与国内政治：比较政治与国际政治经济学视野下的国际关系研究 [J]. 美国研究, 2003 (4).

[29] 宿亮. 欧盟参与东亚安全治理：行动与局限 [J]. 太平洋学报, 2011, 19 (6).

［30］随新民. 欧盟 CFSP 的制度性缺失及其对华政策评估［J］. 南都学坛，2004（5）.

［31］王宏禹. 政策网络与欧盟对外决策分析［J］. 欧洲研究，2009，27（1）.

［32］王明国. 权力、合法性、国内政治与国际制度的有效性［J］. 世界经济与政治，2006（8）.

［33］王平贞，刘昕. 中欧关系 30 年的回顾与展望［J］. 和平与发展，2009（2）.

［34］王学东. 新制度主义的欧洲一体化理论述评［J］. 欧洲研究，2003，21（5）.

［35］王学玉，王永洁. 转变中的东亚地区秩序［J］. 山东大学学报（哲学社会科学版），2010（4）.

［36］王学玉. 国际安全的地区化：一个分析的框架［J］. 世界经济与政治，2003（2）.

［37］王学玉. 欧洲一体化：一个进程，多种理论［J］. 欧洲，2001，19（2）.

［38］王展鹏. 欧洲政治一体化理论与欧盟决策的合法性之争［J］. 欧洲，2001，19（1）.

［39］韦红，邢来顺. 从居高临下施教到平等对话伙伴：冷战后欧盟对东盟政策评析［J］. 欧洲研究，2004，22（2）.

［40］吴白乙. 观念转变与内生动力：后冷战时期中欧关系本源初探［J］. 欧洲研究，2006，24（1）.

［41］吴志成，李客循. 欧洲联盟的多层级治理：理论及其模式分析［J］. 欧洲研究，2003，21（6）.

［42］肖琳. 中国与欧盟外交关系的再思考：以中欧全面战略伙伴关系为例［J］. 太平洋学报，2014（6）.

［43］徐贝宁. 从《里斯本条约》看欧盟共同外交与安全政策的机制对政策运作效力的影响［J］. 国际论坛，2009，11（3）.

［44］杨雷，席酉民. 群体决策的权力与权力指数［J］. 系统工程，1996（2）.

［45］杨仕辉，王红玲. 欧盟反倾销反补贴实证分析［J］. 欧洲，2001，

19 (6).

[46] 杨晓燕. 欧盟的亚洲安全政策及其影响因素 [J]. 国际论坛, 2007, 9 (3).

[47] 叶斌. 欧洲对外行动署的法律定位与机构设计 [J]. 欧洲研究, 2012 (4).

[48] 叶江. 欧债危机对欧洲联盟深层次影响探析 [J]. 国际展望, 2014 (4).

[49] 张建宏, 郑义炜. 国际组织研究中的委托代理理论初探 [J]. 外交评论, 2013 (4).

[50] 张浚. 从亚欧会议进程看发展国际关系的"欧洲模式" [J]. 欧洲研究, 2006, 24 (1).

[51] 张磊. 欧盟共同决策程序的变革: 以"三方会谈"为例 [J]. 欧洲研究, 2013, 31 (2).

[52] 张利华. 从伊斯顿的"政治系统论"分析框架看国际上两大政治事变 [J]. 当代世界与社会主义, 2007 (6).

[53] 张利华. 欧盟人权外交与中国应对之策 [J]. 人民论坛·学术前沿, 2013 (1).

[54] 张清敏. 外交决策的微观分析模式及其应用 [J]. 世界经济与政治, 2006 (11).

[55] 张锡镇. 亚欧合作与中国 [J]. 当代亚太, 2000 (8).

[56] 张亚中. 欧洲联盟中国政策的战略分析 [J]. 问题与研究, 2006 (4).

[57] 郑春荣, 夏晓文. 中欧光伏争端中的欧盟与德国: 基于三层博弈理论的分析 [J]. 德国研究, 2014 (1).

[58] 郑先武. 欧盟与区域间主义: 区域效用与全球意义 [J]. 欧洲研究, 2008, 26 (4).

[59] 仲舒甲. 两种欧盟决策模型的比较研究: 欧盟指令 2004/17 立法过程之案例分析 [J]. 欧洲研究, 2007, 25 (2).

[60] 周弘. 民族建设、国家转型与欧洲一体化 [J]. 欧洲研究, 2007, 25 (5).

[61] 周建仁. 共同决策程序的引入对欧盟一体化的影响 [J]. 欧洲研

究，2003，21（5）.

［62］周建仁.欧盟决策程序研究中的两种范式和两种方法［J］.国际论坛，2003（5）.

［63］周乔.论《里斯本条约》后欧盟外交的一致性：历史制度主义的分析［J］.德国研究，2014，29（2）.

［64］朱立群.欧盟是个什么样的力量［J］.世界经济与政治，2008（4）.

［65］朱立群.中欧关系研究：三个重要视角［J］.欧洲研究，2007，25（6）.

［66］朱仁显，唐哲文.欧盟决策机制与欧洲一体化［J］.厦门大学学报（哲学社会科学版），2002（6）.

［67］左超.制度现实主义与制衡——评《亚太地区的制度制衡》［J］.国际政治科学，2010（4）.

二、外文部分

（一）外文专著

［1］ALLISON G, ZELIKOW P. Essence of Decision：Explaining the Cuban Missile Crisis［M］. New York：Pearson，1999.

［2］BALME R. The European Union, China and Human Rights［M］. London：Routledge，2008.

［3］BARYSCH K, GRANT C, LEONARD M. Embracing the Dragon：The EU's Partnership with China［M］. London：CFER，2005.

［4］BLACK D. The Theory of Committees and Elections［M］. Boston：Kluwer Academic Publishers，1987.

［5］BRETHERTON C, VOGLER J. The European Union as a Global Actor［M］. London：Routledge，1999.

［6］BUDGE I, FARLIE D J. Explaining and Predicting Elections：Issue Effects and Party Strategies in Twenty-three Democracies［M］. Boston：Unwin Hyman，1983.

［7］CAMERON F. An Introduction to European Foreign Policy［M］. London：Routledge，2007.

[8] CARLSNAES W, RISSE T, SIMMONS B A. Handbook of International Relations [M]. London: Sage, 2002.

[9] CARLSNAES W, SJURSEN H, WHITE B. Contemporary European Foreign Policy [M]. London: Sage, 2004.

[10] CHRISTIANSEN T, KIRCHNER E, MURRAY P. The Palgrave Handbook of EU-Asia Relations [M]. Basingstoke: Palgrave Macmillan, 2013.

[11] CIHELKOVA E. Changes in Governance in the Context of the Global Crisis [M]. Centre for European Studies of UEP, 2013.

[12] CINI M, BORRAGAN N P-S. European Union Politics [M]. Oxford: Oxford University Press, 2010.

[13] CINI M. Politics in the European Union [M]. Oxford: Oxford University Press, 2007.

[14] DE MESQUITA B B, STOKMAN F N. European Community Decision Making: Models, Applications, and Comparisons [M]. New Haven: Yale University Press, 1994.

[15] DE MESQUITA B. Forecasting Policy Futures [M]. Ohio: Ohio State University Press, 2004.

[16] DE MESQUITA B. The Predictioneer's Game: Using the Logic of Brazen Self-Interest to See and Shape the Future [M]. New York: Random House, 2009.

[17] DENBOS J M M V. Dutch EC Policy Making: A Model-Guided Approach to Coordination and Negotiation [M]. Amsterdam: Thesis Publishers. 1991.

[18] ELGSTRöM O, SMITH M. The European Union's Roles in International Politics. [M]. New York: Routledge, 2006.

[19] ESTON D. The Political System [M]. Chicago: University of Chicago Press, 1957.

[20] FELSENTHAL D, MACHOVER M. The Measurement of Voting Power: Theory and Practice, Problems and Paradoxes [M]. Cheltenham: Edward Elgar, 1998.

[21] FISHBURN P C. Utility Theory for Decision Making [M]. Huntington: Krieger Publishing, 1970.

［22］ FITZGERALD G. Europe's Role in World Peace ［M］// HUME J. Peacemaking in the Twenty－First Century. Manchester: Manchester University Press, 2016.

［23］ FOX J, GODEMENT F. A Power Audit of EU－China Relations, European Council on Foreign Relations ［M］. London: ECFR, 2009.

［24］ GALLOWAY W. The Council of the European Union ［M］. London: John Harper, 2004.

［25］ GEORGE A L, BENNETT A. Case Studies and Theory Development in the Social Sciences ［M］. Cambridge: MIT Press, 2005.

［26］ GINSBERG R H. Demystifying the European Union: The Enduring Logic of Regional Integration ［M］. Lanham: Rowman & Littlefield Publsihers, 2010.

［27］ GINSBERG R H. Foreign Policy Actions of the European Community: The Politics of Scale ［M］. Boulder: Lynne Rienner, 1989.

［28］ GINSBERG R H. The European Union in International Politics: Baptism by Fire ［M］. Lanham: Rowman & Littlefield Publsihers, 2001.

［29］ GWEN M, ALLEN W. The Political Consequences of Social Networks: Research in Politics and Society ［M］. Greenwich: JAI Press, 1992.

［30］ HAAS E B. Beyond the Nation－State: Functionalism and International Organization ［M］. Stanford: Stanford University Press, 1964.

［31］ HAYS－RENSHAW F, WALLACE H. The Council of Ministers ［M］. New York: St. Martins Press, 1997.

［32］ HILL C, SMITH M. International Relations and the European Union ［M］. Oxford: Oxford University Press, 2005.

［33］ HILL C. The Changing Politics of Foreign Policy ［M］. New York: Palgrave, 2003.

［34］ HILL C. The National Interest in Question: Foreign Policy in Multicultural Societies ［M］. Oxford: Oxford University press, 2013.

［35］ HILL C. The Actors in Europe's Foreign Policy ［M］. London: Routledge, 1996.

［36］ HOFFMANN S. The European Sisyphus: Essays on Europe, 1964－

1994 [M]. Boulder: Westview Press, 1995.

[37] HOFMANN S C. European Security in NATO's Shadow: Party Ideologies and Institution Building [M]. Cambridge: Cambridge University Press, 2013.

[38] HOLLER M J, NURMI H. Power, Voting, and Voting Power: 30 Years After [M]. New York: Springer, 2013.

[39] JUDGE D, EARNSHAW D. The European Parliament [M]. New York: Palgrave Macmillan, 2005.

[40] KLINGEMANN H – D, VOLKENS A, BARA J L, et al. Mapping Policy Preferences II: Estimates for Parties, Electorates, and Governments in Eastern Europe and the OECD 1990 – 2003 [M]. Oxford: Oxford University Press, 2006.

[41] KREPS D M. Game Theory and Economic Modelling [M]. Oxford: Oxford University Press, 1990.

[42] KöNIG T, TSEBELIS G, DEBUS M. Reform Processes and Policy Change: Veto Players and Decision – Making in Modern Democracy [M]. New York: Springer, 2010.

[43] LAIDI Z. EU Foreign Policy in a Golbalized World: Normative Power and Social Preference [M]. London: Routledge, 2010.

[44] LANDWEHR C. Political Conflict and Political Preferences: Communicative Interaction Between Facts, Norms and Interests [M]. Colochester: ECPR Press, 2009.

[45] LASSWELL H. Politics: Who Gets What, When and How [M]. New York: Whittlesey House, 1936.

[46] LIEBERMAN B. Social Choice [M]. Oxon: Routledge, 2011.

[47] LUKES S. Power: A Radical View [M]. London: Palgrave Macmillan, 1974.

[48] LYNCH P, NEUWAHL N, WYNREES G. Reforming the European Union: From Maastricht to Amsterdam [M]. New York: Longman, 2000.

[49] MENON A, JONES E, WEATHERILL S. Oxford Handbook of the European Union [M]. Oxford: Oxford University Press, 2012.

[50] MOLD A. EU Development Policy in a Changing World: Challenges for the 21st Century [M]. Amsterdam: Amsterdam University Press, 2007.

[51] MORAVCSIK A. The Choice for Europe: Social Purpose and State Power from Messina to Maastricht [M]. Ithaca: Cornell University Press, 1998.

[52] MORROW J. Game Theory for Political Scientists [M]. Princeton: Princeton University Press, 1994.

[53] MUTHOO A. Bargaining Theory with Applications [M]. New York: Cambridge University Press, 1999.

[54] NAURIN D, WALLACE H. Unveiling the Council of the European U-nion: Games Governments Play in Brussels [M]. Basingstoke: Palgrave Macmillan, 2008.

[55] NAURIN D, Wallace H. Unveiling the Council of the European Union: Games Governments Play in Brussels [M]. New York: Palgrave Macmillan, 2008.

[56] NEUMANN J V, MORGENSTERN O. Theory of Games and Economic Behavior [M]. Princeton: Princeton University Press, 1953.

[57] OLSON M. The Logic of Collective Action: Public Goods and the Theory of Groups [M]. Massachusetts: Harvard University Press. 2010.

[58] OPPERMANN K, VIEHRIG H. Issue Salience in International Politics [M]. New York: Routledge, 2011.

[59] PETERSON J, BOMBERG E. Decision-Making in the European Union [M]. New York: St. Martins Press, 1999.

[60] PETERSON J, SJURSEN H. A Common Foreign Policy for Europe? [M]. London: Routledge, 1998.

[61] PETERSON J, SJURSEN H. The Institutions of the European Union [M]. Oxford: Oxford University Press, 2006.

[62] SCHELLING T. The Strategy of Conflict [M]. Cambridge: Harvard U-niversity Press, 1960.

[63] SCHNEIDER G, STEUNENBERG B, WIDGRéN M. Evidence with In-sight: What Models Contribute to EU Research [M]. Konstanz: Bibliothek der Universität Konstanz, 2006.

[64] SHAMBAUGH D, SANDSCHNEIDER E, HONG Z. China-Europe Re-

lationship: Perceptions, Policies and Prospects [M]. London: Routledge, 2007.

[65] SHEPSLE K A. Analyzing Politics: Rationality, Behavior, and Institutions [M]. New York: Nrton&Company, 1997.

[66] SMITH H. European Union Foreign Policy: What It is and What It Does [M]. London: Pluto Press, 2002.

[67] SMITH K E. European Union Foreign Policy in a Changing World [M]. Cambridge: Polity Press, 2003.

[68] SMITH K E. The Making of EU Foreign Policy: The Case of Eastern Europe [M]. New York: Palgrave Macmillan, 2004.

[69] SMITH M L. Europe's Foreign and Security Policy: the Institututionalization of Cooperation [M]. New York: Cambridge University, 2004.

[70] STIMSON J A. Public Opinion in America: Moods, Cycles, and Swings [M]. Boulder: Westview Press, 1999.

[71] SøRENSEN E, TRIANTAFILLO P. The Politics of Self-governance [M]. England: Ashgate Pub, 2009.

[72] TELò M. Globalisation, Multilateralism, Europe: Towards better Global Governance? [M]. Burlington: Ashgate Publishing, 2014.

[73] THOMSON R, STOKMAN F, ACHEN C, et al. The European Union Decides [M]. Cambridge: Cambridge University Press, 2006.

[74] THOMSON R. Resolving Controversy in the European Union: Legislative Decision-Making Before and After Enlargement [M]. Cambridge: Cambridge University Press, 2011.

[75] TONRA B, CHRISTIANSEN T. Rethinking European Union Foreign Policy [M]. Manchester: Manchester University Press, 2004.

[76] TSEBELIS G. Veto Players: How Political Institutions Work [M]. Princeton: Princeton University Press, 2002.

[77] TULLOCK G. Private Wants, Public Means, an Economic Analysis of the Desirable Scope of Government [M]. Lanham: University Press of America, 1987.

[78] VANHOONACKER S, BLOM T. The Politics of Information: The Case of the European Union [M]. Basingstoke: Palgrave Macmillan, 2014.

［79］ VOGT R. Europe and China: Strategic Partners or Rivals? ［M］. Hong Kong: Hong Kong University Press, 2012.

［80］ VOLKENS A, et al. The Manifesto Data Collection. Manifesto Project ［M］. Berlin: Wissenschaftszentrum Berlin für Sozialforschung (WZB), 2013.

［81］ VOOREN V, WESSEL R A. EU External Relations Law: Text, Cases and Materials ［M］. Cambridge: Cambridge University Press. 2014.

［82］ WHITE B. Understanding European Foreign Policy ［M］. New York: Palgrave Macmillan, 2001.

［83］ WHITMAN R G, WOLFF S. Much Ado About Nothing? The European Neighbourhood Policy in Context ［M］. London: Palgrave MacMillan, 2010.

［84］ WIESSALA G, WILSON J, TANEJA P K. The European Union and China: Interests and Dilemmas ［M］. Amsterdam: Rodopi, 2009.

［85］ WONG R Y-P. The Europeanization of French Foreign Policy: France and the EU in East Asia ［M］. Basingstoke: Palgrave Macmillan, 2006.

［86］ WONG R. The Europeanisation of Foreign Policy. In: HILL C, SMITH M (eds), *International Relations and the European Union.* ［M］ Oxford: Oxford University Press, 2005.

［87］ WOOLCOCK S. European Union Economic Diplomacy: The Role of the EU in External Economic Relations ［M］. London: Routledge, 2012.

［88］ ZABOROWSKI M. Facing China's Rise: Guidelines for an EU Strategy ［M］. Paris: European Union Institutefor Security Studies, 2006.

(二) 外文期刊

［1］ ACHEN C H. Expressive Bayesian Voters, their Turnout Decisions, and Double Probit: Empirical Implications of a Theoretical Model ［J］. Paper prepared for Annual Meeting of the Political Methodology Society, California, July 20 - 22, 2006.

［2］ ALLEN D. Western Europe's Presence in the Contemporary International Arena ［J］. *Review of International Studies*, 1990, 16 (1).

［3］ ARREGUI J, STOKMAN F, THOMSON R. Bargaining in the European Union and Shifts in Actors' Policy Positions ［J］. *European Union Politics*, 2004, 5

(1).

［4］ ARREGUI J, THOMSON R. States' Bargaining Success in the European Union ［J］. *Journal of European Public Policy*, 2009, 16 (5).

［5］ ASPINWALL M D, SCHNEIDER G. Same Menu, Separate Tables: The Institutionalist Turn in Political Science and the Study of European Integration ［J］. *European Journal of Political Research*, 2000, 38 (1).

［6］ BANZHAF III J F. Weighted Voting Doesn't Work: A Mathematical Analysis ［J］. *Rutgers Law Review*, 1965, 19 (2).

［7］ BERNHOLZ P. Logrolling, Arrow Paradox and Cyclical Majorities ［J］. *Public Choice*, 1973, 15 (1).

［8］ BEYERS J, DIERICKX G. The Working Groups of the Council of the European Union: Supranational or Intergovernmental Negotiations? ［J］. *Journal of Common Market Studies*, 1998, 36 (3).

［9］ BILBAO J M, FERNANDEZ J R, JIMÉNEZ N, et al. Voting Power in the European Union Enlargement ［J］. *European Journal of Operational Research*, 2002, 143 (1).

［10］ BRAHAM M, HOLLER M J. The Impossibility of a Preference-based Power Index ［J］. *Journal of Theoretical Politics*, 2005 (17).

［11］ BRAHAM M, HOLLER M. Power and Preferences Again: A Reply to Napel and Widgren ［J］. *Journal of Theoretical Politics*, 2005, 17 (3).

［12］ BRAUN N. Dynamics and Comparative Statics of Coleman's Exchange Model ［J］. *Journal of Mathematical Sociology*, 1990, 15 (3).

［13］ BÉLANGER E, MEGUID B M. Issue Salience, Issue Ownership, and Issue-based Vote Choice ［J］. *Electoral Studies*, 2008, 27 (3).

［14］ CASELLA A, GELMAN A, PALFREY T. An Experimental Study of Storable Votes ［J］. *Games and Economic Behavior*, 2006, 57 (1).

［15］ CHECKEL J T. International Institutions and Socialization in Europe: Introduction and Framework ［J］. *International Organization*, 2005, 59 (4).

［16］ CHECKEL J. Norms, Institutions, and National Identity in Contemporary Europe ［J］. *International Studies quarterly*, 1999, 43 (1).

［17］ CIANCIARA A. Polish Business Lobbying in the EU 2004-2009: Examining the Patterns of Influence [J]. *Perspectives on European Politics and Society*, 2013, 14 (1).

[18] CROMBEZ C. Legislative Procedures in the European Community [J]. *British Journal of Political Science*, 1996, 26 (2).

[19] DAHL R A. The Concept of Power [J]. *Behavioral Science*, 1957, 2 (3).

[20] DEARDON S. EU Development Policy: Delivering Aid Effectiveness [J]. *Jean Monnet/Robert Shuman Paper Series*, 2008, 8 (10).

[21] DUKE S. Providing for European-Level Diplomacy after Lisbon: The Case of the European External Action Service [J]. *The Hague Journal of Diplomacy*, 2009, 4 (2).

[22] FALLETI T. Theory-Guided Process-Tracing in Comparative Politics: Something Old, Something New [J]. *Newsletter of the Organized Section in Comparative Politics of the American Political Science Association*, 2006, 17 (1).

[23] GARRETT G, TSEBELIS G. Even More Reasons to Resist the Temptation of Power Indices in the EU [J]. *Journal of Theoretical Politics*, 2001, 13 (1).

[24] GELMAN A, KATZ J N, UNIVERISITY C, et al. The Mathematics and Statistics of Voting Power [J]. *Statistical Science*, 2002, 17 (4).

[25] GIANNALE P D, PASSARELLI F. Voting Chances Instead of Voting weights [J]. *Mathematical Social Sciences*, 2013, 65 (3).

[26] GOLUB J, STEUNENBERG B. How Time Affects EU Decision-Making [J]. *European Union Politics*, 2007, 8 (4).

[27] GOLUB J. How the European Union does not Work: National Bargaining Success in the Council of Ministers [J]. *Journal of European Public Policy*, 2012, 19 (9).

[28] GUEROT U, LEFEBVRE M, HUGHES K, et al. France, Germany and the UK in the Convention: Common Interests or Pulling in Different Directions? [J]. *EPIN Working Paper*, 2003 (7).

[29] HAGEMANN S, CLERCK-SACHSSE J D. Decision-Making in the Enlarged Council of Ministers Evaluating the Facts [J]. *Centre for European Policy*

Studies, 2007, 119 (28).

[30] HALL P, TAYLOR R C R. Political Science and the Three New Institutionalisms [J]. *Political Studies*, 1996, 44 (5).

[31] HANSON B T. What Happened to Fortress Europe?: External Trade Policy Liberalization in the European Union [J]. *International Organization*, 1998, 52 (1).

[32] HEISENBERG D. The Institution of 'Consensus' in the European Union: Formal Versus Informal Decision-Making in the Council [J]. *European Journal of Political Research*, 2005, 44 (1).

[33] HILL C. The Capability-Expectations Gap, or Conceptualizing Europe's International Role [J]. *Journal of Common Market Studies*, 1993, 31 (3).

[34] HILLION C, LEFEBVRE M. The European External Action Service: Towards a Common Diplomacy? [J]. *Swedish Institute for European Policy Studies*, 2010 (6).

[35] HOFFMANN S. Towards a Common European Foreign and Security Policy? [J]. *Journal of Common Market Studies*, 2000, 38 (2).

[36] HOLSLAG J. The Elusive Axis: Assessing the EU-China Strategic Partnership [J]. *Journal of Common Market Studies*, 2011, 49 (2).

[37] HOOGHE L, MARKS G. Calculation, Community and Cues: Public Opinion on European Integration [J]. *European Union Politics*, 2005, 6 (4).

[38] HOOGHE L. Several Roads Lead to International Norms, But Few Via International Socialization: A Case Study of the European Commission [J]. *International Organization*, 2005, 59 (4).

[39] HOPKINS D, KING G, KMOWLES M, et al. ReadMe: Software for Automated Content Analysis [J]. *American Journal of Political Science*, 2010, 54 (1).

[40] HOYLAND B. Allocation of Codecision Reports in the Fifth European Parliament [J]. *European Union Politics*, 2006, 7 (1).

[41] HUDSON V M. Foreign Policy Analysis: Actor-Specific Theory and the Ground of International Relations [J]. *Foreign Policy Analysis*, 2005 (1).

[42] HURT S R. Understanding EU Development Policy: History, Global

Context and Self-interest? [J]. *Third World Quarterly*, 2010, 31 (1).

[43] HÖGE F M. Coalition-Building and Consensus in the Council of the European Union [J]. *British Journal of Political Science*, 2013, 43 (3).

[44] HÖGE F M. Committee Decision-Making in the Council of the European Union [J]. *European Union Politics*, 2007, 8 (3).

[45] HÖGE F, KAEDING M. Reconsidering the European Parliament's Legislative Influence: Formal vs Informal Procedures [J]. *Journal of European Integration*, 2007, 29 (3).

[46] JUNCOS A E, POMORSKA K. In the Face of Adversity: Explaining the Attitudes of EEAS Officials Vis-à-vis the New System [J]. *Journal of European Public Policy*, 2013, 20 (9).

[47] KAEDING M. Rapporteurship Allocation in the European Parliament: Information or Distribution? [J]. *European Union Politics*, 2004, 5 (3).

[48] KAHNEMAN D A, TVERSKY A N. Prospect Theory: An Analysis of Decision under Risk [J]. *Econometrica*, 1979, 47 (2).

[49] KAMINSKA J. The Link between National Foreign Policy and the Performance of a Countryin the European Union: The Polish Case [J]. *Journal of Contemporary European Research*, 2010, 6 (1).

[50] KREUTZ J. Reviewing the EU Arms Embargo on China: the Clash between Value and Rationale in the European Security Strategy [J]. *Perspectives: Review of International Affairs*, 2004 (22).

[51] KRITZINGER S. European Identity Building under the Perspective of Efficiency [J]. Comparative European Politics, 2005, 3 (1).

[52] KÖNIG T, BRÄUNINGER T. Accession and Reform of the European Union: A Game Theoretical Analysis of Eastern Enlargement and the Constitutional Reform [J]. *European Union Politics*, 2004, 5 (4).

[53] KÖNIG T, FINKE D, DAIMER S. Ignoring the Non-Ignorables? Missingness and Missing Positions [J]. *European Union Politics*, 2005, 6 (3).

[54] KÖNIG T. Divergence or Convergence? From Ever-growing to Ever-slowing European Legislative Decision Making [J]. *European Journal of Political Research*, 2007, 46 (3).

［55］KÖNIG T. Why Don't Veto Players Use Their Power? ［J］. *European Union Politics*, 2009, 10 (4).

［56］LARUELLE A, VALENCIANO F. Quaternary Dichotomous Voting Rules ［J］. *Social Choice and Welfare*, 2010, 38 (3).

［57］LEAL – ARCAS R. The EU Decision – Making Process in EC Trade Policy：The Three Internal Tensions ［J］. *Governance and Policy–Making in the European Union*, 2004, 2 (14).

［58］LEINAWEAVER J, THOMSON R. Testing Models of Legislative Decision–Making with Measurement Error：The Robust Predictive Power of Bargaining Models over Procedural Models ［J］. *European Union Politics*, 2014, 15 (1).

［59］LEUFFEN D, MALANG T, WORLE S. Structure, Capacity or Power? Explaining Salience in EU Decision–Making ［J］. *Journal of Common Market Studies*, 2013, 52 (3).

［60］LIGHTLE J P, KAGEL J H, ARKES H R. Information Exchange in Group Decision Making：The Hidden Profile Problem Reconsidered ［J］. *Management Science*, 2009, 55 (4).

［61］LIJPHART A. The Problem of Low and Unequal Voter Turnout – and What We Can Do About It ［J］. Vienna, Institute for Advanced Studies, 1998 (54).

［62］MANNERS I. European Union "Normative Power" and the Security Challenge ［J］. *European Security*, 2006, 15 (4).

［63］MARCH J G, OLSEN J P. The Institutional Dynamics of International Political Orders ［J］. *International Organization*, 1998, 52 (4).

［64］MARCH J G, OLSEN J P. The New Institutionalism：Organizational Factors in Political Life ［J］. *American Political Science Review*, 1983, 78 (3).

［65］MATTILA M, LANE J–E. Why Unanimity in the Council? A Roll Call Analysis of Council Voting ［J］. *European Union Politics*, 2001, 2 (1).

［66］MATTILA M. Roll Call Analysis of Voting in the European Union Council of Ministers after the 2004 Enlargement ［J］. *European Journal of Political Research*, 2009, 48 (6).

［67］MCELROY G, BENOIT K. Party Policy and Group Affiliation in the European Parliament [J]. *British Journal of Political Science*, 2010, 40 (2).

[68] MCELROY G, BENOIT K. Policy Positioning in the European Parliament [J]. *European Union Politics*, 2012, 13 (1).

[69] MCKEOWN T J. Case Studies and the Statistical World View [J]. *International Organization*, 1999, 53 (1).

[70] MEARSHEIMER J J. The False Promise of International Institutions [J]. *International Security*, 1994, 19 (3).

[71] MESQUITA B B D. Forecasting Policy Decisions: An Expected Utility Approach to Post – Khomeini Iran [J]. *American Political Science Association*, 1984, 17 (2).

[72] MITCHELL R, AGLE B, WOOD D J. Toward a Theory of Stakeholder Identification and Salience: Defining the Principle of Who and What Really Counts [J]. *Academy of Management Review*, 1997, 22 (4).

[73] MONHEIM-HELSTROFFER J, OBIDZINSKI M. Codecision Procedure Bias: the European Legislation Game [J]. *European Journal of Law and Economics*, 2013, 38 (1).

[74] MORAVCSIK A, NICOLAIDIS K. Explaining the Treaty of Amsterdam: Interests, Influence, Institutions [J]. *Journal of Common Market Studies*, 1999., 37 (1).

[75] MORAVCSIK A. Preferences and Power in European Community: a Liberal Intergovernmentalist Approach [J]. *Journal of Common Market Studies*, 1993, 31 (4).

[76] NAPEL S, WIDGRÉN M, MAYER A. Strategic a Priori Power in the European Union's Codecision Procedure Recalculated for EU28 [J]. *Homo Oeconomicus*, 2009, 26 (3-4).

[77] NAPEL S, WIDGRÉN M. Strategic vs. Non-Strategic Voting Power in the EU Council of Ministers: The Consultation Procedure [J]. *Social Choice and Welfare*, 2011, 37 (3).

[78] NAURIN D. Why Give Reason? Measuring Arguing and Bargaining in Survey Research [J] *Swiss Political Science Review*, 2007, 13 (4).

[79] NØRGAARD A S. Rediscovering Reasonable Rationality in Institutional

Analysis [J]. *European Journal of Political Research*, 1996, 29 (1).

[80] OLSEN G R. Coherence, Consistency and Political Will in Foreign Policy: The European Union's Policy towards Africa [J]. *Perspectives on European Politics and Society*, 2008, 9 (2).

[81] PENROSE L S. The Elementary Statistics of Majority Voting [J]. *Journal of the Royal Statistical Society*, 1946, 109 (1).

[82] PIERSON P. The Path to European Integration: A Historical Institutionalist Analysis [J]. *Comparative Political Studies*, 1996, 29 (2).

[83] PIJNENBURG B. EU Lobbying by Ad Hoc Coalitions: an Exploratory Case Study [J]. *Journal of European Public Policy*, 1998, 5 (2).

[84] PRESSACCO F. Power Indices in the European Union [J]. *Transition Studies Review*, 2004, 11 (3).

[85] PRINCEN S. The DEU Approach to EU Decision-making: A Critical Assessment [J]. *Journal of European Public Policy*, 2012, 19 (2).

[86] PUTNAM R D. Diplomacy and Domestic Politics: The Logic of Two-Level Games [J]. *International Organization*, 1988, 42 (3).

[87] RASMUSSEN A. The EU Conciliation Committee [J]. *European Union Politics*, 2008, 9 (1).

[88] REYNAERT V. The European Union s Foreign Policy since the Treaty of Lisbon: The Difficult Quest for More Consistency and Coherence [J]. *The Hague Journal of Diplomacy*, 2012, 7 (2).

[89] RICHEY M L, OHN D. The Future of the EU's Security Role in a Transformed East Asia [J]. *Electronic Journal*, 2012, 24 (2).

[90] RISSE T, KLEINE M. Deliberation in negotiations [J]. *Journal of European Public Policy*, 2010, 17 (5).

[91] SCHULZ H, KONIG T. Institutional Reform and Decision-Making Efficiency in the European Union [J]. *American Journal of Political Science*, 2000, 44 (4).

[92] SHAMBAUGH D. China and Europe: The Emerging Axis [J]. *Current History*, 2004, 103 (647).

[93] SHAMBOUGH D L. China Engages Asia: Reshaping the Regional Order

[J]. *International Security*, 2005, 29 (3).

[94] SHAPLEY L S, SHUBIK M. A Method for Evaluating the Distribution of Power in a Committee System [J]. *American Political Science Review*, 1954, 48 (9).

[95] SMITH K E. Understanding the European Foreign Policy System [J]. *Contemporary European History*, 2003, 12 (2).

[96] SMITH M E. Institutionalization, Policy Adaptation and European Foreign Policy Cooperation [J]. *European Journal of International Relations*, 2004, 10 (1).

[97] SMITH M E. Toward a Theory of EU Foreign Policy Making: Multi-Level Governance, Domestic Politics, and National Adaptation to Europe's Common Foreign and Security Policy [J]. *Journal of European Public Policy*, 2004, 11 (4).

[98] SMITH M. The European Union, Foreign Economic Policy and the Changing World Arena [J]. *Journal of European Public Policy*, 1994, 1 (2).

[99] STEUNENBERG B, KAEDING M. "As Time Goes By": Explaining the transposition of Maritime [J]. *European Journal of Political Research*, 2009, 48 (3).

[100] STEUNENBERG B. Decision Making under Different Institutional Arrangements: Legislation by the European Community [J]. *Journal of Institutional and Theoretical Economics*, 1994, 150 (4).

[101] STOKMAN F N. Modeling Conflict and Exchange in Collective Decision Making [J]. *Bulletin de Méthodologie Sociologique*, 1995, 49 (1).

[102] STOKMAN F, THOMSON R. Winners and Losers in the European Union [J]. *European Union Politics*, 2004, 5 (1).

[103] SUTTER M. Dan S. Felsenthal and Moshé Machover, The Measurement of Voting Power: Theory and Practice, Problems and Paradoxes [J]. *Public Choice*, 2000, 102 (3).

[104] THOMAS D C. Explaining the Negotiation of EU Foreign Policy: Normative Institutionalism and Alternative Approaches [J]. *International Politics*, 2009, 46 (4).

[105] THOMAS D C. Still Punching Below its Weight? Coherence and Effectiveness in EU Foreign Policy [J]. Journal of Common Market Studies, 2011, 50 (3).

[106] THOMSON R, HOSLI M O. Who has Power in the EU? The Commission, Council and Parliament in Legislative Decision-making [J]. Journal of Common Market Studies, 2006, 44 (2).

[107] THOMSON R, ARREGUI J, LEUFFEN D, et al. A New Dataset on Decision-Making in the European Union before and after the 2004 and 2007 Enlargements (DEUII) [J]. Journal of European Public Po licy, 2012, 19 (4).

[108] TONRA B. Constructing the CFSP: the Utility of a Cognitive Approach [J]. Journal of Common Market Studies, 2003, 41 (9).

[109] TONRA B. Mapping EU Foreign Policy [J]. Journal of European Public Policy, 2000, 7 (1).

[110] TSEBELIS G, YATAGANAS X. Veto Players and Decision-making in the EU After Nice [J]. JCMS: Journal of Common Market Studies, 2002, 40 (2).

[111] TSEBELIS G. Decision Making in Political Systems: Veto Players in Presidentialism, Parliamentarism, Multicameralism and Multipartyism [J]. British Journal of Political Science, 1995, 25 (3).

[112] TSEBELIS G. The Power of the European Parliament as a Conditional Agenda Setter [J]. American Political Science Review, 1994, 88 (1).

[113] TURNOVEC F. New Measure of Voting Power [J]. Czech Economic Review, 2007 (1).

[114] VANHOONACKER S, POMORSKA K. The European External Action Service and Agenda-setting in European Foreign Policy [J]. Journal of European Public Policy, 2013, 20 (9).

[115] VERMULST E, EVENETT S J. The Politicization of EC Anti-dumping Policy: Member States, Their Votes and the European Commission [J]. World Economy, 2005, 28 (5).

[116] WACHER G. Lifting the EU Arms Embargo Against China US and EU Position [J]. German Institute for International and Security Affairs Working

Paper, 2005, 17.

[117] WALTZ K N. Structural Realism after the Cold War [J]. *International Security*, 2000, 25 (1).

[118] WHITE B. The European Challenge to Foreign Policy Analysis [J]. *European Journal of International Relations*, 1999, 5 (1).

[119] WHITMAN R G. Foreign, Security and Defence Policy and the Lisbon Treaty: Significant or Cosmetic Reforms? [J]. *CFSP Forum*, 2008, 6 (2).

[120] WHITMAN R G. The Neo-Normative Turn in Theorising the EU's International Presence [J]. *Cooperation and Conflict*, 2013, 48 (2).

[121] WONG R Y-P. The Issue of Identity in the EU-China Relationship [J]. *Politique Européenne*, 2013, 39 (1).

附录1：

图表索引

附录2：

结果计算

变量影响幅度计算（光伏案例）

行为体	权力指数	偏好立场	重要性	投票限制增加	分歧增加	分歧减少	议会不加入	增加立场100的重要性	增加立场20的重要性
德国	14.60	0	100	1	0	0	14.60	100	100
英国	11.10	0	80	1	0	0	11.10	80	80
法国	10.60	100	80	1	100	80	10.60	100	80
意大利	10.20	100	80	1	100	80	10.20	100	80
西班牙	10.75	100	80	1	100	80	10.75	100	80
波兰	6.38	100	20	1	100	80	6.38	40	20
罗马尼亚	3.97	100	60	1	100	80	3.97	80	60
荷兰	3.24	20	1	1	0	20	3.24	1	20
比利时	2.42	20	80	1	0	20	2.42	80	100
葡萄牙	2.38	100	40	1	100	80	2.38	60	40
希腊	2.31	20	60	1	0	20	2.31	60	80
匈牙利	2.22	20	20	1	0	20	2.22	20	40
捷克	2.15	20	60	1	0	20	2.15	60	80
瑞典	2.00	20	20	1	0	20	2.00	20	40

行为体	权力指数	偏好立场	重要性	投票限制增加	分歧增加	分歧减少	议会不加入	增加立场100的重要性	增加立场20的重要性
奥地利	1.84	100	60	1	100	80	1.84	80	60
保加利亚	1.59	20	40	1	0	20	1.59	40	60
丹麦	1.57	20	40	1	0	20	1.57	40	60
芬兰	1.57	20	1	1	0	20	1.57	1	20
爱尔兰	1.44	20	1	1	0	20	1.44	1	20
斯洛伐克	1.43	20	40	1	0	20	1.43	40	60
立陶宛	1.25	100	1	1	100	80	1.25	20	1
拉脱维亚	1.09	100	1	1	100	80	1.09	20	1
斯洛文尼亚	1.09	20	40	1	0	20	1.09	40	60
爱沙尼亚	0.99	20	1	1	0	20	0.99	1	20
塞浦路斯	0.93	20	1	1	0	20	0.93	1	20
卢森堡	0.88	20	1	1	0	20	0.88	1	20
马耳他	0.87	20	1	1	0	20	0.87	1	20
议会	52	100	50	1	100	80		80	50
政策结果			66.31	52.26	64.54	53.40	52.25	94.93	63.72

影响幅度计算（取小数点后两位）：

投票规则：66.31-52.26=14.05

偏好分歧：$\sqrt{\left[(66.31-64.5)^2+(66.31-53.4)^2\right]/2}=9.20$

议会加入：66.31-52.25=14.06

议题重要性：$\sqrt{\left[(66.31-94.93)^2+(66.31-63.72)^2\right]/2}=20.3$

变量影响幅度计算（《行动纲领2012》案例）

行为体	权力指数	偏好立场	重要性	投票限制减少	分歧增加	分歧减少	增加立场100的重要性	增加立场20的重要性
德国	1	100	100	14.60	100	80	120	100
英国	1	100	60	11.10	100	80	80	60
法国	1	100	100	10.60	100	80	120	100
意大利	1	50	100	10.20	0	50	100	120
西班牙	1	50	60	10.75	0	50	60	80
波兰	1	100	20	6.38	100	80	40	20
罗马尼亚	1	50	20	3.97	0	50	20	40
荷兰	1	100	100	3.24	100	80	120	100
比利时	1	100	100	2.42	100	80	120	100
葡萄牙	1	50	60	2.38	0	50	60	80
希腊	1	50	60	2.31	0	50	60	80
匈牙利	1	50	20	2.22	0	50	20	40
捷克	1	50	20	2.15	0	50	20	40
瑞典	1	50	60	2.00	0	50	60	80
奥地利	1	50	60	1.84	0	50	60	80
保加利亚	1	50	20	1.59	0	50	20	40
丹麦	1	100	60	1.57	100	80	80	60
芬兰	1	0	60	1.57	0	0	60	60
爱尔兰	1	100	60	1.44	100	80	60	60
斯洛伐克	1	50	20	1.43	0	50	20	40
立陶宛	1	100	1	1.25	100	80	20	1

行为体	权力指数	偏好立场	重要性	投票限制减少	分歧增加	分歧减少	增加立场 100 的重要性	增加立场 20 的重要性
拉脱维亚	1	100	1	1.09	100	80	20	1
斯洛文尼亚	1	50	1	1.09	0	50	1	20
爱沙尼亚	1	100	1	0.99	100	80	1	1
塞浦路斯	1	0	1	0.93	0	0	1	1
卢森堡	1	50	60	0.88	0	50	60	80
马耳他	1	0	1	0.87	0	0	1	1
政策结果			72.06	79.98	49.18	62.27	75.61	68.22

影响幅度计算（取小数点后两位）：

投票规则：$79.98 - 72.06 = 7.92$

偏好分歧：$\sqrt{\left[(72.06-49.18)^2 + (72.06-62.27)^2 \right] / 2} = 17.6$

议题重要性：$\sqrt{\left[(72.06-75.61)^2 + (72.06-68.22)^2 \right] / 2} = 3.7$